高职交通运输与土建类专业规划教材

Planned textbook for Transportation and Railroad Construction Higher Vocational College

# TUNNEL ENGINEERING TESTING AND INSPECTION

# 隧道施工质量检测与验收

毛红梅　主编
杨会军　主审

## 内 容 提 要

本书针对隧道施工一线质量检测岗位的能力要求和知识要求,就高速铁路隧道的施工质量检测与验收问题,系统介绍了隧道施工各工序的施工要点、质量验收标准、质量检测方法及检测技术。内容包括:超前地质预报质量检测与验收、超前支护与预加固措施施工质量检测与验收、开挖质量检测与验收、初期支护施工质量检测与验收、防排水施工质量检测与验收、衬砌施工质量检测与验收、施工监控量测质量检测与验收、施工环境检测与验收,最后单独总结了盾构法隧道施工质量检测与验收内容。

本书适于各类职业教育与成人教育地下与隧道工程技术、铁道工程技术、道路桥梁工程技术、城市轨道交通工程技术等土建类专业及其他相关专业的学生选作教材使用,也可作为相关专业设计、施工、监理、检测等技术人员的工具书。

### 图书在版编目(CIP)数据

隧道施工质量检测与验收/毛红梅主编. —北京:
人民交通出版社股份有限公司,2016.8
 ISBN 978-7-114-10980-5

Ⅰ.①隧… Ⅱ.①毛… Ⅲ.①隧道施工—质量检验
Ⅳ.①U455

中国版本图书馆 CIP 数据核字(2013)第 258289 号

| | |
|---|---|
| 书　　名: | 隧道施工质量检测与验收 |
| 著 作 者: | 毛红梅 |
| 责任编辑: | 杜 琛 |
| 出版发行: | 人民交通出版社股份有限公司 |
| 地　　址: | (100011)北京市朝阳区安定门外外馆斜街3号 |
| 网　　址: | http://www.ccpress.com.cn |
| 销售电话: | (010)59757973 |
| 总 经 销: | 人民交通出版社股份有限公司发行部 |
| 经　　销: | 各地新华书店 |
| 印　　刷: | 中国电影出版社印刷厂 |
| 开　　本: | 787×1092　1/16 |
| 印　　张: | 14.5 |
| 字　　数: | 346 千 |
| 版　　次: | 2016 年 8 月　第 1 版 |
| 印　　次: | 2020 年 12 月　第 3 次印刷 |
| 书　　号: | ISBN 978-7-114-10980-5 |
| 定　　价: | 38.00 元 |

(有印刷、装订质量问题的图书由本公司负责调换)

# 前 言

隧道工程因具备占用土地少、建设扰动小、较少破坏生态环境、可全天候通行、隐蔽性及抗震性能良好等特点已成为21世纪交通通道建设的主要方案。目前，我国已经成为世界上建成隧道最长、数量最多的国家。隧道工程乃百年工程，其施工质量直接影响到日后的使用安全及寿命。一些隧道工程由于施工过程中质量把关不严，留下隐患，导致运营后出现衬砌裂损、侵限、渗漏水、冻胀等各种灾害，影响了隧道的正常运营，甚至严重时还导致隧道废弃、重建，造成巨大的工程浪费。因此，必须严把隧道施工质量关，做好隧道施工质量检测与验收工作。

在我国，隧道工程被广泛应用于公路、铁路、矿山、水利、市政和国防等领域。本书主要就高速铁路隧道的施工质量检测与验收问题进行讲述。其中，新奥法是目前我国铁路隧道施工的主要方法，故本书以新奥法隧道施工的质量检测与验收内容为主要讲述对象。最后，又对目前工程领域越来越多使用的盾构法隧道施工质量检测与验收进行了系统讲解。

本书针对隧道一线质量检测岗位知识与能力要求，以《高速铁路隧道工程施工质量验收标准》(TB 10753—2010)为本，系统介绍隧道施工各工序的施工要点、质量验收标准、检测方法及检测技术，内容上贴合最新的标准、规范及规程，同时吸纳该领域的最新成果，特别介绍了近年发展的新技术、新方法。

本书以项目化单元为学习模块、系列化的工作任务为引导，帮助学生开展"教学做一体化"学习，旨在培养学生职业技能与职业素质。

本书由陕西铁路工程职业技术学院与中铁一局五公司合作编写。全书由毛红梅任主编并统稿。具体编写分工如下：项目一、项目三、项目五、项目六、项目七、项目八由毛红梅编写，项目四由中铁一局五公司总工程师郝小苏编写，项目二、项目九由高攀科编写，项目十由郭亚宇编写。全书由中铁六局集团副总工程师杨会军任主审，给予了编者大量有益建议和直接的修改意见，在此表示由衷感谢！

本书在编写过程中，还得到了中铁隧道局、中铁一局、中铁六局多位专家的指导，参考与借鉴了大量论文与著作，人民交通出版社也给予了真诚的帮助，在此一并表示衷心感谢！

限于作者的水平，书中错误和不当之处在所难免，恳请专家、读者批评指正。

编 者
2016年6月

# 目 录

## 项目一 隧道施工质量检测与验收基本知识 …… 1
- 任务一 隧道施工质量检测与验收的基本内容 …… 2
- 任务二 隧道施工质量检测与验收的依据和方法 …… 9

## 项目二 隧道施工超前地质预报及质量检测 …… 21
- 任务一 隧道地质超前预报及其质量验收基本知识 …… 22
- 任务二 地质素描 …… 27
- 任务三 超前水平钻孔预报 …… 33
- 任务四 地质雷达法超前地质预报 …… 35
- 任务五 地震波法超前预报 …… 40
- 任务六 红外探水 …… 46

## 项目三 超前支护与预加固施工质量检测与验收 …… 51
- 任务一 超前支护与预加固认识 …… 52
- 任务二 超前锚杆施工质量检测与验收 …… 52
- 任务三 超前小导管施工质量检测与验收 …… 54
- 任务四 超前深孔帷幕注浆施工质量检测与验收 …… 58
- 任务五 管棚施工质量检测与验收 …… 61

## 项目四 隧道开挖质量检测与验收 …… 65
- 任务一 隧道开挖方法及施工要点认识 …… 66
- 任务二 隧道开挖质量检测与验收要点 …… 70
- 任务三 激光断面仪法检测开挖断面 …… 73

## 项目五 初期支护施工质量检测与验收 …… 79
- 任务一 锚杆施工质量检测与验收 …… 80
- 任务二 喷射混凝土质量检测与验收 …… 89
- 任务三 钢架施工质量检测与验收 …… 95
- 任务四 钢筋网施工质量检测与验收 …… 98
- 任务五 地质雷达法探测初期支护背部空洞 …… 99

## 项目六 隧道施工监控量测质量检查与验收 …… 105
- 任务一 监控量测的认识 …… 106
- 任务二 监控量测实施质量检测与验收 …… 110

## 项目七 防排水施工质量检测与验收 …… 113
- 任务一 隧道防排水系统认识 …… 114

任务二　洞口防排水施工质量
　　　　　检测与验收……………… 117
　　任务三　盲管施工质量检测与
　　　　　验收…………………… 118
　　任务四　洞内排水沟施工质量
　　　　　检测与验收……………… 120
　　任务五　施工缝、变形缝防水
　　　　　施工质量检测与验收…… 122
　　任务六　防水层施工质量检测
　　　　　与验收…………………… 127
　　任务七　防水板性能检测……… 132
　　任务八　土工布性能检测……… 139
　　任务九　防水混凝土抗渗性能
　　　　　检测……………………… 146

## 项目八　衬砌施工质量检测
　　　　　与验收………………… 149
　　任务一　衬砌施工质量检测与验收
　　　　　基本知识………………… 150
　　任务二　回弹法检测混凝土
　　　　　强度……………………… 158
　　任务三　超声波法检测混凝土
　　　　　强度……………………… 166
　　任务四　超声-回弹综合法检测
　　　　　混凝土强度……………… 170
　　任务五　钻芯法检测混凝土
　　　　　强度……………………… 173

　　任务六　拔出法检测混凝土
　　　　　强度……………………… 175
　　任务七　衬砌厚度检测………… 178
　　任务八　超声波法检测混凝土
　　　　　不密实区和空洞………… 181

## 项目九　隧道施工环境检测
　　　　　与验收………………… 187
　　任务一　粉尘浓度检测………… 188
　　任务二　隧道瓦斯监测与检测… 191
　　任务三　一氧化碳浓度检测…… 198
　　任务四　隧道通风系统检测…… 201

## 项目十　盾构法隧道施工质量
　　　　　检测与验收…………… 205
　　任务一　盾构法隧道施工基本
　　　　　知识……………………… 206
　　任务二　盾构掘进施工质量检测
　　　　　与验收…………………… 210
　　任务三　管片拼装质量检测
　　　　　与验收…………………… 214
　　任务四　壁后注浆质量检测
　　　　　与验收…………………… 218
　　任务五　管片防水质量检测
　　　　　与验收…………………… 219
　　任务六　管片试验……………… 220

**参考文献**……………………… 223

# 项目一

# 隧道施工质量检测与验收基本知识

【知识目标】

了解隧道结构、施工方法及常见质量问题,熟知隧道施工质量检测与验收的依据、内容、验收单元的划分、验收程序及方法等基本知识,熟悉检验批、分项工程、分部工程及单位工程质量验收记录表格,为后续学习奠定基础。

【工作任务】

1. 认识隧道结构;
2. 认识隧道施工方法及施工要点;
3. 熟悉隧道施工质量检测与验收基本内容;
4. 熟悉检验批、分项工程、分部工程及单位工程的划分;
5. 熟悉质量验收的程序与方法;
6. 熟悉质量验收记录表格。

# 任务一　隧道施工质量检测与验收的基本内容

为了达到各种不同的使用目的,在山体内或地面下修建的建筑物,统称为"地下工程"。在地下工程中,用以保持地下空间作为运输通道的,称之为"隧道"。隧道被广泛地应用于公路、铁路、矿山、水利、市政和国防等领域。本书主要介绍铁路隧道的施工质量检测与验收问题。

##  隧道结构形式

铁路隧道结构由主体建筑物和附属建筑物两部分组成。隧道的主体建筑物是为了保持坑道的稳定,进而保证列车的安全运行而修筑的,一般由洞身衬砌和洞门组成。在容易坍塌的洞口以及在傍山通过的线路地段,为了防止仰坡和边坡的坍方落石,则需要加筑明洞。隧道的附属建筑物是为了满足养护维修工作的需要以及供电、通信等方面的要求而修建的,包括:防排水设施、避车洞、电缆槽、长大隧道的通风设施,以及在电气化铁路上根据情况而设置的有关附属设施等。下面来认识一下隧道的主体建筑物。

**1. 洞身衬砌的结构形式**

洞身衬砌的结构形式主要有:整体式衬砌、喷锚衬砌、复合式衬砌、拼装式衬砌等。

(1) 整体式衬砌。是指用混凝土(钢筋混凝土)就地灌注或用石料(混凝土预制块)等砌筑而成的圬工衬砌。按照围岩级别的不同,整体式衬砌又分为直墙式衬砌(图1-1)和曲墙式衬砌(图1-2)两种。整体式衬砌是传统隧道结构的主要形式。

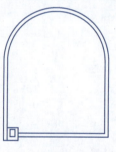 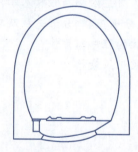

图1-1　直墙式衬砌　　　　　图1-2　曲墙式衬砌

(2) 喷锚衬砌。是指以喷锚衬砌作为永久衬砌的隧道结构,包括:喷混凝土衬砌、锚杆喷混凝土衬砌、钢纤维喷混凝土衬砌及钢筋网喷混凝土衬砌等。喷锚衬砌可用于地下水不发育的Ⅰ～Ⅲ级短隧道。8级烈度及以上地震区的隧道,一般不宜采用喷锚衬砌。

(3) 复合式衬砌。是指由两层或两层以上的支护结构组成的衬砌(图1-3),一般多为两层,外层以喷锚支护作为初期支护,内层用模筑混凝土衬砌作为二次衬砌,两层间设置防水层。复合式衬砌可适用于各级围岩,是现代隧道结构的主要形式。

(4) 拼装式衬砌。是将衬砌分成若干块构件,在现场或工厂预制这些构件,运到工作面用机械拼装而成的。这种衬砌的特点是:机械化程度高,施工速度快,衬砌承载快,但施工工艺较复杂,衬砌的整体性及抗渗性差。现代隧道施工中,盾构法主要采用拼装式衬砌,同时,采用同步注浆及二次注浆技术,使拼装式衬砌的整体性与抗渗性能大幅度提高。拼装式衬砌如图1-4所示。

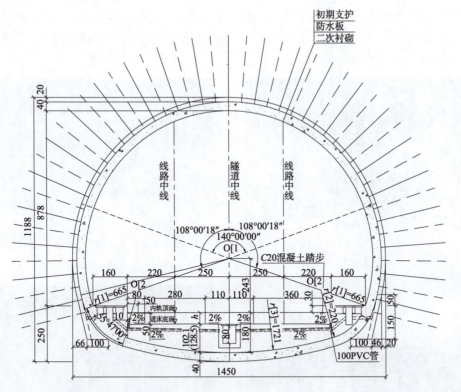

图1-3 双线铁路隧道复合式衬砌

## 2. 洞门的结构形式

根据洞口所处地形条件与地质条件的不同,洞门有环框式、端墙式、翼墙式、台阶式、柱式等。近年来,随着高速铁路的修建,出现了一些新型的隧道洞门形式,以缓解列车高速运行所产生的空气动力学效应,如斜切式洞门等。洞门形式如图1-5所示。

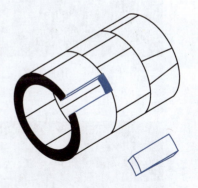

图1-4 拼装式衬砌

 **隧道施工方法及施工要点**

### 1. 隧道主要施工方法

隧道施工方法主要有明挖法、新奥法、盾构法与 TBM 法、沉管法等。

(1) 明挖法

明挖法指在露天的地面上,从地表向下分层开挖基坑,分层施作初期支护,待开挖至基底标高后,自下而上施作钢筋混凝土结构,同时铺设外贴式防水层,然后再回填土石。根据地质水文条件及周边环境条件的需要,基坑开挖前可预先施作钻孔灌注桩或地下连续墙围护结构。明挖法施工具有工序简单、便于大型施工机具使用、施工速度快的特点,但是明挖法占地面积大,占地时间长,适用于地铁车站、山岭隧道、人防工程等埋深浅、地表空旷的地段。

(2) 新奥法

新奥法是新奥地利隧道工法的简称,它是以控制爆破或机械开挖为主要掘进手段,以喷射混凝土、锚杆为主要支护措施,集理论、量测和经验于一体的一种施工方法。其核心理论是"爱护围岩,充分调动和发挥围岩的自承能力,及时施作初期支护"。从这一原则出发,可以根据隧道工程地质条件与结构条件灵活地选择开挖方法、爆破技术、支护形式、支护施作时机和辅助工法。新奥法具有工程造价低、施工技术成熟、广泛适应于各级围岩等优点。图1-6为新奥法施工的两种典型开挖工法。

a)柱式洞门

b)翼墙式洞门

c)台阶式洞门

d)斜切式洞门

图1-5 洞门

a)台阶分部开挖法

b)双侧壁导坑法

图1-6 新奥法施工现场

针对城市地铁覆盖层浅、地层软弱、含水量丰富的特点，我国学者在新奥法的基础上提出了以超前加固、处理软弱地层为前提，采用足够刚性的复合式衬砌（由初期支护、二次衬砌及中间防水层所组成）为基本支护结构的一种软弱地层近地表隧道的暗挖施工方法，即浅埋暗挖法。该法具有适用浅埋软弱地层、开挖断面灵活、可有效控制地表沉降及经济的特点。浅埋暗挖法施工应遵循"管超前、严注浆、短开挖、强支护、快封闭、勤量测"的原则。

（3）盾构与 TBM 法

盾构与 TBM 是开挖隧道的专用设备，它集土（岩）体开挖、渣土排运、整机推进及管片安装等功能于一体，实现了隧道一次开挖成形。盾构与 TBM 法施工具有安全、快速、噪音小、地表沉降小等特点，广泛应用于地铁、铁路、公路、市政、水电隧道等工程。其中盾构机具有一个筒状的金属外壳，可以在金属外壳的掩护下作业，确保了施工安全，故盾构主要用于软土隧道施工，而 TBM 主要用于岩石隧道施工。盾构与 TBM 如图 1-7 所示。

a)盾构　　　　　　　　　　　　　　b)TBM

图 1-7　盾构与 TBM

（4）沉管法

沉管法指先在隧址以外的临时干坞或船台上预制隧道管段(每节长 60～140m，多数为 100m 左右，最长达 268m)，管段两端用临时封墙密封，浮运到指定位置上，在预先挖好的基槽上沉放下去，通过水力压接法进行水下连接，再覆土回填，完成隧道施工。沉管法是修建水底隧道的主要方法之一，如图 1-8 所示。

a)管段制作　　　　　　　　　　　　b)管段浮运

图 1-8　沉管法施工现场

新奥法是目前我国铁路隧道施工的主要方法，故该书重点介绍新奥法施工隧道的质量检测与验收。

**2. 隧道施工要点**

（1）合理选择施工方法。施工方法应该结合隧道工程地质条件与工程结构条件综合选择，当隧道断面较大(如双线隧道)时，可以考虑采用台阶法、双侧壁导坑法、中隔壁法及交叉中隔壁法等有利于开挖面稳定的施工方法；当围岩条件软弱时，应坚持"短进尺、弱爆破、强支护、快衬砌"的原则。

（2）合理确定支护参数。喷射混凝土、锚杆、钢拱架等初期支护的支护参数应该与围岩级别以及施工方法相适应，必要时设置临时仰拱，以确保初期支护步步成环。钢拱架应设置锁脚锚杆或锁脚锚管，保证拱部初期支护的稳定。

（3）施工过程中要保护围岩。隧道开挖应尽量做到不损伤或少损伤围岩的固有承载能力，采用机械开挖和控制爆破技术以及超前支护、预注浆技术等各种辅助施工手段，增强围岩的自支护能力。

（4）隧道衬砌工程做到内实外美。隧道衬砌工程泛指模筑混凝土、喷射混凝土、干砌和浆砌工程等。内实，关键是保证"五密实"，即混凝土捣固要密实，喷混凝土与围岩结合要密实，二次衬砌与初期支护要密实，喷混凝土与钢拱架支护、围岩三者结合要密实，回填石料要密实。外美，即混凝土外观质量要达标。其中，内实是关键。

（5）隧道施工要重视环境。隧道施工环境包括内部环境和外部环境。内部环境指隧道施工作业的环境。由于隧道施工空间小，多工种同时施工对作业环境产生污染，直接危害施工人员的身心健康，因此，在施工过程中要不断改善作业环境。外部环境是指隧道施工对周边环境的影响，如施工污水、弃渣处理，施工噪声扰民等。重视环境保护是社会进步的要求，环境技术是随着社会发展而发展的，在隧道施工过程中许多标准是根据环境保护的要求而制定的。

（6）坚持动态施工。隧道施工过程中的地质条件是不断变化的，岩石的力学状态也是不断变化。施工过程中要采用各种不同的施工方法和技术，以适应这种变化的状态。隧道施工决策应该建立在施工阶段的地质勘察技术、围岩量测技术及质量控制技术的基础之上，坚持动态设计、动态施工。

总之，隧道施工应该做到：隧道开挖轮廓必须满足设计隧道净空的要求，确保洞内良好的作业环境，确保各种初期支护工作状态稳定，防水层材料与施工质量良好，二次衬砌背后回填密实，衬砌的强度、厚度及内部钢筋符合设计要求，同时，施工中应加强监控量测，实现动态设计与动态施工。

## 三、隧道施工中常出现的问题

目前，铁路隧道施工中常出现的主要问题有：

（1）地质预报准确性不高。施工阶段地质预报技术还不完善，缺乏有效的判断方法和手段，预报的准确性有待进一步提高。预报技术的应用与管理尚不到位，对设计、施工的指导作用还未得到充分发挥。

（2）围岩损伤、松动情况常有。在施工过程中，人们没有牢固树立"保护围岩、爱护围岩"的观点和理念，致使不能有效地控制围岩的损伤和松弛。如：为加快施工进度，在掘进时，不按爆破设计用药量装药，随意增加药量，使围岩损伤严重；或初期支护施作不及时，使围岩暴露时间过长，引起围岩松动，这些现象都是造成隧道施工塌方的隐患。

（3）重外美，轻内实。衬砌结构存在严重的隐患。如：衬砌厚度不够，欠挖不处理，使得衬砌厚度严重不足；衬砌背后填充不按规定施工，存在空洞；衬砌初期开裂普遍存在；拱脚、基底清理不彻底便浇筑混凝土；拱部和边墙接触不密实，不能形成衬砌整体作用。例如宁夏某隧道，由于种种原因，隧道衬砌做完后，衬砌混凝土出现了大量的裂缝。在1500m范围内有5段裂缝发育区，其中一条连续纵向裂缝长达33m，裂缝的最大宽度达20mm，最大水平错距达40mm。这些裂缝对结构的稳定及建成后隧道的安全运营构成了潜在的威胁。又如陕西境内某黄土隧道，由于土压力大，施工中衬砌混凝土存在质量问题，隧道尚未通车，衬砌便先由局部开裂发展为结构失稳,最终导致大范围的塌方。

(4) 地下水处理始终是薄弱环节。防水工程施工质量存在问题,造成隧道成洞地段渗水、漏水现象时有发生。例如:辽宁八盘岭隧道、吉林密江隧道都是在建成后不久,便出现大量渗漏,春、夏、秋三季隧道变成了"水帘洞",冬季洞内则变成了"冰湖"。由于反复冻融,造成衬砌结构开裂。为了不使结构遭受进一步破坏,防止隧道的大量渗漏,两隧道均不得不提前大修,在原衬砌内部复衬一层混凝土。虽然这一措施暂时使问题得以解决,但隧道断面减小,限界受侵,影响行车。

(5) 工程质量检测未形成体系。施工阶段工程质量的检测体制不完善,缺乏有效的检测手段和方法。

(6) 环境意识薄弱。洞内施工作业环境欠佳,水管漏水,通风管漏风,粉尘含量及废气超过标准值,洞外弃渣随处处理,污水未经处理排放等。

(7) 工程技术人员经验不足。参加施工人员(技术人员、管理人员及职工)的应变能力不强,不能及时对不良施工灾害做出预测,一旦出现施工灾害,有时束手无策。

(8) 没有真正地实现隧道的动态施工和动态管理。如隧道施工的地质条件经常变化,如何根据施工实际情况,改变施工方法以适应变化的地质条件,同时相应地改变施工组织以适应施工方法并加以控制仍是难点。

(9) 现代化管理手段欠缺。隧道洞内施工干扰普遍存在,如何统一调度,缺少现代化的管理方法和手段。

这些问题的存在是多方面原因造成的,包括设计方、施工方、业主方、监理方等。有效解决这些问题,能显著提高隧道施工技术和施工管理水平。

## 四 隧道施工质量检测与验收的内容

铁路隧道的建设是百年大计,保证工程质量是业主的基本要求,施工检测作为质量管理的重要手段越来越为人们所重视。新奥法施工的主要工序有:超前地质预报、钻眼爆破、通风排烟、出渣运输、初期支护、量测、模作防水层、二次衬砌等,当围岩软弱时,还需要采取超前支护或预注浆等措施。隧道施工检测与验收就是对隧道施工各个工序所进行的质量检查与验收工作。主要内容包括:

### 1. 超前地质预报质量检测与验收

隧道地质条件具有复杂多变性,要在勘察阶段准确无误地确定工程岩体的状态、特征,并准确预测隧道施工中可能引发的地质灾害的位置、规模及性质,是十分困难的。因此,在隧道施工阶段,利用地质素描、钻探及物探等综合勘察手段预测施工掌子面前方的地质情况,对于安全施工、提高工效、避免事故损失是非常必要的。为了督促和加强超前地质预报工作的开展,进行施工阶段的超前地质预报质量检查也是必要的。

### 2. 超前支护与预加固施工质量检测与验收

在浅埋、严重偏压、岩溶、流泥地段,砂土层、砂卵(砾)石层、自稳性差的软弱破碎地层,断层破碎带以及大面积淋水或涌水地段进行施工时,隧道在开挖后自稳时间小于完成支护所需时间,或初期支护的强度不能满足围岩稳定的要求时,必须在隧道开挖前或开挖中采用超前支护与预注浆技术等辅助施工措施,以增强隧道围岩稳定性。显而易见,做好辅助施工措施的质量检测工作是确保隧道安全施工的必要保证。

### 3. 原材料质量检测与验收

工程所需的原材料、半成品、构配件等都将成为永久性工程的组成部分,所以,它们的质量直接影响到未来工程的质量,因此,需要事先对其质量进行严格控制。

在隧道工程的常用材料中,衬砌材料属土建工程的通用材料,其检测方法可参阅有关文献;支护材料和防排水材料较具隧道和地下工程特色。支护材料包括:锚杆、喷射混凝土和钢拱架等;隧道防排水材料包括:注浆材料、防水板、土工布和防水混凝土等。

### 4. 开挖质量检测与验收

爆破成型质量对后续工序的质量影响极大。目前,爆破成型质量检测技术发展很快,我国在一些铁路隧道施工中也已开始使用断面仪及时检测爆破成型质量。该仪器可以迅速测取爆破后隧道断面轮廓,并将其与设计开挖断面轮廓相比较,从而得知隧道的超欠挖情况。应用隧道断面仪还可检测隧道围岩的变形情况。

### 5. 初期支护施工质量检测与验收

初期支护施工质量主要指锚杆安装质量、喷射混凝土施工质量和钢拱架施作的质量。对于锚杆,施工质量检测的内容有:锚杆的间距,排距,锚杆的长度,锚杆的方向,注浆式锚杆的注浆饱满度,锚杆的抗拔力等。对于喷射混凝土,施工中应主要检测其强度、厚度和平整度。对于钢拱架,则要检测构件的规格与节间连接,钢拱架间距,钢拱架与围岩的接触情况以及锚杆的连接。此外,对支护背后的回填密实度也要进行探测。

### 6. 施工监控量测

新奥法隧道施工的特点是借助现场量测对隧道围岩进行动态监测,并据以指导隧道的开挖作业和支护结构的设计与施工。因此,量测工作是监视设计、施工是否正确的眼睛,是监视围岩是否安全稳定的手段,它始终伴随着施工的全过程,是新奥法隧道施工非常重要的一环。量测的基本内容有:隧道围岩变形量测、支护受力和衬砌受力量测等。量测工作的目的为:

(1)掌握围岩动态和支护结构的工作状态,依据量测结果修改设计,指导施工。

(2)预见事故和险情,以便及时采取措施,防患于未然。

(3)积累资料,为以后的设计提供类比依据。

(4)为评价隧道安全性提供可靠的信息。

(5)量测数据经分析处理与必要的计算和判断后,进行预测和反馈,以保证施工安全和隧道稳定。

### 7. 防排水施工质量检测与验收

渗漏水是隧道的常见病害之一,防排水的施工质量直接影响到隧道的功能和使用寿命。隧道防水应遵循"防、截、排、堵相结合,因地制宜,综合治理"的原则,使之既能自成体系,又能相互配合,形成一个完整的隧道防排水体系。防排水施工质量检测与验收主要包括:洞内外排水系统质量检测与验收、防水层施工质量监测与验收、施工缝与变形缝防水施工质量监测与验收及防排水材料质量检测与验收等。

### 8. 衬砌施工质量检测与验收

混凝土衬砌质量检测包括:衬砌的几何尺寸、衬砌混凝土强度、混凝土的完整性、混凝土裂缝、衬砌背后的回填密实度和衬砌内部钢架、钢筋分布等的检测。其中,外观尺寸可直接用直尺量测,混凝土强度及其完整性则需选用无损检测技术完成,混凝土裂缝可用塞尺等简单方法检测,衬砌背后的回填密实度可采用地质雷达法和钻芯法检测。

### 9. 施工环境检测与验收

施工环境检测的主要任务是检测施工过程中隧道内的粉尘、有害气体含量和噪声指数不超标,保证施工安全,确保洞内作业人员身体健康并提高劳动生产率。这里的有害气体主要指 $CO$、$CO_2$、$NO$、$NO_2$、$SO_2$、$H_2S$ 及瓦斯等。粉尘是指悬浮在空气中的固体微粒,根据微粒的大小可分为飘尘、降尘、悬浮微粒等。隧道施工噪声的主要来源是钻孔、爆破、喷浆、出渣及风机作业等。

## 任务二 隧道施工质量检测与验收的依据和方法

### 一、隧道施工质量检测与验收的依据

本书以高速铁路隧道为对象,重点介绍其施工质量检测与验收,依据为《高速铁路隧道工程施工质量验收标准》(TB 10753—2010),以下简称为《标准》。该标准是高速铁路隧道工程施工质量验收的标准尺度,是设计、施工、监理、监督等部门进行质量检查与认定的依据。

按照《标准》进行质量验收时,同时还应以设计文件和《高速铁路隧道施工技术指南》(铁建设[2010]241号)(以下简称《施工技术指南》)的有关规定为依据。设计文件中对隧道各部分结构尺寸、材料强度的要求是质量检测与验收的基本依据;隧道施工过程的工艺要求,施工阶段结构材料强度、结构内力和变形控制要以《施工技术指南》的有关规定为依据。

### 二、隧道施工质量检测与验收的方法

#### 1. 一般规定

(1)施工现场质量管理成体系

高速铁路隧道工程施工现场质量管理应有相应的施工技术标准、健全的质量管理体系和施工质量检验制度。施工单位应在全面质量管理基础上,制定和完善岗位质量标准、质量责任及考核办法,加强施工过程中的现场标准化管理和过程控制管理。施工现场质量管理检查记录应由施工单位在施工前按表1-1的规定填写,总监理工程师进行检查,并做出检查结论。

(2)施工质量控制要求

高速铁路隧道工程应按下列规定进行施工质量控制:

①工程采用的主要材料、构配件和设备,施工单位和监理单位应按《标准》的规定进行检验,不合格的不能用于工程施工。

②各工序应按施工技术标准进行质量控制,每道工序完成后,施工单位应进行检查,并形成记录。

③工序之间应进行交接检验,上道工序应满足下道工序的施工条件和技术要求;相关专业工序之间的交接检验应经监理工程师检查认可。未经检查或经检查不合格的,不得进行下道工序施工。

(3)施工质量验收要求

高速铁路隧道工程施工质量应按下列规定进行验收:

①工程施工质量应符合《标准》和相关专业验收标准的规定。

施工现场质量管理检查记录 表1-1

| 单位工程名称 | | | 开工日期 | | |
|---|---|---|---|---|---|
| 建设单位 | | | 项目负责人 | | |
| 设计单位 | | | 项目负责人 | | |
| 监理单位 | | | 总监理工程师 | | |
| 施工单位 | | | 项目负责人 | | 项目技术负责人 |
| 序号 | 项目 | | | | 检查情况 |
| 1 | 开工报告 | | | | |
| 2 | 现场质量管理制度 | | | | |
| 3 | 质量责任制 | | | | |
| 4 | 工程质量检验制度 | | | | |
| 5 | 施工技术标准 | | | | |
| 6 | 施工图现场核对情况 | | | | |
| 7 | 设计文件 | | | | |
| 8 | 交接桩及施工复测资料 | | | | |
| 9 | 施工组织设计及审批手续 | | | | |
| 10 | 环境保护方案及审批手续 | | | | |
| 11 | 安全专项方案及审批手续 | | | | |
| 12 | 监控量测实施细则及审批手续 | | | | |
| 13 | 超前地质预报实施细则及审批手续 | | | | |
| 14 | 主要专业工种操作上岗证书 | | | | |
| 15 | 管理层、技术层、作业层人员质量责任登记表 | | | | |
| 16 | 施工检测设备及计量器具设置 | | | | |
| 17 | 材料、设备管理制度 | | | | |
| 18 | 教育培训制度和考核上岗制度 | | | | |
| 19 | 现场标准化作业管理制度和实施细则 | | | | |

检查结论：

总监理工程师
年 月 日

②工程施工质量应符合工程勘察、设计文件的要求。

③参加工程施工质量验收的各方人员应具备规定的资格；各种检查记录签证人员应报建设单位确认、备案。

④工程施工质量的验收均应在施工单位自行检查评定合格的基础上进行。

⑤检验批的质量应按主控项目和一般项目进行验收，并对作业人员进行核查确认。

⑥对涉及结构安全和使用功能的分部工程应进行抽样检验。

⑦单位工程的综合质量应由验收人员通过检查共同确认。

## 2. 隧道施工质量验收单元的划分

(1) 高速铁路隧道工程施工质量验收划分为单位工程、分部工程、分项工程和检验批。
(2) 单位工程应按一个完整工程或一个相当规模的施工范围划分,并按下列原则确定:
① 一座隧道宜作为一个单位工程,长隧道和特长隧道可按施工标段划分为若干个单位工程。
② 斜井、平行导坑、竖井或独立明洞(或棚洞)可作为一个单位工程。
(3) 分部工程应按一个完整部位或主要结构及施工阶段划分。
(4) 分项工程应按工种、工序、材料、施工工艺等划分。
(5) 检验批应根据质量控制和施工段需要划分,其检验项目分为主控项目和一般项目。
分部、分项工程划分和检验批检验项目应符合表1-2中规定。

分部工程、分项工程和检验批检验项目    表1-2

| 序号 | 分部工程 | 分项工程 | 检验批 |
|---|---|---|---|
| 1 | 加固处理 | 地表注浆加固 | ≤20m |
|  |  | 井点降水 | ≤20m |
|  |  | 旋喷桩 | ≤20m |
|  |  | 灰土挤密桩 | ≤20m |
|  |  | 洞内预注浆 | 每个循环 |
| 2 | 洞口及缓冲结构工程 | 开挖 | 每个洞口 |
|  |  | 模板 | 每个洞口 |
|  |  | 钢筋 | 每个洞口 |
|  |  | 混凝土 | 每个洞口 |
|  |  | 洞口防护 | 每个洞口 |
| 3 | 洞身开挖 | 超前地质预报 | 每次 |
|  |  | 洞身开挖 | ≤24m |
|  |  | 隧底开挖 | ≤24m |
|  |  | 弃渣场防护 | 每处 |
| 4 | 支护 | 监控量测 | 每个断面处 |
|  |  | 喷射混凝土 | ≤24m |
|  |  | 锚杆 | ≤24m |
|  |  | 钢筋网 | ≤24m |
|  |  | 钢架 | ≤24m |
|  |  | 管棚 | 每环 |
|  |  | 超前小导管 | ≤24m |
|  |  | 初期支护结构 | ≤24m |
| 5 | 衬砌 | 模板 | 每2个安装段 |
|  |  | 钢筋 | 每2个安装段 |
|  |  | 混凝土 | 每2个衬砌循环 |
|  |  | 回填注浆 | 每2个衬砌循环 |
|  |  | 综合接地 | 每2个衬砌循环 |
|  |  | 沉降观测与评估 | 每个单位工程 |

续上表

| 序 号 | 分部工程 | 分项工程 | 检验批 |
|---|---|---|---|
| 6 | 辅助坑道及附属洞室 | 开挖 | ≤50m |
| | | 喷射混凝土 | ≤24m |
| | | 锚杆 | ≤24m |
| | | 钢筋网 | ≤24m |
| | | 钢架 | ≤24m |
| | | 管棚 | 每环 |
| | | 超前小导管 | ≤24m |
| | | 模板 | 每2个安装段 |
| | | 钢筋 | 每2个安装段 |
| | | 混凝土 | 每2个衬砌循环 |
| | | 坑道口及其封闭 | 每个坑道口 |
| 7 | 明洞工程 | 明洞开挖 | 每处且≤50m |
| | | 模板 | 每2个浇筑段 |
| | | 钢筋 | 每2个浇筑段 |
| | | 混凝土 | 每2个浇筑段 |
| | | 回填 | ≤24m |
| 8 | 防水和排水 | 洞口防排水 | 每个洞口 |
| | | 洞内排水沟(槽) | 每200m |
| | | 检查井 | 每4处 |
| | | 结构下纵向保温排水盲沟 | 每200m |
| | | 施工缝防水 | 每2个浇筑段 |
| | | 变形缝防水 | 每处 |
| | | 涂料防水层防水 | 每2个浇筑段 |
| | | 卷材防水层防水 | 每2个浇筑段 |
| | | 防水板防水 | 每2个浇筑段 |
| | | 径向注浆 | 每个注浆作业段 |
| | | 盲管 | 每2个浇筑段 |
| 9 | 附属设施 | 运营通风土建工程 | 每2处 |
| | | 救援通道与救援站 | 每200m |
| | | 紧急出口 | 每处 |
| | | 电缆槽 | 每200m |
| | | 洞内附属构筑物 | 每处 |

### 3. 隧道施工质量验收的内容

(1)检验批的质量验收应包括下列内容:

①实物检查。对原材料、构配件和设备等的检验,按进场的批次和《标准》规定的抽样检验方案执行;对工序质量的检验,应按《标准》规定的抽样检验方案执行。

②资料检查。原材料、构配件和设备等的质量证明文件(质量合格证、规格、型号及性能

检测报告等)和抽样检验报告,工序的施工记录、自检和交接检验记录、平行检验报告、见证检验报告等。

③质量责任确认。对施工作业人员质量责任登记进行确认。

(2)检验批合格质量应符合下列规定:

①主控项目的质量经抽样检验全部合格。

②一般项目的质量经抽样检验全部合格;其中,有允许偏差的抽样点,除有专门要求外,80%及以上的抽查点应控制在规定允许偏差范围内,最大偏差不得大于规定允许偏差的1.5倍。

③具有完整的施工操作依据、质量检查记录。

④施工作业人员质量责任登记情况真实、全面。

(3)分项工程质量验收合格应符合下列规定:

①所含的检验批均符合合格质量规定。

②所含的检验批的质量验收记录完整。

(4)分部工程质量验收合格应符合下列规定:

①含分项工程的质量均验收合格。

②质量控制资料完整。

③隧道衬砌内轮廓、衬砌厚度和强度、衬砌背后回填及防水等涉及结构安全和使用功能的检验和抽样检测结果,符合设计要求及有关标准规定。

(5)当检验批工程质量不符合要求时,应按下列规定进行处理:

①经返工重做或更换构配件、设备的检验批,应重新进行验收。

②当对试块试件的试验结果有怀疑时,或因试块试件丢失损坏、试验资料缺失等无法判断实体质量时,应由有资质的法定检测单位对实体质量进行检测鉴定,凡达到设计要求的检验批可予以验收。

(6)通过返修或加固仍不能满足结构安全和使用功能要求的分部工程、单位工程,严禁验收。

**4. 隧道施工质量验收的程序和组织**

(1)检验批应由施工单位自检合格后报监理单位,由监理工程师组织施工单位专职质量检查员等进行验收。施工单位应对全部主控项目和一般项目进行检查。监理单位应对全部主控项目进行检查,对一般项目的检查内容和数量可根据具体情况确定。检验批质量验收记录应按表1-3填写。

对于主控项目,施工单位检查评定记录及监理单位验收记录的内容应填写详细具体;对于一般项目可填写概括性结论。

(2)分项工程应由监理工程师组织施工单位分项工程技术负责人等进行验收,并按表1-4填写记录。涉及环保等分项工程的降水、地表注浆加固、洞内注浆、弃渣场防护验收时,勘察设计单位现场负责人应参加。

(3)分部工程应由监理工程师组织施工单位项目负责人和技术、质量负责人等进行验收,并按表1-5填写记录。隧道衬砌、防水工程进行验收时,勘察设计单位项目负责人应参加。

(4)单位工程完工后,施工单位应自行组织有关人员进行检查评定,并向建设单位提交工程验收报告。

(5)建设单位收到单位工程验收报告后,应由建设单位项目负责人组织施工、设计、监理单位负责人进行单位工程验收,并按表1-6填写记录。隧道单位工程综合质量评定包括:质量控制资料核查、实体质量和主要功能核查、观感质量评定等,应按《标准》中相关要求执行。

检验批质量验收记录　　　　　　　　　　　　　　　　表1-3

| 单位工程名称 | | | | | | |
|---|---|---|---|---|---|---|
| 分部工程名称 | | | | | | |
| 分项工程名称 | | | | | 验收部位 | |
| 施工单位 | | | | | 项目负责人 | |
| 施工质量验收标准名称及编号 | | | | | | |
| | | 施工质量验收标准的规定 | | 施工单位检查评定记录 | 监理单位验收记录 | |
| 主控项目 | 1 | | | | | |
| | 2 | | | | | |
| | 3 | | | | | |
| | 4 | | | | | |
| 一般项目 | 1 | | | | | |
| | 2 | | | | | |
| | 3 | | | | | |
| 施工作业人员质量责任登记 | | | | | | |
| 勘察设计单位现场确认情况（需要时） | | | 现场负责人 | | 年　月　日 | |
| 施工单位检查评定结果 | | | 专职质量检查员 | | 年　月　日 | |
| | | | 分项工程技术负责人 | | 年　月　日 | |
| | | | 分项工程负责人 | | 年　月　日 | |
| 监理单位验收结论 | | | 监理工程师 | | 年　月　日 | |

注:施工作业人员质量责任登记应按部位和工序分别签名。

分项工程质量验收记录 表1-4

| 单位工程名称 | | | |
|---|---|---|---|
| 分部工程名称 | | 检验批数 | |
| 施工单位 | | 项目负责人 | |

| 序号 | 检验批部位 | 施工单位检查评定结果 | 监理单位验收结论 |
|---|---|---|---|
| 1 | | | |
| 2 | | | |
| 3 | | | |
| 4 | | | |
| 5 | | | |
| 6 | | | |

说明：

| 施工单位检查评定结果 | 分项工程技术负责人　　年　月　日 |
|---|---|
| 设计单位检查评定结果（需要时） | 现场负责人　　年　月　日 |
| 监理单位验收结论 | 监理工程师　　年　月　日 |

分部工程质量验收记录　　　　　　　　　表 1-5

| 单位工程名称 | | | | |
|---|---|---|---|---|
| 施工单位 | | | | |
| 项目负责人 | | 项目技术负责人 | | 项目质量负责人 |
| 序号 | 分项工程名称 | 检验批数 | 施工单位检查评定结果 | 监理单位验收结论 |
| 1 | | | | |
| 2 | | | | |
| 3 | | | | |
| 4 | | | | |
| 5 | | | | |
| 6 | | | | |
| 质量控制资料 | | | | |
| 实体质量和主要功能检验(检测)报告 | | | | |
| 验收单位 | 施工单位检查评定结果 | | 分项工程技术负责人　　年　月　日 | |
| | 设计单位检查评定结果(需要时) | | 现场负责人　　年　月　日 | |
| | 监理单位验收结论 | | 监理工程师　　年　月　日 | |

注：1. 衬砌、防水分部工程验收时，设计单位项目负责人应参加。
　　2. 质量控制资料核查、实体质量和主要功能核查项目，应按《标准》有关规定填写。

单位工程质量验收记录  表1-6

| 单位工程名称 | | | | | |
|---|---|---|---|---|---|
| 开工日期 | | | | 竣工日期 | |
| 施工单位 | | | | | |
| 项目负责人 | | 项目技术负责人 | | 项目质量负责人 | |

| 序号 | 项目 | 验收记录 | | 验收结论 |
|---|---|---|---|---|
| 1 | 分部工程 | 共 | 分部 | |
| | | 经查符合标准规定及设计要求 | 分部 | |
| 2 | 质量控制资料 | 共 | 项 | |
| | | 经查符合要求 | 项 | |
| | | 不符合要求 | 项 | |
| 3 | 实体质量和主要功能核查 | 共核查、抽查 | 项 | |
| | | 符合要求 | 项 | |
| | | 不符合要求 | 项 | |
| 4 | 观感质量验收 | 共检查 | 项 | |
| | | 评定为合格 | 项 | |
| | | 评定为差 | 项 | |
| 5 | 综合验收结论 | | | |

| 验收单位 | 施工单位 | 监理单位 | 勘察设计单位 | 建设单位 |
|---|---|---|---|---|
| | （公章）<br>项目负责人：<br>年 月 日 | （公章）<br>总监理工程师：<br>年 月 日 | （公章）<br>项目负责人：<br>年 月 日 | （公章）<br>项目负责人：<br>年 月 日 |

## 三 隧道单位工程综合质量评定

### 1. 单位工程质量验收合格的规定

(1) 所含分部工程的质量均应验收合格。
(2) 质量控制资料应完整。
(3) 实体质量和主要功能应符合相关标准、规范的规定和设计要求。
(4) 观感质量验收符合要求。

### 2. 单位工程质量控制资料核查

(1) 单位工程质量控制资料应齐全完整，全面反映工程施工质量状况。

(2)单位工程质量控制资料核查应由监理单位组织施工单位进行,并按表1-7填写记录。

单位工程质量控制资料核查记录　　　　　　　表1-7

| 单位工程名称 | | | | |
|---|---|---|---|---|
| 施工单位 | | | | |
| 序号 | 资料名称 | 份数 | 核查意见 | 核查人 |
| 1 | 图纸会审、设计变更、洽商记录 | | | |
| 2 | 工程定位测量、放线记录 | | | |
| 3 | 原材料出厂合格证及进场检(试)验报告 | | | |
| 4 | 施工试验报告 | | | |
| 5 | 成品及半成品出厂合格证或试验报告 | | | |
| 6 | 施工记录 | | | |
| 7 | 工程质量事故及事故调查处理资料 | | | |
| 8 | 施工现场质量管理检查记录 | | | |
| 9 | 分项、分部工程质量验收记录 | | | |
| 10 | 新材料、新工艺施工记录 | | | |
| 11 | 监控量测资料 | | | |
| 12 | 超前地质预报资料 | | | |
| 结论: | | | | |
| 施工单位项目负责人　　　　　总监理工程师<br>　　年　月　日　　　　　　　　　年　月　日 | | | | |

注:核查人为监理单位人员。

### 3.单位工程实体质量和主要功能核查

(1)单位工程完成后,应由建设单位组织勘察设计、监理、施工单位对单位工程实体质量和主要功能进行核查,并按表1-8填写记录。

单位工程实体质量和主要功能核查记录　　　　　　表1-8

| 单位工程名称 | | | | |
|---|---|---|---|---|
| 施工单位 | | | | |
| 序号 | 项目 | 份数 | 核查意见 | 核查人 |
| 1 | 衬砌混凝土强度检测 | | | |
| 2 | 钢筋混凝土中钢筋位置和保护层检测 | | | |
| 3 | 衬砌结构混凝土厚度检测(条文说明) | | | |
| 4 | 衬砌背后回填密实度检测 | | | |
| 5 | 衬砌渗水情况检查 | | | |
| 6 | 隧道衬砌内轮廓检测 | | | |
| 7 | 衬砌表面裂缝检查 | | | |
| 结论: | | | | |
| 施工单位项目负责人　　总监理工程师　　设计单位项目负责人　　建设单位项目负责人<br>　　年　月　日　　　　　年　月　日　　　　　年　月　日　　　　　年　月　日 | | | | |

注:核查项目由验收组协商确定。

（2）单位工程实体质量和主要功能核查方法和数量应符合以下规定：

①衬砌混凝土强度检测采用无损检测，每100m检测一次。

②衬砌混凝土厚度、背后回填密实度检测采用无损检测，拱顶设置一条测线，左右拱腰、边墙各设置一条测线，隧底两条测线，全隧检测。

③钢筋混凝土中钢筋位置和保护层检测，采用满足精度要求的钢筋保护层厚度检测仪现场测定混凝土保护层的实际厚度；每100m检查一次，每次10个点。保护层90%测点的实测厚度不得小于设计值。

④衬砌渗水情况检查采用观察检查，全部检查。

⑤衬砌表面裂缝检查采用观察或刻度放大镜检查，全部检查。

⑥隧道衬砌内轮廓检测采用断面仪测量，每100m检查一次。

⑦瓦斯隧道必须对全隧道进行瓦斯检测。在内拱顶以下0.25m处的空气中瓦斯浓度不得大于0.5%。有运营通风条件下，通风后应达到以上标准。

（3）结构实体质量和主要使用功能达不到设计要求的单位工程，严禁验收。

**4. 单位工程观感质量评定**

（1）单位工程观感质量评定由建设单位组织设计、监理、施工单位共同进行现场评定，并按表1-9填写记录。

单位工程观感质量检查记录　　　　　　　　　表1-9

| 序号 | 项目名称 | | 质量状况 | 质量评定 | |
|---|---|---|---|---|---|
| | | | | 合格 | 差 |
| 1 | 洞门 | 边仰坡防护 | | | |
| | | 混凝土结构 | | | |
| | | 名牌、号标 | | | |
| | | 附属设施 | | | |
| 2 | 洞身 | 混凝土结构 | | | |
| | | 电缆沟槽 | | | |
| 3 | 防排水 | 混凝土结构 | | | |
| | | 洞内外水沟槽 | | | |
| 4 | 弃渣防护工程 | | | | |

结论：

施工单位项目负责人　　总监理工程师　　设计单位项目负责人　　建设单位项目负责人
　　年　月　日　　　　　年　月　日　　　　年　月　日　　　　　年　月　日

（2）单位工程观感质量检查项目评定达不到合格标准者，应进行翻修。

（3）观感质量验收前，施工单位应将衬砌、道床、电缆沟槽、水沟、避车洞、设备洞室处的垃圾和粉尘清理干净，建设单位应组织施工单位、监理单位进行初验，初验不合格的工程不得进行观感质量验收。

（4）洞门观感质量合格标准：

①混凝土帽檐、斜切明洞和边、仰坡、挡土墙表面平整，色泽均匀，接茬处无明显错台、跑模

现象。局部蜂窝麻面已修补,外形整体轮廓清晰,线角基本顺直。

②边、仰坡开挖面无裸露,地表植被恢复及水土保持良好,无冲刷痕迹。

③洞门排水设施排水流畅,无淤积。洞口防护设施和警示标志齐全。

④变形缝缝身竖直、缝宽基本均匀,填塞密实无漏水。

⑤检查梯及隧道名牌、号标的设置美观大方。

(5)洞身观感质量合格标准:

①拱部、边墙及隧底衬砌表面色泽均匀、曲线圆顺,整体轮廓清晰。

②混凝土接茬处无较大错台、跑模现象。无蜂窝麻面或局部蜂窝麻面已修补。

③洞内沟槽线条顺直美观。沟槽盖板无破损,安装牢固、平顺。

(6)防排水观感质量合格标准:

①正洞和设备洞室衬砌不渗水,道床无积水,设备安装孔眼不渗水。洞身范围内无湿渍。

②洞内外水沟流水坡平顺,水流畅通,不积淤堵塞。泄水孔排水畅通。

(7)弃渣工程观感质量合格标准:

弃渣挡墙平顺,墙体表面砂浆饱满、砌缝整齐,表面勾缝美观大方,沉降缝垂直、上下贯通。弃渣堆表面平整,已按要求完成绿化或造田。弃渣场排水设施齐全,与周围环境排水沟渠连接良好,排水顺畅。

# 【能力训练】

1. 说明隧道结构的形式及组成部分。
2. 比较说明隧道各种施工方法的特点及适用范围,并说明新奥法施工的要点。
3. 说明高速铁路隧道施工质量验收的依据及主要内容。
4. 说明隧道工程检验批、分项工程、分部工程及单位工程的划分办法。
5. 说明隧道质量验收的程序。
6. 说明隧道检验批、分项工程、分部工程及单位工程质量验收记录表中各项内容的含义及填报方法。

# 项目二

# 隧道施工超前地质预报及质量检测

【能力目标】

通过学习,具备熟练运用地质素描、水平钻探、地质超前预报仪(TGP、TSP 等)、地质雷达和红外探水仪等方法进行隧道超前地质预报的能力,具备简单地质分析数据采集及数据分析的能力,具备运用现场观察、预报成果检查等方法进行隧道施工超前地质预报质量检验的能力,从而具备隧道施工超前地质预报质量评定及验收的能力。

【知识目标】

了解隧道地质预报方法及操作流程,熟知隧道地质预报质量验收标准及方法,掌握隧道超前地质预报的各种方法原理及数据采集与分析的方法。

【工作任务】

1. 了解隧道超前地质预报的目的和含义;
2. 熟悉隧道超前地质预报的质量验收标准;
3. 运用地质素描法、超前水平钻孔法、地质超前预报仪(TGP/TSP)、地质雷达法和红外探水仪法进行隧道地质超前预报,并进行预报质量检验;
4. 编制隧道超前地质预报报告;
5. 隧道超前地质预报质量评定;
6. 隧道超前地质预报质量验收记录填报。

# 任务一　隧道地质超前预报及其质量验收基本知识

在隧道的设计中，由于工作条件或工作时间等因素，勘察设计单位提交的隧道设计图往往难以达到足够的精度要求，部分影响大的不良地质体未被发现，从而给隧道施工带来了极大的危害。同时，施工单位在施工过程中也很少进行细致的地质力学分析，多数施工单位缺少专门的地质技术人员，这就给施工造成极大的难度，事故也就在所难免。因此，隧道超前地质预报是科学地进行隧道施工的必然产物，是安全、快速施工的要求。准确预报开挖面前方的地质条件是隧道建设者们的迫切要求。

 **地质超前预报定义**

隧道地质超前预报有广义和狭义之分。广义指综合超前地质预报，包括工程可行性研究阶段预报、勘察设计阶段预报和施工阶段的预报。狭义指隧道施工期的超前地质预报或隧道洞身的不良地质体超前预报。

可行性研究阶段的地质超前预报是根据所收集的资料对隧道施工可能遇到的各种不良地质体及由此可能发生地质灾害的预判断。勘察设计阶段的地质超前预报是根据勘察资料及研究成果，对隧道施工可能遇到的各种不良地质体及由此可能发生的地质灾害的性质、分布位置、规模的判断，并反映在隧道工程设计文件中。

由于可行性研究阶段和勘察设计阶段经费投入的限制，依据既有地质资料和有限的钻孔地质资料、水文地质资料、物探资料及钻孔岩石岩芯物理力学试验资料做出的施工设计与实际不符的情况经常出现。往往这些局部的、分散的、随机的不良地质洞段却是施工最大的安全隐患，主要表现为隧道施工中塌方、突水、涌泥、岩爆、有害气体等地质灾害。因此，在隧道施工阶段开展超前地质预报工作对确保施工安全和进度起着十分重要的作用。

隧道施工地质超前预报是指隧道施工阶段采用隧道洞内外地质调查、掌子面素描，根据隧道开挖揭示的洞身围岩条件变化趋势、洞内外构造分析结果，或采用地球物理探测手段对隧道掌子面进行探测，运用地质学、数学、物理学、计算机科学等相关学科知识结合预报人员经验，对隧道工程可能遇到的各种地质灾害的性质、分布位置、规模进行判断和预报，根据判断和预报结果提出应采取的地质灾害预防和处理措施的建议。

 **地质超前预报内容**

隧道掌子面前方可能存在影响施工人员安全、施工进度、工程结构稳定的不良地质体，采用各种隧道地质超前预报方法，对其位置、规模、性质和成灾可能性进行科学预测，并提出切实可行的施工对策，以确保工程施工安全。

地质超前预报包括：隧道所在地区地质分析与宏观预报、隧道洞身不良地质体及灾害地质超前预报和重大施工地质灾害临警预报。

**1. 地区地质分析与宏观地质预报**

主要是预报开挖面前方的围岩级别及稳定性、洞内涌水量大小和变化规律以及对环境地质与工程的影响等，以便随时修改设计，调整支护参数。

## 2. 不良地质及灾害地质超前预报

主要是预报掌子面前方岩性变化和不良地质体的范围、规模、性质，以及突水、突泥、坍塌、岩爆、有害气体等灾害地质的发生概率，提出施工预防措施。预报断层的位置、宽度、产状、性质、破碎带物质状态、充水情况、稳定程度等，提出施工对策。

## 3. 重大施工地质灾害临警预报

针对掌子面前方有可能引发的大规模突水、突泥、坍塌、冒落、变形、瓦斯爆炸等重大地质灾害，建立临警预报系统，主要预报隧道洞身所通过的深大富水断裂、富水向斜的核部、富水砂层、软土、极软岩、煤系地层等，评判其危害程度，提出施工方案对策。

# 三 地质超前预报方法

## 1. 地质分析预报法

地质分析预报是隧道超前预报中一项基本方法。地质分析方法种类很多，常见的有：地面地质调查、地质素描法（隧道掌子面地质编录预测法）等。主要是通过收集分析地质资料，运用地表详细调查、隧道内地质编录、地质素描、数码照相、超前风钻、涌水量预测等方法与地质学理论，对比、论证、推断，预报隧道施工前方的工程地质与水文地质情况。施工中填写"施工阶段围岩级别判定卡"，进行分析。

该方法优点在于可以随时进行，不干扰施工，设备简单，出结果快，预报效果较好，而其他预报方法的解释应用，都是在地质资料分析判断基础上进行的。这种方法的最大不利因素是对隧道前方未开挖的不良地质容易漏报。

## 2. 超前钻探预报法

用钻探设备向掌子面前方钻探，直接揭示隧道掌子面前方几十米的地层岩性、岩体结构、构造、地下水、岩溶洞穴充填物及其性质、岩体完整程度等资料，还可通过岩芯试验获得岩石强度等定量指标。超前水平钻孔的方向控制和钻探工艺有一定的技术难度，成本高，速度慢，对施工干扰大，适用于已经基本认定为主要不良地质区段。

## 3. 超前平行导坑预报法

在隧道上导坑或隧道的附近开挖一平行的小断面导坑，对导坑出露的地质情况进行地质编录、素描、作图，综合分析其地层岩性、地质构造、水文地质情况，根据地质理论预测相应段隧道的工程地质和水文地质条件，以及可能发生地质灾害的位置、性质、规模，并提出防治措施意见。超前平行导坑法最为直观，精确度很高，通过直观的地质情况，施工单位可以提前了解主隧道开挖断面的地质情况，以便采取相应的工程防护措施。缺点是成本高，对施工影响大。在超前平行导坑中辅助以室内物理力学测试、现场点荷载测试、地应力测试、物探地震反射等方法，可以完善地质超前预报的内容。

## 4. 物理探测预报法

物理探测法是利用物体物性差异进行地质判断的间接方法，采用物探技术进行超前预报的优点是快速、超前探测距离大、对施工干扰相对小、可以多种技术组合应用。但是物探方法因受环境及经验的影响，准确解释物探资料具有一定的技术难度，同时，物探技术存在一定局限性，在地质超前预报中应进一步结合地质理论，提高物探成果解译水平。下面介绍几种常见的物理探测预报法。

(1) 地质雷达预报法

地质雷达(Ground Penetrating Radar,GPR)法是一种利用电磁波在不同介质中产生透射、反射的特性来进行超前地质预报的方法。电磁波通过天线发射,遇到不同阻抗界面时,将产生反射波和透射波。接收机利用分时采样原理和数据组合方式,把天线接收的信号转化为数字信号,主机系统再将数字信号转化为模拟信号或彩色线迹信号,并以时间剖面的形式显示出来。探测距离一般小于30m,在潮湿含水层中小于10m。该方法主要是配合地震反射法,通过测定与岩溶含水性有关介电常数的变化来探测充水地质体,如含水的断层、岩性界面和溶洞等。试验表明,采用地质雷达对隧底、边墙、隧顶外围岩的不良地质探测效果最好,在超前平导中应用可对正洞起到超前预报的作用。

(2) TSP/TGP法

TSP(Tunnel Seismic Prediction)/TGP(Tunnel Geologic Prediction)法是基于地震波的反射原理,利用地震波在不均匀地质构造中产生的反射波特性来预报隧道施工前方的地质条件和岩石特性变化的一种方法。TSP/TGP法一般过程为,在洞内指定的震源点用少量炸药激发,产生的地震波在岩石中以球面波的形式向前传播,当地震波遇到岩石物性界面(即波阻抗界面,如断层、岩石破碎带、岩性突变等)时,一部分地震信号反射回来,一部分地震信号透射进入前方介质,反射的地震信号将被两个三维高灵敏度的地震检波器接收。通过对接收信号的运动学和动力学特征进行分析,可推断断层和岩石破碎带等不良地质体的位置、规模、产状及岩石动力参数。TSP202、TSP203(进口系列)及TGP12、TGP206(国产系列)超前预报系统是目前较广泛使用的地震探测仪器,它们的特点在于具有适用范围广、预报距离长、时间短、对施工干扰小、费用少等优点。

(3) 瞬变电磁法

瞬变电磁法(Transient Electromagnetic Method,TEM)是一种时间域电磁法,它是利用电磁脉冲激发,不接地回线向掌子面前方发射一次场,在一次场断电以后,测量由介质产生的感应二次场随时间的变化,来达到寻找各种地质目标的超前预报方法。瞬变电磁法通过对围岩体自感二次场的探测,获得全区视电阻率,因此,对地下水具有较好的敏感性,而对岩体强度、岩体破碎程度、干溶洞等不易判断,原因在于电阻率差异较小。

(4) BEAM法

BEAM(Bore Electrical Ahead Monitoring)法是由德国GEO-HYDRAULIK DATA公司开发的一种通过对岩层电阻率进行测试(激发极化法)来探知岩石质量、空洞和水体的物探方法。它通过聚焦频率域的激发极化法激发地质体的极化效应,可以获得百分频率效应(PFE)和电阻率两种参数。其中PFE是一种表征存储电能能力的参数,岩体孔隙率的大小直接与其相关,因此,BEAM法对岩体节理裂隙发育、破碎程度有较好的敏感性;对溶洞也呈现出同样的敏感性,表现为PFE值为$-40 \sim 0$,呈不规则振荡,非均质变化。BEAM法对水体也较为敏感,电阻率降低表明前方岩体出水概率增大。对软硬岩的区分,BEAM法探测效果不甚理想。

(5) 地震反射(负视速度)法

地震反射(负视速度)法是将常规地震勘探中的钻孔垂直地震剖面法应用于水平状态的隧道中,具有明显的方向特征,开挖面前方反射信息不受周围干扰,识别不良地质体界面的精确度高,预报距离可达100m以上,对施工干扰很小。其基本原理是:在隧道掌子面后方一定距离,沿边墙布置激振点和系列接受点;激发时产生的地震波信号在围岩中传播,当有断层或岩层变化界面时产生反射波,返回的信号被接受点的检波器接受,由此可确定反射界面的位置;通过对纵、横波共同分析,还可了解反射界面两侧岩性、密实程度的变化。

(6)水平声波反射法(HSP 法)

水平声波反射法(the method of Horizontal & Holes Sound Probing in tunnel)是基于向岩土体中辐射一定频率的声波,并研究其传播特征,进而判断岩土体工程地质特性的一种物探方法。沿坑道两侧分别布置激发点、检波点观测系统,各检测点所接受的反射波路径相等,反射波组合形态与反射界面形态相同,图像直观,对反射界面的倾角没有限制,适用的范围较为广泛。

(7)红外探水法

地下水的活动会引起岩体红外辐射场强的变化,探测掌子面或洞壁四周这种变化,可以推测是否有隐伏的含水体。该方法测量快速,施工干扰小,有较高的定性判别准确率,但无法预报水量和含水体前方具体位置等定量指标。

(8)特殊地质的预测方法

特殊地质的预报方法采用专门仪器进行。例如:当确定隧道接近或通过煤系地层、储气构造时,可采用沼气氧气两用报警仪,在隧道中进行长期跟踪量测,根据数据的积累统计分析,对掌子面前方的有害气体进行预测,为隧道安全施工提供依据。

隧道施工超前地质预报方法经历几十年的发展,已经由单一地质预报方法阶段发展到地质分析结合地球物理探测的综合预报阶段,并取得了许多成功的工程案例。

## 四 地质超前预报分级

考虑到隧道地质条件的复杂多变及单一地质预报适应性差的局限,我们建立了基于隧道地质特性、复杂程度和规模的隧道综合预报体系的地质超前预报分级体系,分为 A 级、B 级、C 级和 D 级 4 个级别,见表 2-1。

隧道地质超前预报分级　　　　　　表 2-1

| 级别 | 特 征 | 备 注 |
| --- | --- | --- |
| A | 大型、特大型突水、突泥及重大物探异常 | |
| B | 中、小型突水、突泥地段,较大物探异常地段,断裂带等 | 在 B 级中 TSP 法显示有重大异常时,需按 A 级要求逐步加强预测 |
| C | 水文地质条件较好的碳酸盐岩及碎屑岩地段、小型断层破碎带,发生突水、突泥可能性较小 | 当发现局部地段较复杂时,可按 B 级要求实施 |
| D | 非可溶岩地段,发生突水突泥可能性极小 | |

各级别地质预报的方法归纳如图 2-1 ~ 图 2-4 所示。

## 五 地质超前预报应用原则

地区地质分析与宏观地质预报:采用传统的地质分析方法,辅以必要的物探技术等手段,对隧道围岩的稳定性、水文地质情况进行宏观的地质预报。

不良地质及灾害地质超前预报:在传统地质分析方法的基础上,结合施工方法、工艺、工期等要求,以先进的物探技术为主要探测手段,并辅以必要的超前平行导坑预报法、超前水平钻孔法,对掌子面前方不良地质体的情况及有可能产生的灾害地质进行预报,提出施工对策。

重大施工地质灾害预警预报:在传统地质分析方法的基础上,结合施工方法、工艺、工期等的要求，以超前平行导坑预报法、超前水平钻孔法为主，综合利用各种有效的物探手段，对掌子面前方有可能诱发的重大地质灾害建立预警预报系统，并评判其危害程度，提出施工预案对策。

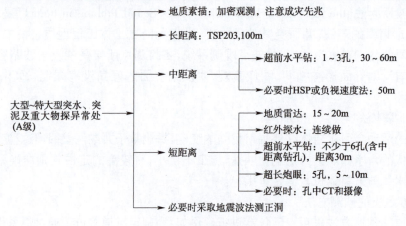

图 2-1　A 级地质预报方法

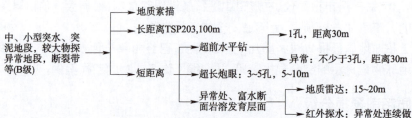

注：在B级中TSP203显示有重大异常时，需按A级要求逐步加强预测。

图 2-2　B 级地质预报方法

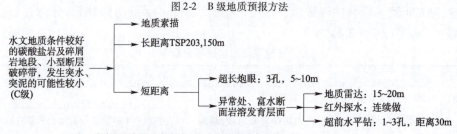

注：当发现局部地段较复杂时，则按B级要求实施。

图 2-3　C 级地质预报方法

图 2-4　D 级地质预报方法

##  地质超前预报质量验收要点及标准

《高速铁路隧道工程施工质量验收标准》(TB 10753—2010)规定，隧道施工应进行超前地质预报，并作为一道工序纳入隧道施工组织设计和施工管理中。超前地质预报应由专业人员实施。

1. 一般规定

(1) 建设单位应组织超前地质预报设计文件审查和技术交底;审批超前地质预报实施大纲;监督检查超前地质预报实施情况,必要时对超前地质预报成果组织审查。

(2) 勘察设计单位应对隧道超前地质预报进行设计,分析研究实施预报成果,并结合实际地质条件进行动态调整。

(3) 施工单位应负责预报实施大纲的编制;按建设单位审批后的方案组织施工预报的实施;及时向建设、设计、监理单位提供预报成果。

(4) 监理单位应对预报实施全过程进行监理,核查施工单位现场人员、设备、数据采集、工作量等。

(5) 岩溶及富水破碎断层隧道,超前地质预报应采用以水平钻探为主的综合方法。软弱围岩及不良地质隧道应进行专项超前地质预报设计,及时收集分析预报资料,完善设计方案并指导施工。

2. 主控项目

(1) 洞身开挖前必须进行超前地质预报。

检验方法:现场观察、预报成果检查。

(2) 隧道应在每一次开挖后及时观察、描述开挖面地层的层理、节理、裂隙结构状况、岩体的软硬程度、出水量大小等,核对设计地质情况,判断围岩稳定性。地质素描内容应真实可靠,并有文字和数码影像。

检验方法:现场观察、量测(罗盘、尺子)、照相、数据记录等。

(3) 超前地质预报采用的方法、预报范围、频次等应符合设计要求规定。

检验方法:现场观察、对照设计文件。

(4) 超前地质预报施作里程、位置、搭接长度应符合设计要求规定。

检验方法:现场观察、对照设计文件。

(5) 超前地质预报施作后应及时收集数据,归纳总结预报成果,核对设计地质情况,判断围岩稳定性。

检验方法:检查数据记录和预报成果。

3. 一般项目

(1) 采用物探法时,炮孔、测线布置和数据采集应符合设计要求。

检验方法:现场观察、尺量、水准测量、测角仪测量和记录数据。

(2) 采用超前钻探法时,钻机钻深不宜小于25m。成孔的倾角和方位角不宜大于1°,深度偏差不大于0.5m。

检验方法:现场观察、尺量。

## 任务二 地质素描

### 一、隧道地质素描法含义

隧道地质素描法,即隧道掌子面地质编录预测法,是对隧道掌子面及周边围岩的地层岩性、地质构造、结构面的产状及裂隙出水、夹泥等地质情况进行直接描述的方法,主要通过描述围岩的变化来分析预测掌子面前方的地质情况。图2-5是一张隧道地质素描实例。

| 隧道特征 | | 里程 | 断面尺寸(m)(宽×高) | 开挖方式 | 埋深(m) | 开挖日期 | 涌水位置 | 涌水量[L/(min·10m)] | | | 含泥沙情况 | 侵蚀类型 |
|---|---|---|---|---|---|---|---|---|---|---|---|---|
| | | YNK1+503 | 14×4.5(上半断面) | 台阶法 | 24.37 | 2009.1.9 | 地下水 | <10 | 10~25 | 25~125 | 125 | |
| 围岩地层岩性 | 花岗岩 | 围岩级别 | 设计围岩级别 II | 极硬岩 | 硬岩 | 较软岩 | 软岩 | 极软岩 | | | | |
| | | | 施工采用级别 II | 饱和极限抗压强度$R_b$(MPa) | >60 | 30~60 | 15~30 | 5<15 | <5 | | | |
| | | | | | | ✓ | | | | | | |
| 开挖工作面上围岩岩体结构特征 | 层理 | 产状 | 单层厚度(m) | 层面特征 | | 与隧轴夹角 | | 稳定性 | 稳定 ✓ | 拱部掉块 | 边墙掉块 | 拱部坍塌 | 边墙坍塌 |
| | 节理裂隙 | 组次 产状 | 间距(m) | 长度(m) | 填充物 | 走向与隧轴夹角(顺时针为正) | | 洞周 | | 塌方>10m³ | | 塌方<10m³ |
| | | 1 110°∠68° | 0.4 | 1.8 | | 27.58° | | | | | | |
| | | 2 344°∠43.5° | 0.6 | 1.7 | | −26.42° | | 开挖工作面 | 稳定 ✓ | 拱部坍塌 | 开挖工作面挤出 | 开挖后至掉块或坍塌的时间 |
| | | 3 | | | | | | | | | | |
| | | 4 | | | | | | | | | | |
| 断层 | 产状 | | 破碎带宽度(m) | | | 与隧轴夹角 | | | | | | |

掌子面图像及地质素描

图2-5 隧道地质素描实例

## 隧道地质素描法预测内容

地质素描主要预测内容包括：岩性、地质构造、岩层的产状（走向、倾向、倾角）、褶皱、断裂、节理、断层、岩脉、溶蚀现象、填充物、地下水、支护参数以及支护效果等。地质素描必须是在洞身开挖期间边开挖边进行。主要描述的内容详述为以下几点：

（1）断层破碎带。断层破碎带的产状与隧道轴线的关系；洞身穿过断层破碎带和拱顶及边墙的稳定状况，破碎带的坍拱高度及坍落发展情况；断层破碎带及其软弱结构面的产状、组合关系；邻近掌子面的破碎带延伸情况。

（2）节理裂隙。对拱顶及边墙稳定不利的节理裂隙产状、充填物质、延伸及节理面起伏情况；破碎带的岩性、规模；各组节理裂隙的组合及围岩松动状况。

（3）水文地质。围岩透水性；地下水出溢点的位置、岩性、构造、岩体破碎状况、地下水出露形式（潮湿、渗水、滴水、脉状涌水、大量涌水）、流量，流量变化与降水及地表水的关系；地表溢出水与地表水的水力联系；水质、水温、水压及地下水活动对围岩稳定的影响。

（4）岩溶。岩溶洞穴的形态和连通情况及对围岩稳定和渗漏的影响；岩溶地下水的活动情况；岩溶堆积物的性质及其稳定状况。

（5）其他。岩爆发生地段的地质条件、地形、岩爆次数、规模、形态、延续时间及危害程度等；爆破对围岩的影响，坍落掉块的位置、范围和数量；围岩内鼓、弯折等变形情况。

通过对以上内容的编录描述，在地质素描图上做出主要的地质现象的实际位置，包括岩层分界线、软弱夹层、断层、破碎带、坍方、变形，主要节理裂隙、岩脉、岩溶及地下水出溢点等；围岩的风化带；围岩实际开挖断面，超挖和欠挖情况。

地质素描最终的目的是要通过对已开挖隧道地质情况分析，对隧道开挖后的实际围岩稳定情况做出合适的判断，并对前方地质情况做出科学的预报。

## 地质素描的一般要求及原则

地质素描应在开挖后立即进行,并不间断实施。应按照地质素描现场记录格式的内容对每循环开挖后掌子面和左右两侧进行素描;素描一律"写实",素描图、记录必须每天、每循环记录,不得回忆编制;素描图式、图例、比例、用语,应统一。

### 1. 地质素描的工作内容及要求

(1) 工作内容

地质素描应全面反映隧道开挖后原始的地质状态,主要内容包含:岩层的岩性及状态、结构特征及完整状况、开挖后的稳定状况、地下水量和水质、不良地质及特殊地质、设计围岩级别及隧道断面尺寸、埋深、采取的工程措施等相关信息。

(2) 地质素描资料整理要求

资料整理是综合分析和预报的基础,必须认真进行。

素描原始记录、图、表须当天整理(绘制),如发现错误,及时在现场核正。地质素描相关图表见表2-2~表2-4,其中表2-2和表2-4可以合并使用,对于地质情况简单明了的隧道,可以仅采用表2-2。

施工一定距离后,隧道地质素描图,应分段完善、总结,并同相应的隧道纵断面图、表相互对应,及时整理标本。分阶段完善、总结分析后,应提交的图表包括:

① 掌子面素描图;
② 隧道实际工程地质图、水文地质图、纵断面、横断面图;
③ 结构面统计表;
④ 洞内地下水出露位置及水量测算(统计)表;
⑤ 重大涌水地段、水量、水压;涌(渗)水-降雨时间拉线图。

### 2. 地下水活动情况预报应参考下列规定进行

根据地表水系变化结合洞内出水情况,判断隧道沿线可能存在的地下水类型及补给源,要特别注意附近有无地下水源和岩溶水源。

根据掌子面出水情况及前方地质条件,判断前方岩体透水情况及涌水量大小。

要对前方出现的断层带、破碎带、岩脉的透水性做出仔细的分析,最大限度降低突水、流沙、涌泥等地质灾害对施工安全的威胁。

可能发生涌水的部位:可溶岩与非可溶岩接触界面;隧道通过的断层、向斜、背斜核部位置。

可能发生涌水的前兆:造成突水灾害的主要导水构造多数集中发育在向斜一翼,因此进入向斜一翼时可能发生涌水;当黑色岩体进入白色或花斑状岩体时,前方可能出现涌水;当超前钻孔内出水喷射3.5m以上,或涌出速度大于7m/s,或钻孔内有涌出速度大于14m/s的出水时,则前方可能存在涌水。

一般大突水点的涌水特征为:有渗、滴水段→线状渗水段→集中涌水段→高压喷水段,当隧道由渗、滴水段进入线状渗水段时,可能发生集中涌水。

### 3. 隧道涌水观测可根据不同的涌(渗)水状态参考下列方法进行

股状涌水和钻孔集中涌水的涌水量,可用容器直接量测;隧道中呈降雨状的面积涌水,可按涌水面积与接水容器口面积之比来推算涌水量。

隧道地质素描表　　　　　　　　　　表 2-2

施工单位：　　　　　　　　　　　　　　　标段号：
里程：　　　　　　　　　　　　　　　　　围岩级别：

| 地质素描图 | 左墙 | | 图例： |
| --- | --- | --- | --- |
| | 右墙 | | 断层 |
| | | | 小断层 |
| | | | 裂隙密集带 |
| | | | 裂隙 |
| | | | 取水样点 |
| | 掌子面 | | 钻速测试 |
| | | | 水压测试 |
| | | | 岩样采取 |
| | | | 地下水出露点 |
| | | | 水动态观测 |
| | | | 塌方 |
| | | | Ms 泥岩 |
| | | | Ss 砂岩 |
| | | | Cg 砾岩 |
| | | | Ⅳ 围岩级别 |
| 地质描述 | | | |

比例：　　　　　　　记录：　　　　　　　　　　　年　　月　　日

隧道施工地质日志　　　　　　　　表2-3

编号：

| 工程名称 | | 掌子面里程 | | 进尺 | |
|---|---|---|---|---|---|
| 底板(仰拱)里程及长度 | | | 二衬(模筑混凝土)里程及长度 | | |
| 日循环次数 | | 每循环长度 | | 日进尺长度 | | 台阶长度 | |

| 施工方法及主要措施:开挖方式及超前支护措施等 | |
|---|---|
| 地层岩性简述:岩土名称,颜色,产状(水平、倾斜或直立),成岩及胶结情况,岩石的干湿,软硬状态,岩石结构状态,含水情况,风化程度等 | |
| 岩体受构造影响程度(轻微、较严重、严重、很严重、强烈、极强烈),节理发育程度(不发育、较发育、发育、很发育),岩体完整程度(完整、较完整、较破碎、破碎、极破碎),围岩稳定程度(6个等级)等 | |
| 不良地质、特殊岩土及不同岩性接触带出现的里程、部位、范围:有害气体、断层破碎带、节理密集带等和煤层、膨胀岩土、软弱夹层等 | |
| 水文地质情况:岩体富水程度及洞内每一出水点里程、部位、水量、水温、水压以及水量变化,地下水类型,出水形式(滴状、线状、股状及片状) | |
| 其他:坍塌、掉块、变形情况,取岩土、水样数量及部位等 | |

填表：　　　　日期：　　　　复核：　　　　日期：

隧道开挖现场地质监测报告表  表2-4

| 工程名称： | | | | | | | | | | |
|---|---|---|---|---|---|---|---|---|---|---|
| 里程 | | 断面尺寸(m) | | 拱顶高程(m) | | 埋深(m) | | 中线方向 | | |
| 地层岩性 | | 围岩类别 | 设计 | 饱和极限抗压强度 | 极硬岩 $R_b>60$MPa | 硬质岩 $R_b=30\sim60$MPa | 软质岩 $R_b=5\sim30$MPa | 极软岩 $R_b\leq5$MPa | 取样编号 | 试验编号 |
| | | | 施工采用 | | | | | | | |
| 围岩岩体结构特征 | 层理产状 | | 单层厚度(m) | | 层面特征 | | 与隧道的关系（平面示意图） | | | |
| | 节理 | 组次 | 产状 | 间距(m) | 长度(m) | 缝宽(m) | 充填物 | 位置 | 无 | |
| | | 1 | | | | | | 高程(m) | 顶板 | |
| | | 2 | | | | | | | 底板 | |
| | | 3 | | | | | | 稳定性 | | |
| | 断层 | | 破碎带宽度(m) | | 破碎带特征 | | | 瓦斯情况 | | |
| | 纵波速度(m/s) | | 松弛带厚度(m) | | 岩体结构类型 | | 层状结构 | 与隧道关系 | | |
| 地下水涌水情况 | 涌水位置 | | 涌水量(L/s·m) | 无水 | 滴水(<0.04) | 线状(0.04~0.21) | 股状(>0.21) | 含泥砂情况 | 侵蚀性类型 | 取水样编号 | 试验编号 |
| 侧壁素描图 | | | | 掌子面素描图 | | | 工程措施及有关参数 | | | |
| （左侧边墙） | | （右侧边墙） | | | | | | | | |

(1) 当隧道底板上的水流可以围堵时,可用直角三角堰或梯形堰测量其涌水量；

(2) 在隧道口有排水池时,采用停止抽水测水位,5min后再测水位,可由下式求得隧道涌水量 $Q$：

$$Q = \frac{s \times \Delta h \times 24 \times 60}{\Delta t} = 288 \times s \times \Delta h \tag{2-1}$$

式中：$Q$——涌水量($m^3/d$)；

$s$——水池面积($m^2$)；

$\Delta h$——两次水位差(m)；

$\Delta t$——两次水位测量间隔时间(5min)。

## 任务三　超前水平钻孔预报

 **超前水平钻孔预报法定义**

超前水平钻孔预报法是在隧道掌子面或掌子面一侧侧壁进行超前水平钻探,通过钻进速度测试、岩芯采取率统计、钻孔岩芯鉴定等来确定掌子面前方地层的展布、岩石的软硬程度、岩体完整性、可能存在的断层、空洞的分布位置,从而进行地质超前预报。超前水平钻孔预报法采用的主要作业设备及现场作业如图 2-6 所示。

a)超前水平钻机　　　　　　　　　b)现场作业

图 2-6　超前水平钻机及其现场作业

超前钻探是超前地质预报技术体系的主要组成部分,占有重要的地位,具有不可替代的作用,特别是在岩溶隧道隧洞的超前地质预报中,更起到突出的作用。

超前钻探一般在隧道隧洞洞身长期、短期超前地质预报基础上进行,侧重长期、短期超前地质预报已经基本认定的主要不良地质区段;除非特殊情况,一般不宜全隧道隧洞连续进行。

然而,超前水平钻孔预报法亦有不足之处。如:成本高,速度慢,影响工期,探测结果仅为一孔之见,难以形成面,遇软弱岩层取芯困难,对岩溶隧道布孔位置带有偶然性,遇水或瓦斯地层时会遇到意想不到的问题等缺点。

 **超前水平钻孔预报法一般原则**

总体上,超前钻探分为长距离(80m)、中距离(40~60m)和短距离(15~30m)3 种形式。

超前钻探的布孔数量,视不良地质的性质和可能发生施工地质灾害的严重程度来决定。对于较大的断层破碎带,布置 1 孔至多孔即可达到目的;对于溶洞、暗河或岩溶淤泥带等可能突水区段,则以布置 5 孔为宜。布孔的位置,则主要依据长期、短期超前地质预报的结论来确定。

超前钻探既可对隧道隧洞洞身长期、短期超前地质预报进行验证,又为施工地质灾害临近警报提供信息。

 **超前水平钻孔预报法判别标准**

超前水平钻孔预报法不仅可以确定隧道掌子面前方地质情况,而且可以起到探水作用。

常用的判别标准有以下几点：

### 1. 钻速

一般而言，在坚硬岩石中，钻进速度低；在软质岩石中，钻进速度高。在节理裂隙发育岩体和断层两侧破碎岩体中施钻，易发生卡钻现象，钻进速度也比较低。当遭遇空洞时，钻速会突然加快。

### 2. 岩芯采取率

岩芯采取率能较直观地反映岩体的完整性系数，也即反映岩体节理裂隙的发育状况。岩芯采取率低，表明岩体中节理裂隙发育，从而岩体完整性系数亦低；反之，表明岩体节理裂隙不发育，岩体完整性较好。

### 3. 岩芯强度测试

通过钻孔岩芯强度测试，可以确定不同岩性地层在施钻掌子面前方的分布位置、不同岩性地层在隧道轴线上的长度等。

岩芯试样质量鉴定及统计情况如图 2-7 所示。

图 2-7　岩芯试样质量鉴定及统计

## 四、超前水平钻孔预报法操作流程

图 2-8 为超前水平钻孔预报法隧道地质超前预报流程图。

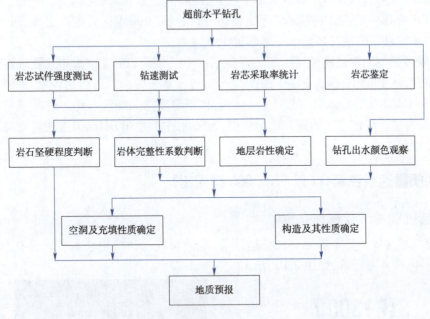

图 2-8　超前水平钻孔法流程图

# 任务四　地质雷达法超前地质预报

地质雷达超前预报法采用连续扫描电磁波反射曲线的叠加,利用电磁波在掌子面前方岩层中的传播、反射原理,根据测到的反射脉冲波走时计算反射界面与施工掌子面之间的距离,其探测原理示意如图 2-9 所示。

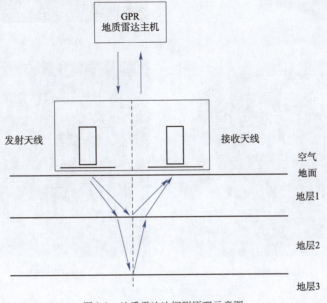

图 2-9　地质雷达法探测原理示意图

地质雷达法是目前分辨率最高的地球物理方法,但其预报距离短,且易受洞内机器管线的干扰,目前多用于岩溶洞穴、含水带和破碎带的探测预报。

地质雷达方法通常采用高频电磁波发射法工作,频带范围为几兆赫兹到几千兆赫兹,不同的频率探测深度不同,低频电磁波探测深度较大,因而出现了不同中心频率的天线。商业地质雷达通常采用窄脉冲宽频带电磁波信号工作,一般情况下100MHz天线在土壤、破碎的岩石、基岩上的探测深度范围从几米到十几米甚至30m左右。

目前,隧道开挖地质超前预报距离正好要求在十几米到30m左右,并且要求能够精确预报,这与地质雷达100MHz天线的探测正好吻合。鉴于掌子面的工作面比较窄,通常从几米到十几米宽,而100MHz天线本身仅仅不到1m长,也不需要把天线埋入地下进行非常紧密的接触,因而探测方便。经过多年的探测试验研究,目前地质雷达100MHz天线在隧道超前预报中得到了广泛使用。

## 一、地质雷达系统简介(以SIR-3000型为例)

### 1. 设备组成及工作原理

SIR-3000包含以下几个部件:主机、运输箱、电池两块、天线、电缆和室内后处理软件、室内电源适配器、操作手册等,如图2-10所示。

a) 主机

b) 100MHz天线

c) 连接电缆

d) 900MHz天线

图2-10 SIR-3000主机及天线

## 2. SIR-3000 仪器操作步骤

(1) 仪器连接

连接主机、电缆、天线、标记器、测量轮,安装电池或者外接电源。

(2) 数据采集

数据采集和保存文件。调整仪器参数,按 RUN/SETUP 进入单窗口屏幕,开始移动天线采集数据。再次按下此按钮,选择右键盘打钩保存数据文件到仪器中。

(3) 数据回放

数据回放。按 PLAYBACK 按钮,弹出对话框,利用上下键找到相应的文件,利用选择键 ENTER 选中文件,右键确认,再次按 RUN/SETUP 按钮来回放数据。

(4) 数据传输

利用数据闪存卡传输数据文件。OUTPUT-＞TRANSFER-＞FLASH。按中间的选择键 ENTER,弹出对话框,利用上下键找到相应的文件,利用中间的选择键 ENTER 选中文件,利用右键盘确认,开始传输数据。最后利用读卡器,把 CF 卡上的数据文件复制到计算机上。

利用 USB 盘传输数据文件。OUTPUT-＞TRANSFER-＞HD。备注:开机以前接入外置闪存卡,数据文件直接写到卡上,关机后取出闪存卡即可,利用读卡器把数据导入计算机。

(5) 关闭仪器

关闭仪器。按着暂停 RUN/STOP 按钮不放,同时按绿色电源按钮 8s,关闭主机。收仪器。

## 3. 现场测线布置

在隧道超前预报探测中,根据围岩与掌子面岩石构造和岩性分析,来布置测网测线。

对于构造简单的围岩,而掌子面岩石完整,同时已经开挖的几十米甚至几百米隧道内岩石完整,且都为基岩,比如沉积岩,通常建议在掌子面上布置一条测线。

由于灰岩地区岩溶非常发育,溶洞发育不规则,而且其尺寸和地下赋存状态非常复杂,通常含有地下水,或者跟地下暗河连通,有时处于大山底部属于承压地下水,一旦承压水从隧道掌子面涌出将非常危险。鉴于此,就需要对掌子面前方的溶洞进行精细探测,因此在岩溶发育地区尤其是地下水丰富的隧道内,需要在掌子面布置井字形测线,构成密集的测网,如图 2-11 所示。

由于目前地质雷达系统天线多设计为贴地耦合式,建议天线尽量紧贴被测物体的表面,接触越好探测效果越理想,一般建议离开地面的距离控制在 1/4 波长以内,100MHz 天线建议到被测物体表面的距离控制在 10cm 以内,天线最好能够紧贴测量表面。图 2-12 为隧道现场探测照片。

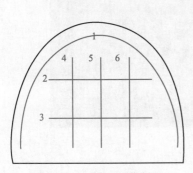

图 2-11 隧道断面测线布置

图 2-12 隧道现场探测

## 地质雷达超前地质预报应用

### 1. 岩溶探测

岩溶与其周围的介质存在着较明显的物性差异,尤其是溶洞内的充填物与可溶性岩层之间存在的物性差异更明显。这些充填物一般是碎石土、水和空气等,这些介质与可溶性岩层本身由于介电常数不同形成电性界面。

当有岩溶发育时,反射波波幅和反射波组将随溶洞形态的变化横向上呈现出一定的变化。一般来说,溶洞雷达图像的特征是被溶洞侧壁的强反射所包围的弱反射空间,即界面反射是强反射,且常伴有弧形绕射现象,如图 2-13 所示;溶洞内的反射波则为弱反射,低幅、高频、波型细密,但当溶洞中充填风化碎石或有水时,局部雷达反射波可变强。

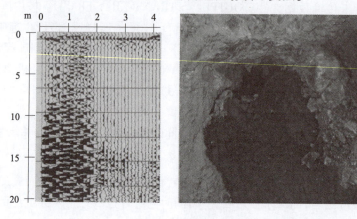

图 2-13 岩溶雷达波图及实际照片

### 2. 富水带探测

富水带是含水率大的岩体区域,在隧道开挖后很可能产生涌水现象,水的相对介电常数较大,当岩体含水率较大时,介质的介电常数有较大的增大,而电磁波在介质中的传播速度则会降低,这样反射波表现较强的正峰异常,同时出现强反射,有时亦会产生绕射、散射现象,导致波形紊乱,频率成分由高频向低频剧变,图 2-14 为富水带雷达波图及实际照片。

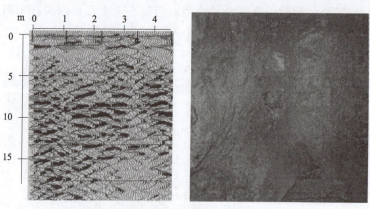

图 2-14 富水带雷达波图及实际照片

## 3. 断层破碎带探测

在完整岩石与断层破碎带接触界面的两侧,由于破碎带内岩石的孔隙度和含水率均比完整岩石要大,而孔隙度和含水率对介质的介电参数等有较大影响,这就造成接触带两侧存在一定的波阻抗差异,致使电磁波在穿过界面进入破碎带内后其反射波能量增强、波形幅值增大,穿过破碎岩层时视其胶结程度而使得波形比较杂乱,如图 2-15 所示。

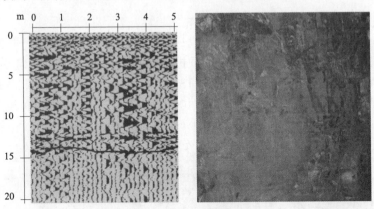

图 2-15 断层破碎带雷达波图及实际照片

在雷达剖面上的波场特征为,地层反射波发育,同相轴错断,反射波振幅能量明显增强,电磁波频率发生变化,有时候会出现断面波、绕射波。因此,根据地质雷达的波形特征及相关地质资料,可以判明破碎带的厚度及其与完整岩石的界面。

## 4. 裂隙密集带探测

裂隙密集带主要存在于断层影响带、岩脉带及软弱夹层中,由于裂隙内有不同成分、不均匀的充填物,与周边围岩形成电性差异,因此,具有采用地质雷达探测岩体中裂隙存在的地球物理基础。

当雷达电磁波传播到裂隙表面时,会产生较强的界面反射波,同相轴的连续性反映了裂面是否平直、连续;在穿越裂隙的过程中会产生绕射、散射、波形杂乱、波幅变化大,反映出裂隙内充填物的不均匀性,如图 2-16 所示。

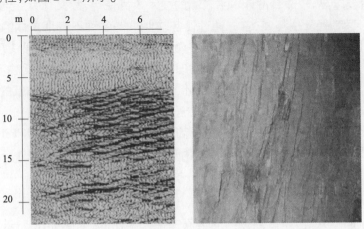

图 2-16 裂隙密集带雷达波图及实际照片

# 任务五  地震波法超前预报

## 一、TSP 隧道地震地质勘探技术

### 1. TSP 系统简介

TSP(Tunnel Seismic Prediction,隧道地震勘探)设备是由瑞士安伯格公司开发、生产的,是当前国内外最先进的隧道隧洞长期超前地质预报设备之一,也是当前超前地质预报技术中的重要手段。与其他超前地质预报的设备相比,TSP 设备的最大优点是:探测距离远(可达隧道隧洞掌子面前方 300~500m,有效预报距离为 100~150m)、分辨率高(最高分辨率为 1m)、抗干扰能力强(基本不受干扰)、对施工影响很少(钻孔和测试在侧壁进行,洞内探测时间仅用 45min)。图 2-17 为 TSP 超前地质预报现场操作应用。

图 2-17  TSP 超前地质预报现场应用

目前,TSP 共开发出 TSP-201、TSP-202 和 TSP-203 3 个系列,其中 TSP-202 和 TSP-203 在国内外最为普及。TSP-202 和 TSP-203 的最主要区别在于成果的解译手段和精度。TSP-202 为人工解译型,又称"专家型"。在基本解译原理的指导下,它必须在解译人员具有扎实的地质学知识和基本功的前提下,依据各种不良地质体的成因特征和标志,才能对成果图反映的不良地质体的性质、类型、位置和规模进行解译。一般来说,解译效果较好,预报的精度也较高。由于它对解译技术要求高,较适合解译水平较高的技术人员使用,故又称为"专家型"。TSP-203 为智能解译型,又称"普及型"。它首先通过设备软件求得各种不良地质体的物理参数,然后通过解译人员对各种不良地质体相对可能具有的物理参数之理解,对成果图反映的不良地质体的性质、类型、位置和规模进行解译,由于物理参数不可能完全准确地反映不良地质体的性质和类型,所以,解译效果一般,预报的精度偏低。但它具有解译技术要求低的优点,所以较适合解译水平一般的技术人员使用,因此,又称"普及型"。

在瑞士、英国、法国和日本等发达国家的隧道隧洞施工中,已普遍采用 TSP 进行超前地质预报工作,特别是 TBM 机械化施工,TSP 已成为 TBM 的"孪生弟兄",据国外资料统计,它可为隧道隧洞施工增收节支总经费的 20%左右。

### 2. 基本原理

TSP 超前地质预报是应用震动波的回声原理进行工作的,如图 2-18 所示。首先,在隧道隧洞内,人工制造一系列有规则排列的轻微震源,震源发出的地震波遇到地层界面、节理面,特别是断层破碎带、溶洞、暗河、岩溶陷落柱、岩溶淤泥带等不良地质界面时,将产生反射波,它的传播速度、延迟时间、波形、强度和方向等均与相关界面的性质以及产状密切相关,并通过不同数据表现出来。

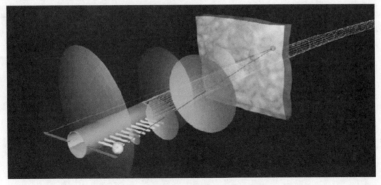

图 2-18 震动波回声原理示意图

通过设备设置的震源反射波的数据采集系统(传感器和记录仪),将这些递增数据经计算机处理后储存起来,然后将数据输入带有特制软件的计算机,经过计算机进行复杂数学计算后,最后形成反射波(纵波)波形图、反映相关界面或地质体反射能量的影像图和隧道平面、剖面图,供工程技术人员解译。

### 3. 解决的主要技术问题

(1)预报掌子面前方的断层破碎带、软岩、岩溶陷落柱等不良地质体的性质、位置和规模。

(2)预报涌水量大于 $5m^3/h$ 以上的富水地质体和老窑、老崆等采空区的存在、位置和规模。

(3)预报煤系地层的边界和其中的煤层、富水砂岩。

(4)粗略地预报围岩级别(类别)。

(5)定性地预报发生塌方、突泥、突水等施工地质灾害的危险性。

### 4. TSP 法地震波法的主要技术指标

(1)探测距离一般为掌子面前方 300~500m,最大可达 1500m;但有效预报距离一般为掌子面前方 100m,水平较高者,可达 150~200m。

(2)最高分辨率为 1m 地质体。

(3)水平较高者,预报不良地质体规模的精度可达 85%以上。

### 5. 预报的方法与步骤

一般现场实施时,先在隧道左侧或者右侧布置 18~24 个爆破点,各爆破点孔深 1.5m,间距 1.5m,成直线排列,作为爆破震动声源,并在爆破点以外距离 20m 处布设接收炮孔,接收孔深 2.0m,与爆破孔成一条直线,接收孔可在隧道一侧或双侧进行设置,如图 2-19 所示。爆破孔及接收孔布置好后,在爆破孔内安放雷管进行爆破以激发震动声源,在接收孔内安放接收器以采集岩体内的震动波传播情况,整个数据采集过程均由专业软件进行。TSP 超前预报法主要步骤为:

(1)布设炮孔,埋设检波器;

(2)起爆,记录地震波数据;

(3)数据处理,给出预报结果。

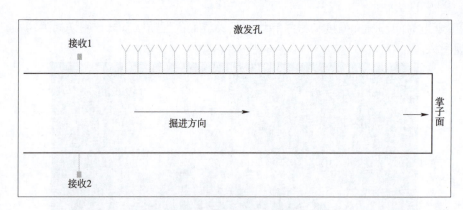

图 2-19　TSP 超前预报现场布置示意图

##  TGP206A 隧道地质超前预报系统

### 1. 概况

TGP206A 型隧道地质超前预报系统,是北京市水电物探研究所在总结了国内外隧道地质超前预报技术的基础上,经过创新与改进,自主研发的隧道地质超前预报专用仪器。该系统采用多波震相分析与处理技术,在隧道洞壁钻孔中布置接收与激发装置,实现隧道地震反射波和绕射波采集。该系统现场预报测量时间短、预报距离大,以 2D 与 3D 的地震波偏移图和空间产状图、极化分析图及介质估算速度图,实现对构造破碎带、岩性接触带、软弱岩层带、岩溶发育带等不良地质条件的地质超前预报,将物探成果转化为地质成果,为隧道信息化施工提供地质预警和地质条件等重要信息,系统配置如图 2-20 所示。

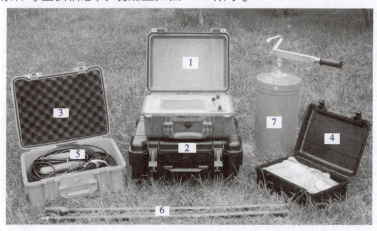

图 2-20　TGP206A 隧道地质超前预报系统组成

1-TGP206 主机;2-主机外包装箱;3-附件箱;4-附件箱;5-接收探头及连接电缆;6-探头定位推进杆;7-黄油泵

TGP206A 隧道地质超前预报仪超前预报方法是利用地震波在不均匀、不连续地质体中产生反射波,实现隧道地质超前预报目的。地震波震源采用小药量炸药在隧道边墙的风钻孔中激发产生,激发炮孔在洞壁一侧沿直线布置,一般采用 24 个炮孔。

### 2. TGP 隧道超前地质预报系统的原理及特点

(1) 预报原理

隧道地质超前预报的工作原理是利用在隧道围岩内以排列方式激发的弹性波,在向三维空间传播的过程中,遇到岩体弹性阻抗界面,即地质岩性变化的界面、构造破碎带、岩溶和岩溶发育带等,会产生弹性波的反射现象,这种反射回波通过预先埋置在隧道围岩内的检波装置接收下来。处理系统锁定掌子面前方一定角度范围,提取反射回波并对其旅行的时间、传播的衰减以及相位的变化等进行分析,进而对隧道掌子面前方的岩体地质条件做出预报和判断,为施工措施和施工设计方案提供预报资料。

(2)设备特点

TGP206A 隧道地质预报系统能在中等硬度级别的隧道围岩中对掌子面前方 150~200m 范围内的岩性变化、断层、破碎带、岩溶发育带、空洞以及它们的产状、规模和前方岩层的含水特性做出预测预报,并能计算出上述范围内的纵波、横波速度、波速比、泊松比、相应岩体的动弹模量和剪切模量等岩石力学参数。

TGP206A 仪器动态范围大,通过改变偏移距离和激发能量,即可实现增加预报距离。其性能突出表现在高分辨能力的增加,即对隧道围岩病害地质判释能力的提高。

### 3. 主要技术指标

(1)技术参数:

①三分量输入通道数:2 个。

②双模数转(A/D)$20^+$ bit。

③采样率:$30\mu s$、$60\mu s$、$90\mu s$、$120\mu s$。

④频带宽度:10Hz~5000Hz。

(2)处理系统:TGPWIN2.2。

(3)现场采集方式:

①微发方式:小药量爆炸震源,激发孔数一般为 16~24 点。

②接收方式:在隧道左右洞壁对称布置两个接收孔点。

地震波的接收器安置在孔中,一般左右壁各布置一个。地震波在岩石中以球面波形式传播,当地震波遇到弹性波阻抗差异界面时,例如断层、岩体破碎带、岩性变化或岩溶发育带等,一部分地震信号反射回来,一部分信号透射进入前方介质继续传播和发生反射。反射的地震波信号被高灵敏度的地震检波器接收。地震波反射信号的传播时间与传播距离成正比,与传播速度成反比,因此,通过测量直达波的速度、反射回波的时间、波形和强度,达到预报隧道掌子面前方地质条件的目的。

### 4. 现场操作说明

(1)采集前的准备工作

①接收孔与激发孔的布设。

隧道地质超前预报检测工作,一般安排在隧道开挖进尺 70m 以后开始进行,需预先在隧道洞壁钻孔。

激发孔与接收孔的布设:激发孔在隧道洞壁同一侧沿直线布设,一般距离掌子面 5~10m 布设第一个激发孔,而后等间距布设,间距一般为 1.5~2m。软岩岩体波速低,选择 1.5m,硬岩岩体波速高,选择 2m。

接收孔布设在激发炮孔的后方(以面向掌子面方向为前进方向),接收孔与最近的激发孔的距离一般为 20m 左右,该距离与预报距离有关:该距离长则预报距离长,该距离短则预报距离短。一般接收孔为左右洞壁对称布设。

TGP206A 隧道地质超前预报仪的输入端具有同时输入 2 个接收孔信号的功能,采集时采取 2 个接收孔同时采集数据。接收孔与激发孔的布设同 TSP。

②接收孔与激发孔的造孔要求。

激发孔与接收孔的钻孔深度一般为 2m,钻孔高度一般以距离当时开挖的隧道地板 1.0～1.2m 为宜,钻孔向内略向下倾,以保证孔内方便充水。接收孔孔径为 50mm,激发孔孔径可以与常规隧道掘进钻孔的孔径相同(一般采用 40mm 钻头钻进)。接收孔和激发炮孔终孔结束时,要进行冲孔,以保证有效孔的深度。

激发孔与接收孔钻孔完毕后,要测量并记录每个孔的里程桩号,并记录掌子面的里程桩号及孔位布设段的岩石名称。

③接收与激发装置的安装条件。

接收探头与钻孔岩体密切接触是保证地震波采集质量的关键条件之一。TGP206 隧道地质超前预报系统的接收探头在孔内与岩体密切耦合的方式是采用黄油耦合。安装接收探头之前,首先利用专用工具将黄油耦合剂注入到接收孔的孔底,注入黄油的长度以 30～35cm 为宜。采用专用工具将接收探头定向推入到接收孔的孔底,使接收探头在接收孔底部与钻孔岩体密切耦合。在推入的过程中,要保证探头推进器不转动,保持接收探头的定位槽朝向上方。

激发系统采用小药量炸药爆炸产生地震波作为震源,一般药量控制在 50g 为宜。炸药推至孔底、孔内灌满水后进行激发。激发同步脉冲信号的取得,考虑到每个雷管受电起爆延迟时间的不一致性,不采用直接从起爆器上获取脉冲信号触发仪器采集的方式,而是采用炸药起爆的瞬时炸断信号线开路触发仪器而采集的方式。因此,炸药卷与一段回路线同时扎在一起,回路线引出至激发孔口外,将回路线的两端与触发信号连接电缆相连,引至仪器主机的触发插座。回路线和电雷管线要做好绝缘处理,以免激发电压损坏仪器。激发放炮要严格按照国家的安全规程操作。

④激发与接收的连接。

激发孔的回路线与仪器的触发信号线接电缆连接,电雷管线通过起爆连接电缆与爆炸起爆器连接。接收探头分别通过连接电缆与主机相连,将接收到的地震波信号送至 TGP206 主机。

(2) 数据采集

采集前,要做好下述准备工作:在接收孔中,安装完毕接收探头并与主机相连;在激发孔中,安装好扎有回路信号线的炸药并灌满水,连接好起爆电缆和触发信号连接电缆。

准备工作完成后,开始仪器站的工作。仪器站应选择避开滴漏水和易掉块的地段。从减震箱内取出仪器,一般情况下,仪器放置在减震箱体上为宜,以规避由于隧道地面潮湿杂散漏电影响。打开仪器,将接收探头的连接电缆与仪器后部的输入通道相连。

确认仪器各项接线正确后,接通仪器电源开关。开机后,仪器通过检索直接进入"隧道向前预报地震数据采集"主界面,如图 2-21 所示。进行正式采集之前,需要先进行存盘路径、文件名以及采集参数的设置。

(3) 数据处理

TGP206A 隧道地质超前预报系统的数据处理系统为"TGPwin2.2 处理系统"。编程依据隧道地震反射波原理,采用多波分析处理技术,对于处理中简单重复费时的步骤尽量采取自动的处理方式,对于涉及解释重要结论的处理过程,程序设立了源生对比检查的方式和多参数综合分析解释的功能。"TGPwin2.2 处理系统"的运行环境为 Windows XP 系统。

TGPwin2.2 处理系统"分为 3 个部分:采集记录编排预处理、绕射波归位处理、反射波极化处理。经一系列处理后形成输出文件,输出图片如图 2-22 所示。

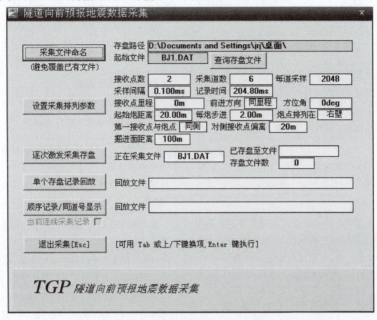

图 2-21 TGP206A 隧道地质超前预报仪界面

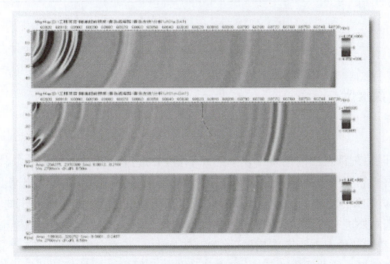

图 2-22 TGP206A 隧道地质预报仪输出波形图显示

目前,在国内隧道施工现场 TGP206A 与 TSP203 隧道地质超前预报仪分别是 TGP 和 TSP 隧道地质超前预报的主流机型,这里我们总结两者的异同和特点于表 2-5,供读者参考。

TGP206 与 TSP203 对照表  表 2-5

| 项目 | TGP206A | TSP203 |
| --- | --- | --- |
| 探测距离 | 探测距离一般为掌子面前方 100~150m | 探测距离一般为掌子面前方 300~500m,最大可达 1500m;分辨率高(最高分辨率为 1m),抗干扰能力强,影响施工很少 |

续上表

| 项目 | TGP206A | TSP203 |
|---|---|---|
| 数据存储 | 集放大、转换、采集、储存、控制为一体的全密封防水防震的物探设备,更适合在恶劣的外部环境中使用 | 放大、转换在主机,存储、控制在笔记本电脑的分体组合结构 |
| 接收传感器 | 三分量高敏高指向性速度型,在频宽、灵敏度、指向性等方面优 | 压电晶体型检波器 |
| 震源 | 由于其在地震波信号的拾取上有力有效,因此只需要用普通工程炸药即可获得震源 | 需要使用高爆速炸药作为震源 |
| 接收传感器的方式 | 采用普通黄油注入孔中与岩石耦合,方便、经济、快捷 | 首先,在2m深的钻孔中锚固特殊异型钢导管;然后,再将检波器插入钢导管中。2m长的钢导管难于携带、运输、价格昂贵,使用一次后就只能废弃,费事费工费材 |
| 地震波的触发方式 | 地震波采集的触发方式是爆炸开路的触发方式,当雷管引爆炸药的同时,信号线开路而同时触发采集电路,可以说与起爆同时触发采集,而无延时时差,提高了定位的准确性 | 通过将起爆器的电脉冲分别送至电雷管引爆和送至主机来触发采集。电雷管的起爆延时因电雷管质量各异,因而造成信号采集的走时误差,甚至会出现起爆失败,却依然启动了采集系统的误操作 |
| 引爆装置 | 电雷管、火雷管均可用,更加方便实施 | 必须采用电雷管,而且要求电雷管无延时(实际上做不到) |
| 性价比 | 高,国内研发生产 | 较低,国外研发生产 |

## 任务六　红外探水

 红外探水仪

### 1. 简介

地质体每时每刻都在由内向外部发射红外能量,并形成红外辐射场。地质体由内向外发射红外辐射时,必然会把地质体内部的地质信息,以红外电磁场的形式传递出来。

当隧道前方和外围介质相对比较均匀,且不存在隐蔽灾害源时,沿隧道走向分别对顶板、左边墙、右边墙向外进行探测,所获得的红外探测曲线,具有正常场特征。当隧道断面前方或隧道外围任一空间部位存在隐蔽灾害源时,隐蔽灾害源产生的灾害场就一定会叠加到正常场上,使正常场中的某一段曲线发生畸变,畸变段称作红外异常。红外探测就是根据红外异常来确定隐蔽灾害源的存在。隐蔽灾害源是指含水断层、含水溶洞、地下暗河。

### 2. 主要用途

在复杂地质条件下,特别是岩溶发育地区,相对掘进隧道的隐伏水体或含水构造,除了出现在掘进前方之外,还可能出现在顶板上方、底板下方、两边墙外部。针对复杂水文地质特点,红外探测仪可实现全空间全方位探测。其具体地质预报内容如下:

(1)通过超前探测,可预报掘进前方30m范围内地下水发育情况。

(2)通过对顶板上方探测,可确定隧道上方30m范围有无含水层或含水构造。

(3)通过对底板下方探测,可了解下方有无含水构造,以预防滞后突水。

(4)分别向两边墙外部探测,了解30m范围内有无含水体或者含水断层,以预防含水断层在前方与隧道相交造成大突水。

### 3. 适用环境条件

温度:0℃~+40℃。

湿度:应不大于80%,在潮湿环境工作不应超过8h。

大气压力:(0.8~1.1)×105Pa,无腐蚀性气体和强电磁场干扰。

### 4. 技术参数

瞄准方式:红色激光。

电源:镍氢可充电电池。

电源电压:1.2V×5。

电流参数:18mA。

背景光电流:28mA。

激光器电流:20mA。

辐射场场强分辨率:H挡为0.05mw/cm$^2$。

M挡为:0.07mw/cm$^2$。

液晶显示:LCD,带背景光照明。

仪器尺寸:180mm×88mm×34mm。

质量:350g。

## 🚂 红外探测的基本原理

基于目前各种隧道地质预报的方法,对水的探测预报有效方法很少。近年来,红外探水技术开展隧道掌子面前方含水体进行探测预报,取得了一定的成果。红外探测仪是一种非接触式防爆红外探测仪,其灵敏度高,可应用于煤矿井下探测,如:探水、探火、探瓦斯等防灾工作。

岩层由于分子振动和晶体格振动,每时每刻都在向外辐射电磁波,并形成红外辐射场。红外探测技术就是通过红外探测前方一定范围内的红外辐射场的变化,即通过探测仪显示出红外辐射温度的变化。当探测前方不存在隐伏的地质异常体时,红外辐射场就是一常值,当探测前方一定范围内存在隐伏的地质异常体时,地质异常体产生的辐射场就要叠加在正常辐射场上,从而使得正常辐射场发生畸变。因此,根据红外辐射场曲线的变化规律,就可以全空间、全方位探查地质异常体。在隧道掘进现场,当掌子面前方存在含水构造时,含水构造产生的异常红外辐射场会叠加到围岩的正常辐射场上,仪器显示屏上的曲线出现数据突变;而当掌子面前方没有含水构造时,所测定的红外辐射场为正常场值,数据曲线近似为一条直线。

红外探测本质就是根据红外探测仪测出的、沿隧道轴线一定范围内的围岩场强值绘出红外探测曲线和曲线的特征,来判断正常场或异常场,从而分析判断是否存在灾害源,为施工提供有价值的地质信息。

### 1. 红外辐射场的形成

物质由分子组成,分子处于不停的运动状态,由于分子震动或转动,地下岩体、水体每时每刻都在向外界发射红外波段的电磁波,从而形成红外辐射场。物理场具有能量、方向、动量等信息特征。地质体由内向外发射红外电磁波时,必然会把各种地质信息以变化场的形式传播出来。

有灾害必定有灾害源,有灾害源必定有灾害场。而物理场传播的距离永远大于场源,因此，在安全距离之外，根据灾害场的出现，可提前发现和预报灾害源的存在。

#### 2. 正常场和异常场

（1）正常场。当隧道掌子面前后的围岩较好时，即围岩的介质相对正常时，在掌子面后方（已开挖部分）探测时所获得的红外探测曲线将近似为一条直线，该红外辐射场就是正常场，其物理意义是被探测隧道掌子面前方 30m 范围内没有灾害源。因此，必须要掌握正常场，不知道正常场就无法确定异常场。

（2）异常场。当隧道掌子面前方或隧道边墙存在含水构造时，同样在掌子面后方（已开挖部分）探测时，红外探测曲线就会出现明显的弯曲，曲线上的数据也将出现突变，即会出现含水构造产生的红外辐射场与围岩的正常辐射场相叠加，从而形成异常场，其物理意义是被探测隧道掌子面前方 30m 范围内有灾害源。

### 三、红外探测的特点

（1）红外探水仪对含水构造很敏感，因此，在预防隧道掌子面前方断层破碎带含水情况等方面有着重要的作用。

（2）红外探测技术虽然能判断掌子面前方是否存在含水地质体，但不能判断水量的大小与确切距离。掌子面的安全值虽能成为判断含水构造是否存在的一个重要因素，但却不能成为是否发生大涌水和突水的限值，因此，红外探测技术应与其他地质预报探测技术（TSP 探测、地质雷达探测、超前探孔）相结合，作为对其他地质预报探测技术的一种验证。

（3）红外探测技术最好的使用条件是掌子面及其后方已开挖区段的围岩表面没有水，如果掌子面及其后方已开挖区段的围岩表面有大面积水体，红外探测技术就失去了作用。

### 四、红外探测的基本方法与步骤

#### 1. 红外探测工作流程

红外探测工作流程如图 2-23 所示。

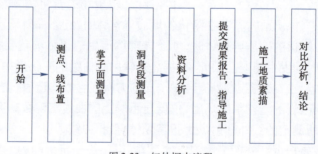

图 2-23　红外探水流程

#### 2. 探测时间

应选在爆破及出渣完成后进行。

#### 3. 测线布置

在掌子面上均匀布置 9 个测点，地质情况复杂或探测过程中发现异常后加密测点。

#### 4. 掌子面测量

测量开始前应对一点进行重复测量，当多次读数基本稳定时再开始正式测量。测量值应为红外场强平均值。每测完一个点应松开测量开关,然后再进行下一点的测量。

### 5. 洞身段测量

同掌子面测量。注意在测量时应尽量避免干扰源,如照明灯、通风口、空压机等,如不能避免,在探测过程中应在备注栏中注明。

### 6. 在下列情况下所采集的探测数据为不合格

(1)仪器已显示电池电压不足,未更换电池而继续采集的数据。
(2)开挖工作面炮眼、超前探孔等钻进过程中,所采集的数据。
(3)喷锚作业后水泥水化热影响明显的部位所采集的数据。
(4)爆破作业后测线范围内温差明显时,所采集的数据。
(5)测线范围内存在高能热源场(如照明灯、空压机等)时,所采集的数据。

### 7. 探测数据和曲线的分析与判定应符合下列要求

(1)探测数据和曲线的分析与判定以地质学为基础,并结合现场的工程地质和水文地质条件。
(2)通过探测与施工开挖验证,总结出正常场的特点,才能分辨出异常场。
(3)分析由探测数据绘制的探测曲线前,必须认真检查探测数据的可靠性。
(4)分析解释时,应先确定正常场,再确定异常场,由异常场判定地下水体的存在。
(5)在分析单条曲线的同时,还应对所有探测曲线进行对比,比如两边墙探测曲线的对比,依此确定隐蔽水体或含水构造相对隧道的所在空间位置。
(6)沿隧道轴向的红外探测曲线和开挖掌子面红外探测数据最大差值应结合起来分析,在实践中不断总结经验,做出符合实际的分析。

### 8. 资料分析

有效预报长度应在 30m 以内,连续预报时前后两次重叠长度应大于 5m。根据掌子面上 9 个测点数据之间的最大差值来判断掌子面前方是否存在含水构造。将隧道拱顶以及两侧边墙测得的数据分别绘制红外辐射曲线,根据曲线的趋势来判断是否存在含水构造。

(1)探测曲线的分析

探测曲线的可靠性,建立在正确数据的基础上。当探测读数错误和记录错误时,或者绘图报错数据时,都会得到错误的曲线,错误的曲线将会导致误判。为避免上述错误的发生,要求操作人员在探测过程发现读数出现明显变化时,应在探点周围多探几个点,以确认读数的可靠性;记录人员听到报数后,应回报并记录,遇到读数突变点时,要求操作员重测。

分析曲线前,应审查探测曲线是否正确,方法为:如果左边墙和右边墙所测曲线上某个点位出现了高值或低值,而该条曲线相对位置没有任何异常,显然是探测时读数错误;如果在开挖面上探测,断面中部某个点位读数值很低,而周围点位的读数值很接近,显然是读数错了,因为这不符合场的变化规律。

在复杂水文地质条件下,除了预防前方,还应通过曲线对比来预防隧道外围的隐蔽水体。

(2)探测报告的编写

①通过对边墙探测进行超前探水预报。

从掌子面往洞口方向布置 3 条测量线(左右边墙各一条、拱顶一条),沿隧道轴线方向布设点距为 5m 的 $n$ 条测线,在南广高铁隧道超前地质预报中 $n$ 取值为 11,当探测曲线起伏在安全值范围内,则说明前方不存在隐含水体;当探测曲线起伏超出安全值范围,则说明前方存在隐含水体。地质情况复杂或探测过程中发现异常后,增加测线及加密测点。

对边墙探测进行的预报实例(图2-24)。

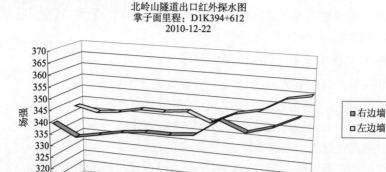

图2-24 北岭山隧道出口D1K394+612~D1K394+662开挖区段红外探测法成果图

通过对边墙探测,得出的探测数据和探测曲线图。探测曲线起伏超出安全值范围,由此推断在探测段D1K394+612~D1K394+662范围内为一般多水带,做好防排水工作,小心施工。

②通过对掌子面探测进行的超前探水预报。

在掌子面上布设 $n$ 行探点,每行 $m$ 个点,计算出每一行和每一列任意两数值间的最大差值,在此次探测中 $n$ 取3,$m$ 取3。当最大差值大于安全值10时,说明前方存在隐含水体。对掌子面探测进行的预报实例(图2-25)。

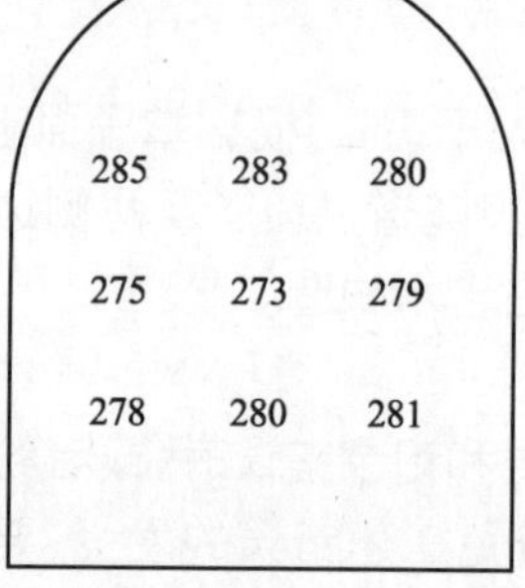

通过对掌子面探测,由图2-25可知:掌子面红外场强值最大为285,最小为273,差值为12,差值未在安全值范围之内(在南广线隧道经过多次探测安全值范围定为10)。由此推断,掌子面前方有含水构造。

③验证情况:北岭山隧道出口2010年12月23日现场素面显示:距拱顶约1.5m处,偏右有一约1m×0.1m的裂隙往外涌水,水量较大,约为250m³/h。

图2-25 北岭山隧道出口D1K394+612~D1K394+662掌子面红外探测数据图

④分析结论:在实际开挖中,北岭山隧道出口掌子面发育有股状水,左右边墙淋雨状出水。由此得出,红外探水报告内容与实际情况总体相符。

# 【能力训练】

借助校内外实训基地,开展隧道超前地质预报及其质量检验能力训练,训练项目如下:

1. 运用地质素描法进行地质分析,记录相关数据,收集资料,手工绘制掌子面素描图。
2. 熟悉超前水平钻孔法操作流程及注意事项。
3. 用地质超前预报仪(TGP-206A)进行隧道超前地质预报,对预报质量进行评定验收。
4. 用地质雷达(SIR-3000)进行隧道超前地质预报,对预报质量进行验收。
5. 用红外探水仪进行掌子面前方地下水预报,对预报质量进行验收。
6. 隧道地质超前预报质量验收记录表填报。

# 项目三

# 超前支护与预加固施工质量检测与验收

【能力目标】

通过学习,具备熟练运用观察、尺量、试验、仪器测量等方法进行超前锚杆、超前小导管、管棚及深孔帷幕注浆等超前支护与预加固措施施工质量检测的能力,具备超前支护与预加固措施检验批质量验收记录填报能力,具备依据质量验收标准开展隧道超前支护与预加固措施质量评定及验收能力。

【知识目标】

了解各种超前支护与预加固措施的构造及施工要点,熟悉其质量验收标准,熟练掌握各种超前支护与预加固措施的施工质量检测方法。

【工作任务】

1. 认识隧道超前支护与预加固措施;
2. 熟悉隧道超前支护与预加固措施质量验收标准;
3. 运用观察、尺量、试验、仪器测量等方法,检测各种超前支护与预加固措施施工质量;
4. 超前支护与预加固措施质量评定;
5. 超前支护与预加固措施检验批质量验收记录填报。

# 任务一　超前支护与预加固认识

 **超前支护与预加固适用范围及一般规定**

### 1. 适用范围

隧道在浅埋软岩地段、自稳性差的软弱破碎围岩地段、严重偏压地段、岩溶泥流地段、砂土泥、砂卵(砾)石层、断层破碎带以及大面积淋水或涌水地段施工时,常会发生开挖面围岩失稳、坍塌等现象,甚至影响后方支护结构的稳定或引起地表沉陷,影响施工安全,延误工期,造成人力、物力、财力的大量损失。为了避免发生上述情况,常在隧道开挖前采用超前锚杆、超前管棚、超前小导管预注浆、超前深孔帷幕注浆等措施,对前方围岩进行预加固,这些措施统称为超前支护与预加固措施,亦称辅助施工措施。

### 2. 一般规定

(1) 应根据工程地质和水文地质条件、施工队伍的技术水平、机械设备状况等,选用合适的辅助施工措施,并做好相应的工序设计。

(2) 应按采用的辅助施工措施,准备所需的材料及机具,并制作有关的安全施工措施。

(3) 在施工中,应经常观察地形、地貌的变化以及地质和地下水的变异情况,预防突然事故的发生,并做好详细的施工纪录。

(4) 必须坚持"先支护,后开挖(短进尺、弱爆破),快封闭,勤测量"的施工原则。

 **超前支护与预加固的基本类型**

随着隧道开挖技术、喷锚支护技术、地层改良技术的研究应用和发展,隧道工作者研究和发明了许多超前支护与预加固施工措施,从而使得现代隧道工程施工的开挖和支护变得简捷、及时、有效,也更具有可预防性和安全性。隧道施工中采用的超前支护与预加固措施主要有以下几种:

(1) 留核心土稳定开挖面。
(2) 喷射混凝土封闭开挖面。
(3) 超前锚杆锚固前方围岩。
(4) 超前小导管预注浆加固前方围岩。
(5) 超前深孔帷幕注浆加固前方围岩。
(6) 管棚超前支护前方围岩。

上述超前支护与预加固措施的选用,应视围岩地质条件、地下水情况、施工方法、环保要求等具体情况而定,并尽量与常规施工方法相结合,进行充分的技术经济比较,选择其中一种或几种方法结合使用。

# 任务二　超前锚杆施工质量检测与验收

**超前锚杆构造及施工要点**

### 1. 超前锚杆的构造

锚杆是用金属或其他高抗拉性能的材料(常见的为直径18~28mm的螺纹钢筋)制作的一

种杆状构件,使用机械装置或黏结介质将其安设在隧道围岩中,形成的一种支护结构。

超前锚杆是沿开挖轮廓线,以稍大的外插角,向开挖面前方打入的锚杆或小钢管,形成对前方围岩的预锚固,从而使开挖与支护作业在提前形成的围岩锚固圈的保护下安全进行。超前锚杆的布置如图3-1所示。

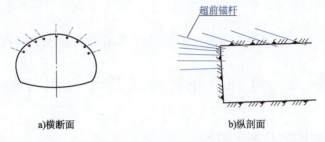

图 3-1 超前锚杆布置示意图

### 2. 超前锚杆的适用范围

超前锚杆属于预支护措施。这种超前预支护的柔性较大,整体刚度较小,它可以与系统锚杆焊接以增强其整体性。超前锚杆主要适用于围岩应力较小、地下水较少、岩体软弱破碎、开挖面有可能坍滑的砂土质地层、弱膨胀性地层、流变性地层、裂隙发育的岩体、断层破碎带、浅埋无大偏压的隧道地段施工。

### 3. 超前锚杆的设计、施工要点

超前锚杆的设计施工要点如下:

(1) 超前锚杆的直径、超前量、环向间距、外插角等设计参数,应视围岩级别、施工断面大小、开挖循环进尺和施工条件等选用。通常超前长度为循环进尺的3~5倍,搭接长度宜为超前长度的40%~60%,即大致形成双层或双排锚杆。

(2) 超前锚杆的设置应充分考虑岩体结构面特性,一般可以仅在拱部设置,必要时也可以在边墙局部设置。超前锚杆纵向两排的水平投影,应有不小于1.0m的搭接长度。

(3) 超前锚杆宜采用早强砂浆锚杆,使其提早发挥超前支护的作用。超前锚杆安装时,要求孔位偏差不超过10cm,外插角误差不超过1°~2°,锚入长度不应小于设计长度的96%。

(4) 超前锚杆宜与钢拱架配合使用,并从钢拱架腹部穿过或焊接于系统锚杆尾部,以增强共同支护作用。超前锚杆可根据围岩具体情况,采用双层或三层超前布置。

## 二、超前锚杆施工质量检测与验收

### 1. 验收要点及标准

超前锚杆验收要点及标准如下:

(1) 锚杆材质、规格等应符合设计和规范要求。

检验方法:检查产品合格证、出厂检验报告;观察、称重、尺量。

(2) 超前锚杆与隧道轴线外插角为5°~10°,长度应大于循环进尺,宜为3~5m。

检验方法:仪器测量、尺量、观察。

(3) 超前锚杆与钢拱架配合使用时,应从钢拱架腹部穿过,尾端与钢拱架焊接。

检验方法:观察。

(4) 超前锚杆插入孔内的长度不得短于设计长度的90%。

检验方法:尺量、检查施工记录。

(5)超前锚杆搭接长度应不小于1m。

检验方法:尺量。

(6)其他验收标准及要求同锚杆。

## 2. 质量检测

超前锚杆属锚杆的一种,其质量检测与验收方法与锚杆相同,具体内容将在锚杆部分详述。

## 任务三　超前小导管施工质量检测与验收

 超前小导管构造及施工要点

### 1. 超前小导管的构造

小导管是用金属材料制作的一种空心杆件,直径38~50mm,长度3.5~6.0m,杆的前端呈梅花状布置有直径6~8mm的注浆孔。杆件通过胶结作用与围岩黏结,并可通过注浆孔向岩体内注浆。超前小导管指沿隧道开挖轮廓线外一定距离,以一定的外插角向开挖工作面前方打设的小导管。

超前小导管预注浆前,先对开挖面5m范围内的坑道喷射5~10cm厚的混凝土,然后沿开挖轮廓线向前以一定外插角度打入小导管,并以一定压力向管内压注起胶结作用的浆液(注浆压力为0.5~1.0MPa),待浆液硬化后,坑道周围岩体得到预加固,并形成具有一定厚度的加固圈,此加固圈对即将开挖的岩体起到超前支护作用,在其保护下即可安全地进行开挖作业。超前小导管及其布置如图3-2所示。

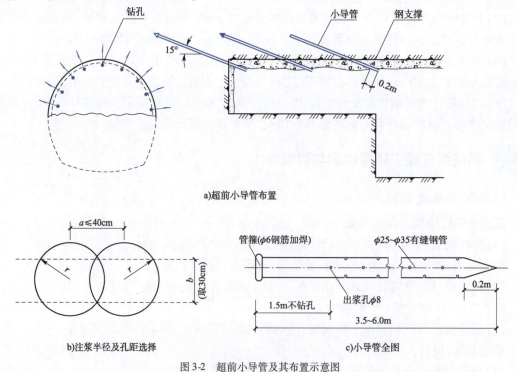

图3-2　超前小导管及其布置示意图

## 2. 超前小导管预注浆的适用范围

浆液被压注到岩体裂隙中并硬化后，既能将破碎岩块或颗粒胶结成整体，又能起超前预支护作用，同时，注浆填充了裂隙，阻隔了地下水向坑道渗漏的通道，起到了堵水、防水的作用。超前小导管注浆适用于自稳时间很短的砂层、砂卵（砾）石层、断层破碎带、软弱围岩浅埋地段或处理塌方地段，以及地下水较多的软弱破碎围岩等地段。

## 3. 超前小导管预注浆的设计、施工要点

超前小导管预注浆可根据围岩地质条件、施工条件、技术水平和机械设备等，参照下列技术要求和参数进行设计：

(1) 小导管外径可根据钻孔直径选择，小导管采用直径 38~50mm 的焊接钢管或无缝钢管制作，长度宜为 3~5m。管壁每隔 10~20cm 交错钻眼，眼孔直径 6~8mm。钻孔直径应较管径大 2cm 以上；环向间距应按地层条件确定，一般采用 20~50cm，地层渗透系数较大时，环向间距适当加大；沿隧道纵向两组小导管间有不小于 1.0m 的水平搭接长度；外插角应控制在 10°~30°左右。

(2) 采用水泥砂浆或水泥水玻璃浆液灌注时，浆液配合比应由现场试验确定；浆液可采用水灰比为 0.8:1~1.5:1，或体积比为 1:0.3~1:1 的水泥与水玻璃浆液（水玻璃浓度为 25°~40°Be）。采用水泥浆液时，水泥浆的水灰比可采用 0.8:1~1:1，需缩短凝结时间时，可加入食盐、三乙醇胺速凝剂。注浆压力为 0.5~1.0MPa，必要时可在孔口处设置止浆塞，止浆塞应能承受规定的最大注浆压力或水压。注浆后至开挖前的时间间隔，视浆液种类而定，宜为 4~8h。开挖时，应保留 1.5~2.0m 的止浆墙，防止下一次注浆时孔口跑浆。

(3) 钻孔应做到：孔壁圆、角度准、孔身直、深度够、岩粉清洗干净。当出现严重卡钻或孔口不出水时应立即停止钻孔，立即安设注浆管并迅速注浆。注浆压力应根据地质条件、岩性、施工条件等因素经现场试验确定。

(4) 注浆顺序为：先注外圈孔，后注内圈孔；先注无水孔，后注有水孔；从拱顶顺序对称向下进行。如遇窜浆或跑浆，则可间隔一孔或数孔灌注。注浆结束后，应利用止浆阀保持孔内压力，直至浆液完全凝固。

(5) 小导管布置方法为：Ⅴ级围岩劈裂、压密注浆时采用单排管；Ⅵ级围岩或处理坍方时可采用双排管；地下水多的松软层，可采用双排管以上的多排管；大断面或注浆效果差时，可采用双排管。小导管插入钻孔后应外露一定长度，以便于连接注浆管，并用塑胶泥（浓度为 40°Be水玻璃拌 52.5 级水泥）将导管周围空隙封堵密实。

(6) 注浆机具设备应性能良好，工作压力能满足注浆压力及使用要求，操作应简便，并应进行现场试验运转。注浆压力与地层条件及注浆范围要求有关，一般要求单管注浆能扩散到管周 0.5~1.0m 的半径范围内。应控制注浆量，即每根小导管内已达到规定注入量时就可结束，若孔口压力已达到规定压力值而注入量尚不足时，亦应停止注浆，以防压裂开挖面。

注浆结束后，应做一定数量的钻孔检查或用声波探测仪检查注浆效果，如未达到要求，应进行补注浆。

(7) 注浆材料应根据地质条件及涌水情况确定，一般情况下宜采用水泥基浆材，不宜采用化学浆材。在淤泥质、粉质黏性土、全风化、中强风化及断层破碎带富水和动水条件下，宜采用普通水泥-水玻璃双液浆，在砂层中宜采用超细水泥-水玻璃双液浆。另外，对于不透水黏土层，宜采用高压劈裂注浆。

##  超前小导管施工质量检测与验收

### 1. 验收要点及标准

(1) 主控项目

①钢管进场检验、品种、规格必须符合《标准》及设计要求。

检验方法:检查产品合格证、出厂检验报告;观察、称重、尺量。

②超前小导管与支撑结构的连接应符合设计要求。

检验方法:观察。

③纵向搭接长度应符合设计要求。

检验方法:尺量。

④注浆浆液配合比应符合《标准》规定。

检验方法:试验、检查施工记录。

⑤注浆压力应符合设计要求,浆液必须充满钢管及其周围空隙。

检验方法:观察、检查施工记录的注浆量和注浆压力。

(2) 一般项目

超前小导管施工允许偏差应符合表3-1规定。

检验方法:仪器测量、尺量。

超前小导管施工允许偏差　　　　表3-1

| 序 号 | 项 目 | 允 许 偏 差 | 检查方法和数量 |
| --- | --- | --- | --- |
| 1 | 方向角 | 2° | 尺量:每环3根 |
| 2 | 孔口距 | ±50(mm) | 尺量:每环3根 |
| 3 | 孔深 | +50(mm) | 尺量:每环3根 |

### 2. 注浆材料性能测试

(1) 注浆材料性能

注浆是指将注浆材料按一定配合比制成的浆液压入围岩或衬砌与围岩之间的孔隙中,经凝结、硬化后起到防水和加固作用的一种围岩稳定措施。注浆材料性能指标如下:

①黏度。

黏度是表示浆液流动时,因分子间互相作用,产生的阻碍运动的内摩擦力。其单位为Pa·s,工程上常用厘泊(CP)来计算,$1CP = 10^{-3} Pa·s$。现场常用简易黏度计测定,以"s"作单位。一般地,黏度系指浆液配成时的初始黏度。黏度大小影响浆液扩散半径、注浆压力、流量等参数的确定。

浆液在固化过程中,黏度变化有两种类型。一种是指一般浆液材料,如单液水泥浆、环氧树脂类、铬木素类等,黏度逐渐增加,最后固化。随着黏度增长,浆液扩散由易到难。另一种如丙烯酰胺类浆液,凝胶前虽聚合反应开始,但黏度不变,到凝胶发生时,黏度突变,瞬间凝结形成固体,有利于注浆。

②渗透能力。

渗透能力即渗透性,指浆液注入岩层的难易程度。对于悬浊液,渗透能力取决于颗粒大小;对于溶液,取决于黏度。

根据试验,砂性土孔隙直径必须大于浆液颗粒直径的3倍以上浆液才能注入。据此,国内标准水泥(粒径为 0.085mm)只能注入到 0.255mm 的孔隙或粗砂中。水泥不能渗入的中、细、粉砂土地层,可用化学浆液或二者的混合液。

③凝胶时间。

凝胶时间是指参加反应的全部成分从混合时起,直到凝胶发生,浆液不再流动为止的一段时间。其测定方法是:对于凝胶时间长的用维卡仪;对于一般浆液,通常采用手持玻璃棒搅拌浆液,以手感觉不再流动或拉不出丝为止,来测定凝胶时间。

④渗透系数。

渗透系数是指浆液固化后结石体透水性的高低,或表示结石体抗渗性的强弱。

⑤抗压强度。

注浆材料自身抗压强度的大小决定了材料的使用范围,大者可用以加固地层,小者则仅能堵水。在松散砂层中,浆液与介质凝结之结合体强度,对于流沙层中修建隧道至关重要的。

表 3-2 表示了几种注浆材料的主要性能指标。

几种注浆材料的主要性能指标    表 3-2

| 性能<br>浆液 | 黏度<br>(Pa·s) | 可能注入的最小粒径(mm) | 凝胶时间 | 渗透系数<br>(cm/s) | 结石体抗压强度<br>(MPa) |
|---|---|---|---|---|---|
| 纯水泥浆 | 15~140 | 1.1 | 12~24h | $10^{-3} \sim 10^{-1}$ | 5.0~25.0 |
| 水泥加添加剂 |  |  | 6~15h |  |  |
| 水泥-水玻璃 |  |  | 十几秒到十几分钟 | $10^{-3} \sim 10^{-2}$ | 5.0~20.0 |
| 水玻璃类 | $(3 \sim 4) \times 10^{-3}$ | 0.1 | 瞬间到几十分钟 | $10^{-2}$ | <3.0 |
| 铬木素类 | $(3 \sim 4) \times 10^{-3}$ | 0.03 | 十几秒到几十分钟 | $10^{-5} \sim 10^{-3}$ | 0.4~2.0 |
| 脲醛树脂类 | $(5 \sim 6) \times 10^{-3}$ | 0.06 | 十几秒到十几分钟 | $10^{-3}$ | 2.0~8.0 |
| 丙烯酰胺类 | $1.2 \times 10^{-3}$ | 0.01 | 十几秒到十几分钟 | $10^{-6} \sim 10^{-5}$ | 0.4~0.6 |
| 聚胺脂类 | 几十到几百厘泊 | 0.03 | 十几秒到十几分钟 | $10^{-6} \sim 10^{-4}$ | 6.0~10.0 |

(2)注浆材料技术要求

由于生产的发展和工程的需要,近年来出现了不少比较理想的注浆材料,可供不同地质条件下选用。注浆材料应该满足以下技术要求:

①浆液黏度低,渗透性强,流动性好,能进入细小裂隙和粉、细砂层。确保浆液能达到预想的范围和注浆效果。

②可调节并准确控制浆液的凝固时间,以避免浆液流失,达到定时注浆的目的。

③浆液凝固时体积不收缩,能牢固黏结砂石;浆液结合率高,强度大。

④浆液稳定性好,长期存放不变质,便于保存运输,货源充足,价格低廉。

⑤浆液无毒、无臭、不污染环境,对人体无害,非易燃、易爆之物。

注浆材料通常划分为两类:水泥浆液和化学浆液。按浆液的分散体系划分,以颗粒直径为 $0.1\mu m$ 为界,大的为悬浊液,如水泥浆液;小的为溶液,如化学浆液。具体分类见表 3-3。

(3)化学浆液黏度测试

①本试验方法的工作原理、试样制备、结构表示等部分参照《合成橡胶胶乳表观黏度的测量》(SH/T 1152—2014)的规定。

②仪器。

a. 旋转式黏度计:如图 3-3 所示。选择转速为 750r/min,第二单元 2 号转子(因子为 10)。

表 3-3 注浆材料分类

| 注浆材料 | 水泥浆 | 单液水泥浆 |
| --- | --- | --- |
| | | 水泥-水玻璃浆液 |
| | 化学浆 | 水玻璃类 |
| | | 脲醛树脂类 |
| | | 铬木素类 |
| | | 丙烯酰胺类 |
| | | 聚胺脂类 |
| | | 其他 |

图 3-3　旋转式黏度计

b. 恒温水:温控精度 25℃ ±1℃。

③测定步骤。

将试样注入测试器,直到其高度达到锥形面下部边缘;将转筒浸入液体直到完全浸没为止,将测试器放在仪器支架上,并将转筒挂于仪器转轴钩上。

启动电动机,转筒从开始晃动直到完全对准中心为止。将测试器在托架上前后左右移动,以加快对准中心,指针稳定后方可读数。

(4)水泥细度检验

《水泥细度检验方法筛杆法》(GB/T 1345—2005)规定了水泥细度的检验方法,在此予以省略。

### 3. 注浆效果检查

注浆结束后,应及时对注浆效果进行检查,检查方法通常有下列 3 种:

(1)分析法

分析注浆记录,查看每个孔的注浆压力、注浆量是否达到设计要求;注浆过程中的漏浆、跑浆是否严重;以浆液注入量估算浆液扩散半径,分析是否与设计相符。

(2)检查孔法

用地质钻机按设计孔位和角度钻检查孔,提取岩芯进行鉴定。同时,测定检查孔的吸水量(即漏水量),单孔应小于 1L/min·m;全段应小于 20L/min·m。

(3)声波检测法

用声波探测仪测量岩体的声速、振幅及衰减系数等来判断注浆效果。

注浆效果如未达到设计要求时,应补充钻孔再注浆。

## 任务四　超前深孔帷幕注浆施工质量检测与验收

 **一　超前深孔帷幕注浆构造及施工要点**

超前深孔帷幕注浆又称深孔注浆,它是加固地层、封堵水源的一种有效方法。

## 1. 深孔帷幕注浆的构造

在特殊困难地段,采用深孔预注浆(含洞内超前注浆、地表超前注浆和平导超前注浆),可形成较大范围的桶状加固区,称为帷幕注浆,如图 3-4 所示。

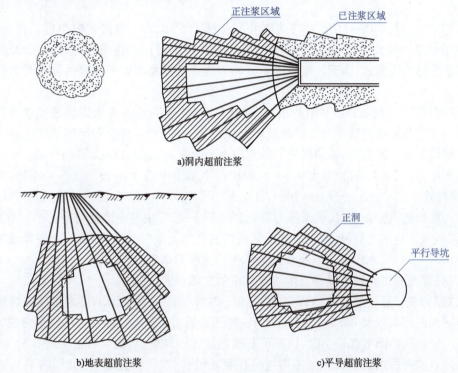

a) 洞内超前注浆

b) 地表超前注浆　　c) 平导超前注浆

图 3-4　超前深孔围幕注浆

深孔帷幕注浆加固围岩的作用为:将浆液压入岩层孔隙中,待其凝结硬化后,对岩层起到固结、填充及堵水的作用。对于破碎岩层,砂卵石层,中、细、粉砂层等有一定渗透性的地层,采用中低压力将浆液压注到上述地层中的裂隙、孔隙中,待浆液凝固后将黏土或颗粒胶结成整体,称为"渗透注浆"。对于颗粒更细的不透水、不透浆液的黏土层,采用高压浆液强行挤压深孔周围土石,使岩土层劈裂并填充浆液且凝结于其中,从而对黏土层起到挤压加固的作用,称为"劈裂注浆"。

## 2. 超前深孔帷幕注浆的适用范围

超前深孔帷幕预注浆,主要是依靠浆液压力,将软弱破碎围岩或黏土层压裂成缝,用浆液充填、固结,通过挤压加固即压密作用,从而达到加固地层和堵水的作用。深孔帷幕预注浆方法适用于软弱围岩及断层破碎带和自稳性能较差的含水地段,更适用于有压地下水及地下水较多的地层中的加固与堵水。

## 3. 超前深孔帷幕注浆的设计、施工要点

(1)在进行地层深孔预注浆设计前,应搜集有关注浆地段的岩性、涌水性、涌水压力、水温、涌水的化学性质等,以决定注浆设计参数(包括浆液的选用、注浆范围、注浆压力和设计配合比、胶凝时间、注浆量、注浆孔的布置、注浆顺序和注浆方式等)。为了获得理想的注浆效果,在现场应做单孔或群孔注浆试验。

(2)注浆范围应根据工程地质、水文地质、注浆目的及开挖方式等因素决定,一般为开挖

轮廓线以外 0~3m，每一循环注浆长度 15~40m，注浆孔深一般在 15~30m。注浆孔可在地表或开挖面分层布置，或在平行导坑内布置，孔底间距按各个注浆孔的扩散半径互相重叠的原则确定。8~16m 的浅孔可采用钻孔台车钻注浆孔，当孔深超过 16m 时，则应采用重型风钻或钻机钻孔。

(3) 注浆孔孔径为 75~110mm；注浆终孔间距按 1.5~1.6 倍浆液扩散半径决定，一般为 2~3m；浆液扩散半径为 1~2m。安装注浆管时，应在注浆管孔口处用胶泥与麻丝缠绕，使之与钻孔孔壁充分挤压塞紧，实现注浆管的止浆和固定。胶泥凝固到有足够的强度后方可进行注浆。

(4) 注浆压力应根据岩性、注浆目的、施工条件、涌水压力等因素做现场试验确定。因为注浆压力是促使浆液在地层中流动扩散及填充裂隙的一种动力，必须有足够的压力来克服地下水压力和地层裂隙阻力，才能使浆液扩散充填饱满紧密，达到堵水和加固的作用。一般最终压力为涌水压力的 2~3 倍，常取为 0.5~1.5MPa。注浆最终压力一般为 1.5~4MPa，对于密实性好，颗粒较小的中、细、粉砂及砂黏土，注浆压力可稍高些；有特殊要求的地段，如为防止地表隆起影响地面建筑物安全时，注浆压力应适当降低，一般应由现场试验确定。

(5) 浆液可采用水泥浆液、水泥水玻璃浆液或其他水泥类、化学类浆液。水泥浆液的水灰比可采用 0.5:1~1:1，水泥与水玻璃浆液的体积比可取 1:0.5~1:1。

(6) 总注浆量根据岩体空隙率及浆液在其中的充填率进行估算。

(7) 注浆方式一般有前进式、后退式及全孔一次式等。可根据涌水量大小及注浆的深度选用。当钻孔遇到有较大涌水时，应暂停钻孔，待压浆后重复钻孔、注浆，这种注浆方式称为前进式注浆。当钻孔内涌水量较小时，钻孔可直接钻至设计深度，然后从孔底到孔口分段注浆，这种注浆方式称为后退式注浆。当钻孔直至孔底，然后一次注浆完毕(不分段注浆)，这种注浆方式称为全孔一次注浆。一般在软弱地层中多采用分段前进式注浆。

(8) 注浆顺序：一般应先注无水孔，后注有水孔。在无水地段，可以从拱脚起顺序注浆，也可以从拱顶起顺序注浆。注浆速度应根据注浆出水量大小而定，一般应从快到慢。

## 超前深孔帷幕注浆施工质量检测与验收

超前深孔帷幕注浆施工质量验收要点及标准如下：

### 1. 一般规定

(1) 全断面帷幕注浆应设置止浆岩盘，厚度及位置符合设计要求。
(2) 注浆钻孔过程应核查地质变化情况。
(3) 注浆过程中应根据地质和设计要求等控制注浆压力。
(4) 注浆结束后应检查其效果，不合格者应补浆。检查合格后，注浆钻孔及检查孔应封填密实。
(5) 预注浆固结体到达设计强度后方可开挖。

### 2. 主控项目

(1) 注浆用水泥及其他材料应符合《标准》及国家有关规定。
(2) 浆液配合比设计应符合设计要求。
检验方法：试验。
(3) 注浆加固范围应符合设计要求。

检验方法:观察。

(4)注浆效果必须符合设计要求,检查孔的设置和日均出水量符合设计要求。

检验方法:计数、集水称量。

### 3. 一般项目

(1)注浆孔布置、数量应符合设计要求。注浆孔间距、孔深及钻孔偏斜率允许偏差应符合表 3-4 的规定。

注浆孔位、孔深、压力允许偏差　　　　表3-4

| 序号 | 项目 | 允许偏差 | 检查方法和数量 |
|---|---|---|---|
| 1 | 孔位间距 | ±50mm | 尺量:全部检查 |
| 2 | 钻孔偏斜率 | ±0.5% | 测量钻杆偏斜率:全部检查 |
| 3 | 孔深 | ±100mm | 尺量注浆管长度:全部检查 |

检验方法:观察、计数、尺量。

(2)注浆压力、注浆量、进浆速度等注浆参数应符合设计要求。

检验方法:观察、检查施工记录。

(3)单孔注浆压力达到设计要求值,持续注浆 10min 且进浆速度为开始进浆速度的 1/4 或进浆量达到设计进浆量的 80% 及以上时,注浆方可结束,浅孔达到设计终压。

检验方法:观察、计时、检查施工记录。

## 任务五　管棚施工质量检测与验收

### 一　管棚的构造及施工要点

#### 1. 管棚的构造

管棚由钢管和钢拱架组成,是以钢拱架为支撑,沿着开挖轮廓线以较小的外插角向开挖面前方打入钢管或钢插板构成的棚架,形成对开挖面前方围岩的预支护,如图 3-5 所示。管棚有长短之分,长度小于 10m 的称为短管棚,长度为 10~45m 且较粗的称为长管棚。另外,长度小于 10m 的钢插板称为板棚。

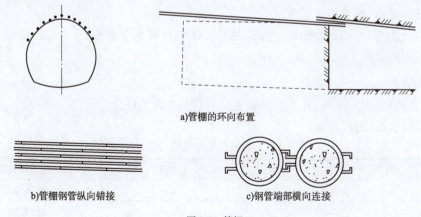

a)管棚的环向布置

b)管棚钢管纵向错接　　c)钢管端部横向连接

图 3-5　管棚

## 2. 管棚的适用范围

管棚利用钢管或钢插板作为纵向支撑,钢拱架作为横向环形支撑,构成纵、横向整体刚度较大的框架结构,具有阻止和限制围岩变形,提前承受早期围岩压力的作用。管棚适用于特殊困难地段,如极破碎岩体、塌方体、岩堆地段、砂土质地段、强膨胀性地层、强流变性地层、裂隙发育岩体、断层破碎带、浅埋大偏压等地层中。在无胶结的土质或砂质围岩中,可采用钢插板封闭;在地下水较多时,则可采用钢管注浆堵水加固围岩。

短管棚一次超前量较少,与开挖作业交替进行,占用循环时间较多,而钻孔安装或顶入安装短管棚则较容易。长管棚一次超前量较大,可减少安装钢管次数,并减少与开挖作业之间的干扰,适用于大中型机械进行大断面开挖。

## 3. 管棚的设计、施工要点

(1) 钢管直径宜选用 80~180mm。钢管长度一般为 10~45m。当采用分段连接时,可采用长 4~6m 钢管用丝扣连接,丝扣长度不小于 15cm。

(2) 管棚支护结构一般按松弛荷载理论进行设计。根据围岩地质条件和施工条件及力学计算,如需要可在钢管内灌注水泥砂浆、混凝土或放置钢筋笼后灌注水泥砂浆,以增加钢管的刚度。

(3) 纵向两组管棚间应有不小于 3m 的水平搭接长度。钢管宜采取沿隧道开挖轮廓纵向接近水平方向设置,外插角 1°~2°;钻孔孔径比钢管直径大 2~3cm,环向间距 20~80cm;钢拱架常用工字钢拱架或格棚钢拱架。

## 管棚施工质量检测与验收

管棚施工质量验收要点及标准如下:

### 1. 主控项目

(1) 管棚所用钢管品种、规格、原材料进场检验应符合《标准》规定。

检验方法:检查质量证明文件、性能试验。

(2) 搭接长度应符合设计要求。

检验方法:尺量。

(3) 浆液配合比应符合设计要求。

检验方法:试验、检查施工记录。

(4) 注浆压力应符合设计要求,注浆浆液应充满钢管及周围空隙。

检验方法:检查施工记录。

### 2. 一般项目

管棚钻孔的孔位、方向角、孔深允许偏差应符合表 3-5 的规定。

检验方法:仪器测量、尺量。

管棚钻孔允许偏差　　　　　　　　表 3-5

| 序 号 | 项 目 | 允许偏差 | 检查方法和数量 |
| --- | --- | --- | --- |
| 1 | 方向角 | 1° | 尺量:全部检查 |
| 2 | 孔口距 | ±30mm | 尺量:全部检查 |
| 3 | 孔深 | ±50mm | 尺量:全部检查 |

## 【能力训练】

借助校内外实训基地,在熟悉图纸中各种超前支护结构构造的基础上,开展隧道超前支护与预加固措施质量检测能力训练,训练项目如下:

1. 观察各种超前支护原材料外观是否符合《标准》及设计要求。
2. 钢尺测量超前小导管、超前锚杆、超前管棚的孔距、孔深及搭接长度是否符合《标准》规定,并做好记录。
3. 经纬仪测量各种超前支护外插角是否符合设计要求。
4. 完成注浆浆液性能测试试验。
5. 检查注浆记录,判定浆液配合比、注浆孔布置、注浆压力及注浆量是否符合设计要求,判断注浆结束条件是否符合《标准》规定。
6. 进行隧道超前支护与预加固措施施工质量评定。
7. 填报隧道超前支护与预加固措施检验批质量验收记录表。

# 项目四

# 隧道开挖质量检测与验收

【能力目标】

通过学习,具备熟练使用钢尺、经纬仪(或全站仪)及激光断面仪进行隧道开挖断面检测的能力,具备借助激光断面仪分析软件及其他软件进行隧道开挖轮廓绘制的能力,具备隧道开挖检验批质量验收记录填报的能力,从而具备依据质量验收标准进行隧道开挖质量评定及验收的能力。

【知识目标】

了解隧道开挖方法及施工要点,熟知隧道开挖质量验收标准及方法,掌握隧道超欠挖测定的直接测量法、直角坐标法及激光断面仪法。

【工作任务】

1. 认识隧道开挖方法;
2. 熟悉隧道开挖质量验收标准;
3. 运用直接测量法、直角坐标法及激光断面仪法检测开挖质量;
4. 绘制隧道开挖轮廓线;
5. 开挖质量评定;
6. 隧道开挖检验批质量验收记录填报。

开挖是控制隧道施工和造价的关键工序。若超挖过多,不仅会因出渣量和衬砌量增多而提高工序造价,而且会由于局部超挖而引起应力集中问题,影响围岩稳定性;而欠挖则会直接影响到衬砌厚度,对工程质量和安全造成隐患。所以,必须保证开挖质量,为围岩的稳定和安全支护创造良好条件。

隧道开挖质量的评定包含两项内容:一是检测开挖断面的规整度,二是超欠挖控制。对于规整度,一般采用目测的方法进行评定;对于超欠挖,则需要通过对大量开挖数据的计算分析,才能做出正确的评价。其实质就是要准确地测出隧道开挖的实际轮廓线,并将它与设计轮廓线纳入同一坐标进行比较,从而清晰地从数量上获悉超挖和欠挖的大小和部位,及时指导下一步的施工。

## 任务一 隧道开挖方法及施工要点认识

在山岭隧道施工中,主要采用新奥法施工,它是1963年奥地利学者L·腊布兹维奇提出的"新奥地利隧道施工法(New Austria Tunnelling Method)",简称"新奥法(NATM)"。它是以控制爆破或机械开挖为主要掘进手段,以锚杆、喷射混凝土为主要支护措施法,是理论、量测和经验相结合的一种施工方法,同时又是一系列指导隧道设计和施工的原则。新奥法的核心是"保护围岩,爱护围岩,充分发挥围岩的自承能力"。隧道新奥法施工应该遵循"少扰动、早喷锚、紧封闭、勤量测"的原则。

采用新奥法施工时,根据隧道工程地质条件、隧道结构条件、工程施工条件、隧道埋深及工期要求等条件的不同,隧道可以采用不同的方式开挖,主要有:全断面法、台阶法及分部开挖法3种类型。

### 一 全断面法

全断面法全称为"全断面一次开挖法",即将隧道按设计断面轮廓一次开挖成型的方法,如图4-1所示,其基本工序为全断面开挖、喷锚支护及模筑混凝土衬砌。全断面法主要适用于非浅埋的Ⅰ~Ⅲ级硬岩中。该方法优点是可以减少开挖对围岩的扰动次数,工序简单,便于组织大型机械化施工,施工速度快,防水处理简单。缺点是对地质条件要求严格,围岩必须有足够的自稳能力;另外,机械设备配套费用相应较大。

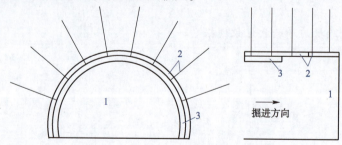

图4-1 全断面开挖法
1-全断面开挖;2-喷锚支护;3-模筑混凝土

### 二 台阶法

台阶法是将断面分成上半断面和下半断面两部分,通常先开挖上半断面,待开挖至一定长度后同时开挖下半断面,上、下半断面同时并进的施工方法。根据台阶的长短,台阶法又包括长台阶法、短台阶法和超短台阶法 3 种,如图 4-2 所示。

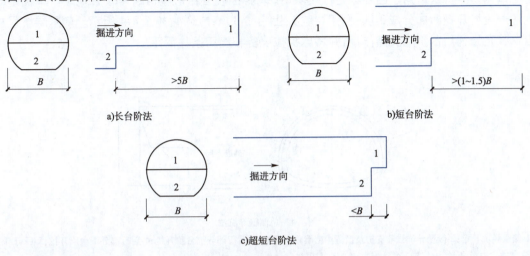

图 4-2 台阶施工方法

台阶法具有施工速度快,便于中小型机具作业的特点,同时,在围岩条件发生变化时,台阶法也可以转换为台阶分部开挖法等其他工法。因此,台阶法是适用性最广的开挖方法,多适用于铁路双线隧道Ⅲ、Ⅳ级围岩,单线隧道Ⅴ级围岩亦可采用,但支护条件应予以加强。

## 分部开挖法

分部开挖法即将隧道断面分成 3 个以上的部分逐步开挖成型,且一般将某部超前开挖,故也可称为导坑超前开挖法。分部开挖法可分为多种变化方案:台阶分部开挖法、单侧壁导坑法、双侧壁导坑法、中隔壁法及交叉中隔壁法等。

### 1. 台阶分部开挖法

台阶分部开挖法又称环形开挖留核心土法,其开挖和支护顺序如图 4-3 所示,将开挖面分为上部弧形导坑、上部核心土、下部台阶等 3 个部分,先开挖上部弧形导坑,开挖后及时施作拱部初期支护,然后开挖上部核心土,最后开挖下半断面,施作下部初期支护,待整个断面初期支护稳定后施作仰拱及全断面二次衬砌。台阶分部开挖法的特点是上部核心土可以支挡开挖工作面,增强了开挖工作面的稳定性,核心土及下部开挖是在拱部初期支护下进行,施工安全性较好,适用于一般土质或易坍塌的软弱围岩地段。

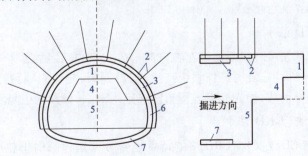

图 4-3 台阶分部开挖法

1-上弧形导坑开挖;2-拱部喷锚支护;3-拱部衬砌;4-中核开挖;5-下部开挖;6-边墙部喷锚支护及衬砌;7-灌注抑拱

## 2. 单侧壁导坑法

单侧壁导坑法适用于围岩稳定性较差(如软弱松散围岩),隧道跨度较大地段。单侧壁导坑法一般将开挖断面分成3块:侧壁导坑1、上台阶3、下台阶4,如图4-4所示。侧壁导坑尺寸应本着充分利用台阶的支撑作用,并考虑机械设备和施工条件而定。

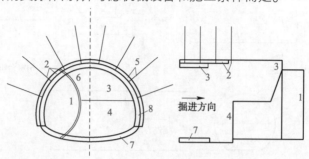

图 4-4 单侧壁导坑法

1-侧壁导坑开挖;2-侧壁导坑锚喷支护及设置中壁墙临时支撑;3-后行部分上台阶开挖;4-后行部分下台阶开挖;5-后行部分喷锚支护;6-拆除中壁墙;7-灌注抑拱;8-灌注洞周衬砌

## 3. 双侧壁导坑法

双侧壁导坑法又称眼镜工法,如图4-5所示,采用先开挖隧道两侧导坑,及时施作导坑四周初期支护,必要时施作边墙衬砌,然后再根据地质条件、断面大小对剩余部分采用二台阶或三台阶开挖的方法,其实质是将大跨度的隧道变为3个小跨度的隧道进行开挖。该方法开挖断面分块多,扰动大,初次支护全断面闭合的时间长,施工进度较慢,成本较高,但施工安全,因此,在城市浅埋、软弱、大跨度隧道和山岭地区软弱破碎、地下水发育的大跨度隧道中,可优先选用。

一般将开挖断面分成4块:左、右侧壁导坑1、上部核心土3、下台阶4。

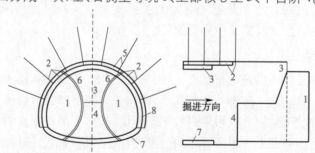

图 4-5 双侧壁导坑法

1-侧壁导坑开挖;2-侧壁导坑锚喷支护及设置中壁墙临时支撑;3-后行部分上台阶开挖;4-后行部分下台阶开挖;5-后行部分喷锚支护;6-拆除中壁墙;7-灌注仰拱;8-灌注洞周衬砌

## 4. 中隔壁法(CD法)

如图4-6所示,CD法将隧道断面沿左右方向一分为二,施工时应沿一侧自上而下分为二或三部进行,每开挖一部均应及时施作喷锚支护、安设钢架,施作中隔壁,底部应设临时仰拱,中隔壁墙依次分步联结而成,当先开挖一侧超前一定距离后,再开挖中隔墙的另一侧。

## 5. 交叉中隔壁法(CRD法)

如图4-7所示,与CD法类似,CRD法的特点是各分部增设临时仰拱和两侧交叉开挖,每部封闭成环,且封闭时间短,以抑制围岩变形,达到围岩沉降可控、初期支护安全稳定的目的。该法除喷锚支护及增设足够强度和刚度的型钢或钢格栅支撑外,还应采用多种辅助措施进行超前加固。施工大量实例资料的统计结果表明,CRD 工法比 CD 工法减少地表下沉近 50%,而 CD 工法又优于眼镜工法,但 CRD 工法施工工序复杂、隔墙拆除困难、成本较高、进度较慢,一般在大跨度浅埋隧道且地表下沉要求严格时采用。

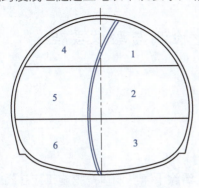

图 4-6　中隔壁法(CD 法)

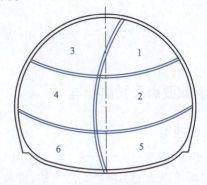

图 4-7　交叉中隔壁法(CRD 法)

## 四 开挖施工要点

隧道开挖施工要点如下:

(1)隧道洞身开挖方式和开挖方法应根据地质条件、覆盖层厚度、衬砌断面、隧道长度及工期要求等,经过技术、经济比较后确定。洞身开挖进度应与支护、衬砌等后续工序协调。

(2)隧道施工应进行超前地质预报,并作为一道工序纳入施工组织设计和施工管理中。超前地质预报应由专业人员实施。

(3)隧道施工应根据监控量测数据及最终位移的预测,判定隧道围岩及初期支护的稳定状态,并动态调整开挖时围岩预留变形量。

(4)不良地质地段隧道开挖应根据实际情况采取预加固、短进尺、弱爆破、强支护、勤量测的施工原则。浅埋软弱破碎围岩条件下,隧道开挖宜采取分部开挖方法。

(5)洞身开挖应减少对围岩的扰动,并应严格控制超挖。

(6)隧道施工采用钻爆法开挖时,应采用光面爆破。爆破前,应根据地质条件、断面尺寸、开挖方法、循环进尺、钻眼机具和爆破材料等进行钻爆设计。施工中,应根据爆破效果调整爆破参数。

(7)隧道Ⅳ、Ⅴ、Ⅵ级围岩地段、隧道浅埋、下穿建筑物及邻近既有线地段等特殊情况地段爆破时,应检测振速,进行沉降观测,并采取措施控制爆破对邻近建筑物的扰动程度,或采用非爆破方法。

(8)软弱围岩隧道Ⅳ、Ⅴ、Ⅵ级地段采用台阶法施工时,应符合以下规定:

①上台阶每循环开挖支护进尺Ⅴ、Ⅵ级围岩不应大于 1 榀钢架间距,Ⅳ级围岩不得大于 2 榀钢架间距。

②边墙每循环开挖支护进尺不得大于 2 榀。

③仰拱开挖前必须完成钢架锁脚锚杆,每循环开挖进尺不得大于 3m。

④隧道开挖后初期支护应及时封闭成环,Ⅳ、Ⅴ、Ⅵ级围岩封闭距离掌子面不得大于 35m。

(9)瓦斯隧道每月应至少检测一次洞内风速和风量。瓦斯工区必须采用电力起爆,必须采用煤矿许用电雷管和炸药。严禁反向装药起爆。

(10)洞内开挖土石方的弃置,应符合设计要求和环境保护、水土保持的有关规定,不得影响既有建筑物的安全,并应采取挡护措施防止弃渣流失对环境造成不良影响。

(11)施工过程中,应根据需要对地表水和地下水进行动态观测,并应将化验结果及时反馈给设计单位。

## 任务二 隧道开挖质量检测与验收要点

 验收要点及质量标准

**1. 主控项目**

(1)洞口开挖

①边、仰坡以上的山坡危石应在边、仰坡开挖前清除干净。洞口开挖施工应在超前支护完成后进行。

检验方法:观察。

②石质边坡采用爆破法开挖应严格控制用药量,爆破不得对边坡造成隐患,不得对邻近建筑物造成损伤或产生隐患。

检验方法:核对爆破参数。

③隧道洞口及边仰坡开挖后,应及时核查地质情况,需要加固处理时应符合设计要求。洞口边仰坡开挖形式和坡度应符合设计要求。

检验方法:观察、测量。

④隧道洞门结构、挡土墙和缓冲结构基础的地基承载力必须符合设计要求。软弱地基加固处理的施工质量应符合设计要求。

检验方法:静力触探试验、标准贯入试验、载荷试验等。

(2)洞身开挖

①隧道开挖断面的中线及高程应符合设计要求。

检验方法:仪器测量。

②隧道开挖断面净空应符合设计要求。石质坚硬岩石个别凸出部分($1m^2$内不大于$0.1m^2$)侵入衬砌应小于5cm。拱脚和墙脚以上1m内断面严禁欠挖。

检验方法:激光断面仪测量。

③光面爆破钻眼前,应根据钻爆设计图标出或用凿岩台车确定炮眼位置。钻孔时,应按钻爆设计要求严格控制炮眼。掏槽眼的眼口间距和深度允许偏差为5cm,辅助眼眼口、眼底间距允许偏差均为100mm,周边眼的间距允许偏差为5cm,外斜率应不大于孔深度3%~5%,眼底应不超出开挖断面轮廓线10cm。

检验方法:测量、尺量。

④开挖进尺符合设计要求。软弱围岩隧道Ⅳ、Ⅴ、Ⅵ级地段采用台阶法施工时,上台阶每循环开挖支护进尺Ⅴ、Ⅵ级围岩应不大于1榀钢架间距,Ⅳ级围岩不得大于2榀钢架间距。边墙每循环开挖支护进尺不得大于2榀。

检验方法:测量、尺量。

(3)隧底开挖

①隧底开挖轮廓及底部高程应符合设计要求。石质坚硬岩石个别凸出部分($1m^2$内不大

于 0.1m²)侵入衬砌应小于5cm。

检验方法:仪器测量、激光断面仪测量。

②边墙基础及隧道底地质情况应满足设计要求,基底无积水、浮渣。

检验方法:地质描述。

③隧道开挖不得破坏基底加固处理桩,开挖时,必须预留桩顶30cm土体人工开挖。

检验方法:观察、仪器测量。

④隧底、仰拱开挖进尺应符合设计要求。软弱围岩仰拱开挖进尺不得大于3m。

检验方法:尺量。

2. 一般项目

(1)洞口排水沟、截水沟的平面位置、开挖断面应符合设计要求,水沟内无积水,纵向坡度不得小于3‰。

检验方法:观察、测量。

(2)炮眼装药前应清理干净,装药时严格按照钻爆设计控制每个钻孔装药结构、装药量和堵塞方式。周边眼堵塞长度应不小于200mm。

检验方法:观察、尺量。

(3)光面爆破的炮眼痕迹保存率,硬岩应不小于80%,中硬岩应不小于60%,并在开挖轮廓面上均匀分布。

检验方法:观察、计数。

(4)水沟开挖位置、基底高程应符合设计要求,靠边墙的水沟应与边墙基础同时开挖,一次成型。

检验方法:观察、尺量。

## 二、隧道开挖断面检测

施工中应根据现场条件采用切实可行的超欠挖量测定方法,也可参照表4-1选取。这里对直接测量法(以内模为参照物)、直角坐标法、三维近景摄影法予以简要介绍,极坐标法(激光断面仪法)将在下一任务中详细介绍。

超欠挖测定方法　　　　　　　　　　　　　表4-1

| 测定方法及采用的测定仪 | | 测定法概要 |
| --- | --- | --- |
| 直接测量法 | 1. 以内模为参照物直接测量法 | 以内模为参照物,用直尺直接测量超欠挖量 |
| | 2. 使用激光束的方法 | 利用激光射线在开挖面上定出基点,并由该点实测开挖断面 |
| | 3. 使用投影机的方法 | 利用投影机将基点或隧道基本形状投影在开挖面上,然后据此,实测开挖断面面积 |
| 非接触观测法 | 4. 三维近景摄影法 | 在隧道内设置投影站,采用三维进景摄影方法获取立体像对,在室内利用立体测图仪进行定向和测绘,得出实际开挖轮廓线 |
| | 5. 直角坐标法 | 利用激光打点仪照准开挖壁面各变化点,用经纬仪测出各点的水平角和竖直角,利用立体几何的原则,计算出各测点距坐标原点的纵横坐标,按比例画出断面图形 |
| | 6. 极坐标法(断面仪法) | 以某物理方向(如水平方向)为起算方向按一定间距(角度或距离)依次一一测定仪器旋转中心与实际开挖轮廓线的交点之间的矢径(距离)及该矢径与水平方向的夹角,将这些矢径端点依次相连即可获取实际开挖的轮廓线 |

## 1. 直接测量法(以内模为参照物)

### (1)测量方法

在二次衬砌立模后,以内模为参照物,从内模量至围岩壁的数据 $L$ 加上内净空 $R_1$ 即为开挖断面数据。量测时,钢尺尽量与内模垂直,如图4-8所示。

量测段数的划分,如图4-9所示,自一侧盖板顶至拱顶均分为9段,两侧共18段,19个量测数据,编号分别为 $A_1 \sim A_{19}$,依次测量各点,完成一个断面的测量工作。隧道内每隔5m(10m)测量一个开挖断面,且开挖断面里程尾数最好为0或5,如K26+125、K29+130,这样既有一定的规律性,能全面反映情况,又便于资料的管理与查阅。

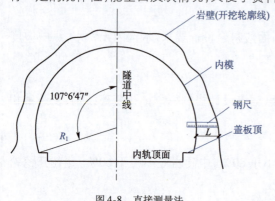

图4-8 直接测量法

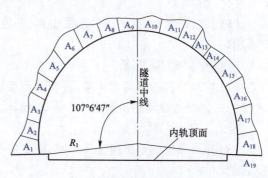

图4-9 测量段数的划分

### (2)开挖质量评价

隧道开挖质量不能以某一个开挖断面为标准进行评价,而应以某一长度段内所有的实测数据的综合计算分析来评价。

通常以50m(或100m)长、围岩级别相同段落的开挖实测数据作一分析群,则这一分析群内共有 $50/5 + 1 = 11$ 个断面, $11 \times 19 = 209$ 个数据。通过对这209个实测数据的综合计算,再与设计要求进行比较分析,则可对该50m长度范围内的开挖质量做出评价。

## 2. 直角坐标法

### (1)测量原理

用经纬仪测量开挖断面各变化点的水平角和竖直角,并测量置镜点与被测断面的距离、置镜点仪器高程,以开挖面内轨顶面高程点为坐标原点,垂直向上为 $y$ 轴正方向,向右为 $x$ 正向,向左为 $x$ 负向,利用立体几何原理,计算出各测点距坐标原点的纵横坐标,按一定的比例画出实测断面图形,并同设计断面比较得到开挖面的超欠挖情况,如图4-10所示。

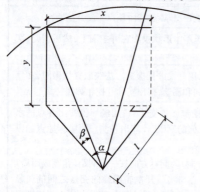

图4-10 直角坐标法测量原理

### (2)测量方法

①仪器。经纬仪一台,水准仪一台,激光打点仪一台及钢尺、塔尺。

②方法。将激光打点仪置于被测断面,照准隧道或线路中线方向,拨90°角固定水平盘,使各测点处于同一断面上,利用其发出的激光束照准被测开挖断面各变化点;同时,在距被测断面一定距离处设置一经纬仪,用以测量激光打点仪照准各点的水平角及竖直角(在照准隧道或线路

中线方向时,可将水平度盘置为 0 或记下水平读数)。用水准仪测量经纬仪的高程,用钢尺丈量被测断面与经纬仪之间的距离。

(3) 数据计算

$$\begin{cases} x = l \cdot \tan(\alpha - \alpha_0) \\ y = \dfrac{L}{\cos(\alpha - \alpha_0)} \cdot \tan\beta + 经纬仪高程 - 内轨顶高程 \end{cases} \quad (4\text{-}1)$$

式中:$x$——断面水平方向坐标(m);

$y$——断面竖直方向坐标(m);

$l$——被测断面与经纬仪之间的距离(m);

$\alpha$——水平角读数(°);

$\alpha_0$——水平角中线方向初始角读数(°);

$\beta$——竖直角读数(°)。

### 3. 三维近景摄影法

近景摄影法需要在隧道内设置摄影站,并布设垂直于隧道曲线的摄影基线。用摄影经纬仪分别在隧道轴线上、摄影基线的左端、右端,采用正直、等倾右偏、等倾左偏等摄影方法获取立体像对。摄影时,需对欲测的洞壁较均匀地照明,然后将获取的隧道开挖的立体像对利用隧道内的施工控制导线,在室内用立体测图仪进行定向和测绘,即可获得实际开挖轮廓线与设计开挖轮廓线的比较。

若要定量获取各实测点的超欠挖距离,则从这些实测点上向设计轮廓线作该线的法线,从设计轮廓线上的垂足到实测距离即为超欠挖值。可以看出,上述近景摄影测量方法费工费时,条件多,周期长,不宜作为实际的测量手段,只能作为科研的一种手段。

## 任务三  激光断面仪法检测开挖断面

### 一、测量原理

激光断面仪的测量原理为坐标法。如图 4-11 所示,以某物理方向(如水平方向)为起算方向,按一定间距(角度或距离)依次——测定仪器旋转中心与实际开挖轮廓线连线之间的矢径(距离)及该矢径与水平方向的夹角,将这些矢径端点依次相连即可获得实际开挖的轮廓线。通过洞内的施工控制导线可以获得断面仪的定点定向数据,在计算软件的帮助下自动完成实际开挖轮廓线与设计开挖轮廓线的空间三维匹配,最后形成如图 4-12 所示的输出图形,并可输出各测点与相应设计开挖轮廓线之间的超欠挖值(距离、面积)。

如果沿隧道轴向按一定间隔测量数个断面,还可算得实际开挖方量、欠挖方量。用断面仪测量实际开挖面轮廓线的优点在于不需要合作目标(反射棱镜),而且它的量测精度满足现代施工测量的要求。

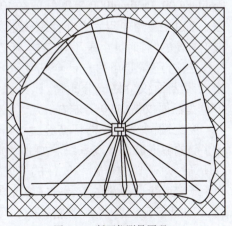

图 4-11  断面仪测量原理

用断面仪进行测量,断面仪可以放置于隧道中任何适合于测量的位置(任意位置),扫描断面的过程(测量记录)可以自动完成。所测的每点均由断面仪发出的一束十分醒目的单色可见红色激光指示,而且可以人工随时加以干预。如果测量一个直径 10m 的断面轮廓线,每隔 25cm 测一个点,则需测量 126 个点,需时约为 5min。如果在断面仪自动扫描断面的过程中,发现轮廓线上的某特征点漏测,还可以随时用断面仪配置的手持式控制器发出一个停止命令(按一个键),然后用控制键操纵断面仪补测该特征点,完成该点的测量后继续扫描下去。除此以外,在自动测量过程中,测点之间的间距还可以根据断面轮廓线的实际凸凹形状,随时动态地加以修正。如果事先控制器中输入了设计断面形状、隧道轴线、平面、纵断面设计参数(可以在室内输入)以及断面仪实测时的定向参数(实测时输入),则完成某一开挖断面的实际测量后,可以立即在控制器的屏幕上显示如图 4-12 所示的图形。在控制器上操纵断面仪测距头旋转,指向激光所指示的断面轮廓线上的某点,就对应于控制器上图形显示的光标点,并可以实时显示该点的超欠挖数值。

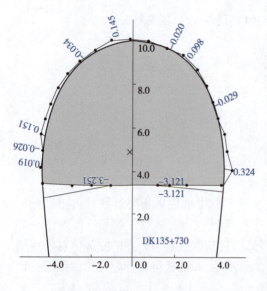

图 4-12  断面仪输出的图形成果

如要获取最后的硬拷贝输出成果,可将断面仪的控制器中的数据传输到普通的 PC 机中,运行断面仪配套的后处理软件,则可以从打印机或绘图机上自动获得如图 4-12 所示的成果。

值得一提的是,目前在隧道施工中,激光断面仪不仅可应用于开挖断面质量的控制,还可应用于初期支护(喷射混凝土)、二次衬砌断面轮廓和厚度的检测。

## 测量仪器

激光断面仪如图 4-13 所示。

激光断面仪是把现代激光测距和计算机技术相结合开发出来的硬、软一体化的隧道断面测量仪器。我国自 20 世纪 90 年代初,引进瑞士 Amberg 公司生产的断面仪(有 Profiler2000、Profiler3000、Profiler4000 等型号),在 4000 型上可以进行后方交会来确定断面仪的坐标和方位。不过在隧道中用后方交会来确定测站坐标是很不方便的,有时甚至是不现实的,所以为了对断面仪定位,还需要用另一台全站仪进行测量。另外,专用断面仪价格十分昂贵,以人民币计,目前 4000 型断面仪需约 90 万左右。

为此,国内测量仪器厂商经过科研攻关,开发出了新的隧道断面检测系统。如北京光电技术研究所通过对硬件的研制和软件的开发,生产出了专用于隧道断面检测的仪器——激光隧道断面检测仪,在此基础上又将其功能扩展到可用于指示炮眼位置,进行围岩收敛量测等。目前,有 BJSD-

图 4-13  激光隧道断面仪

2B 型、BJSD-2C 型、BJSD-3 型、BJSD-5 型等型号。下面主要以 BJSD-5 型为例,对其主要技术指标及功能等予以介绍。

### 1. 仪器组成及特点

仪器主要由检测主机、检测控制记录器(掌上电脑)、三脚架、后处理软件、充电器等部分组成。该仪器具有海量内存空间,在现场不需使用笔记本电脑,即可测量记录约上千组断面数据。在测量断面的同时,可直观地看到所测断面图形和超欠挖数据。其后,处理软件还可进行数据处理和作图等工作。

仪器特点:
(1)测量数据自动记录,存储空间大。
(2)无须交流供电,使用充电电池供电,携带方便。
(3)软件功能强大,操作简便,全中文界面,支持多种操作系统。
(4)可现场显现被测断面图形和超欠挖数据。

### 2. 主要技术指标

(1)检测距离:0.3~60m。
(2)检测距离精度:±1mm。
(3)角度精度:优于 0.1°。
(4)检测 1 个断面的时间:1~2min。
(5)储存断面的数量:5000 个断面。
(6)检测方位角度范围:0°~360°。

### 3. 主要功能

可用于测量当前断面、指示炮眼位置、围岩收敛量测、测量土石方量等。

### 4. 测量方式

需全站仪配合,其测量方式有以下几种:
(1)手动检测方法。由操作者控制移动检测指示光斑随意进行测量和记录。
(2)定点检测法。可设置起止角度及测量点数等参数,仪器将按照所定参数自动测量并记录。
(3)自动测量法。仪器依照内部设定的间隔,自动检测并记录数据。

## 测量方法与步骤

规定沿隧道的开挖方向为前方,进洞时右手侧为 $X$ 轴正方向。架设仪器时,水准气泡应指向右手 $X$ 轴正向,即激光的出光方向指向正向。

### 1. 架设仪器

首先,用经纬仪或全站仪放样出待测断面与隧道轴线的交点 $A$,作为激光断面仪架设的对中点。其次,在隧道轴线上放样出另一点 $B$(距离 $A$ 点不应太远)或在待测断面隧道壁上放出另一点 $B_1$,用于仪器测头定向。如图 4-14 所示。最后,将三脚架架设于 $A$ 点,安装激光断面仪,连接好电缆和掌上电脑,打开电池开关,运行程序,进入手动调整。锁紧水平旋紧旋钮,点击归零按钮使仪器归零。打开激光,利用激光点进行对中,反复调整,使仪器准确对中。注意打开激光前应至少使仪器归零一次。

## 2. 照准待测断面

（1）以 $B$ 点为基准方向。打开激光，使用微动按钮调整测头水平方向位置，使激光指向隧道开挖方向，再使用微动按钮使测头抬起适当角度，将激光点打在 $B$ 点上，点击归零按钮使仪器垂直方向归零。然后，在调整角度中输入 90，按微动按钮使测头顺时针转动 90°，此时，测头已经对准待测断面。若 $B$ 点放在了开挖方向的后方，则应逆时针旋转 90°。

（2）以 $B_1$ 点位基准方向。打开激光，使用上下左右微动按钮调整测头，使激光点打在 $B_1$ 点上，此时，测头已经指向待测断面。调整完成后，按归零按钮将仪器垂直方向归零。若 $B_1$ 点放在 $A$ 点的左侧时，在照准 $B_1$ 点后还应使用微动按钮将仪器旋转 180°，使圆水泡指向 $X$ 轴正向。

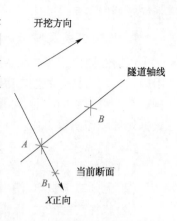

图 4-14　激光断面仪架设点示意图

## 3. 输入待测断面参数

测量前，保证测头在零位置；若不在零位，应在手动调整中按归零按钮使仪器归零。

进入测量当前断面，界面如图 4-15 所示。输入 $X_0$、$Z_{01}$，再输入起始角、终止角及待测点数，输入本断面里程号，如 22+105。注意输入数字应该在英文模式下。

其中，$X_0$ 为仪器偏离隧道中线的偏差值，仪器一般架设在隧道轴线上，且标准断面原点也设在隧道轴线上，此时 $X_0$ 为零。$Z_{01}$ 为地面标志点（即 $A$ 点）高程与标准断面标志点高程的差值，此值可正可负。

## 4. 测量

（1）等角度测量

点击测量按钮，即开始测量。仪器自动按照设置的起始、终止角度及测量点数进行等角度测量。在测量过程中，可随时按停止按钮停止测量。

（2）特征点测量

特征点是指用户指定要测的断面上的点，比如拱顶点、拱腰点等。由于在等角度测量时，将有可能测不到这些特征点。此时，可将这些特征点的坐标输入为模板，测量时，仪器将自动移动到这些点进行测量。

## 5. 测量完毕

测量完成后，系统弹出如图 4-16 所示的对话框，提示用户选择断面组文件，并填写相关信

图 4-15　当前断面参数输入界面

图 4-16　断面组文件输入对话框

息,点击确定后,仪器自动归零,并将测得的数据保存在输入的断面组文件中。通常以一座隧道为一个断面组文件,该隧道下的所有断面都加载在这一文件中。最后,点击退出按钮退出本次测量。

## 【能力训练】

借助校内外实训基地,在熟悉图纸中隧道设计轮廓的基础上,开展隧道开挖质量检测能力训练,训练项目如下:

1. 尺量各种炮眼间距是否符合设计要求及《标准》规定。
2. 观察爆破效果是否符合《标准》规定。
3. 尺量开挖进尺是否符合设计要求及《标准》规定。
4. 钢尺直接测量法检测隧道开挖质量,记录检测数据,手工绘制隧道开挖轮廓线与设计轮廓线,图上测量超欠挖尺寸,计算超欠挖面积。
5. 经纬仪直角坐标法检测隧道开挖质量,记录检测数据,CAD绘制隧道开挖轮廓线与设计轮廓线,图上测量超欠挖尺寸,计算超欠挖面积。
6. 激光断面仪法检测隧道开挖质量,利用激光断面仪分析软件绘制隧道开挖轮廓线,计算超欠挖尺寸及面积。
7. 隧道开挖质量评定。
8. 隧道开挖检验批质量验收记录表填报。

# 项目五

# 初期支护施工质量检测与验收

【能力目标】

通过学习，具备运用观察、尺量、仪器测量等方法进行锚杆、喷射混凝土、钢架及钢筋网外观、加工与安装质量检查的能力，具备运用锚杆拉拔仪、扭力扳手及声波反射法进行锚杆拉拔力及砂浆注满度检测的能力，具备运用喷大板切割法、凿方切割法、钻孔取芯法等进行喷射混凝土强度及黏结强度检测的能力，具备应用埋钉法、凿孔法、激光断面仪法等进行喷层厚度检测的能力，具备使用地质雷达进行初期支护背后空洞检测的能力，具备初期支护检验批质量验收记录填报的能力，从而具备依据质量验收标准开展隧道初期支护质量评定及验收的能力。

【知识目标】

了解锚杆、喷射混凝土、钢架、钢筋网等各种初期支护的构造及施工要点，熟悉其质量验收标准，熟练掌握各种初期支护的施工质量检测方法。

【工作任务】

1. 认识隧道初期支护构造及施工要点；
2. 熟悉锚杆质量验收标准，运用观察、尺量等方法进行锚杆加工与安装质量检测，运用锚杆拉拔仪、扭力扳手及声波反射法进行锚杆拉拔力及砂浆注满度检测；
3. 熟悉喷射混凝土质量验收标准，运用观察、试验等方法进行喷射混凝土原材料质量与性能检测，运用喷大板切割法、凿方切割法、钻孔取芯法等进行喷射混凝土强度及黏结强度检测，应用埋钉法、凿孔法、激光断面仪法等进行喷层厚度检测；
4. 熟悉钢架与钢筋网质量验收标准，运用观察、尺量等方法进行钢架、钢筋网的加工与安装质量检测；
5. 使用地质雷达进行初期支护背后空洞检测；
6. 初期支护施工质量评定；
7. 初期支护检验批质量验收记录填报。

初期支护是指隧道开挖后,用于控制围岩变形及防止坍塌及时施作的支护。其类型有锚杆、喷射混凝土、钢筋网、喷钢纤维混凝土、钢架等,应用时可以单一支护,也可以联合支护,施工中经常采用联合支护。初期支护的类型及参数应根据围岩的性质及状态、地下水情况、隧道净空尺寸及其埋深等条件确定。

锚杆是用机械方法或黏结方法将一定长度的杆体(通常多用钢筋)锚固在围岩预先钻好的锚杆孔内,由于锚杆具有"悬吊作用""组合梁作用"和"加固拱作用"等而使围岩得到加固。喷射混凝土是用压缩空气将掺有速凝剂的混凝土拌和料,通过混凝土喷射机高速喷射到岩面上形成混凝土层。喷层凝固后具有"支撑作用""填补作用""黏结作用"和"封闭作用",从而使围岩得到加固,围岩自身的强度得到保护。由于实际工程中常将喷射混凝土与锚杆结合使用,所以统称喷锚支护。由于喷锚支护具有主动加固围岩、充分利用围岩自承能力、可及时灵活施工和经济等特点,目前在隧道初期支护中广泛应用。钢架应用于自稳时间短、初期变形大或对地表下沉量有严格限制的地层中。钢架是依靠"被动支撑"来维持围岩稳定的,在软弱围岩条件下,钢架对维持围岩稳定是必不可少的。

初期支护施工一般要求:

(1)初期支护必须紧跟开挖及时施作,及早封闭成环,并应按设计要求进行监控量测等相关作业。

(2)采用分部开挖法施工时,应在初期支护喷射混凝土强度达到设计强度的70%及以上时进行下一部分的开挖。

(3)软弱围岩隧道Ⅳ、Ⅴ、Ⅵ级围岩初期支护封闭位置距离掌子面不得大于35m。

(4)黄土隧道开挖过程中,应严格管理施工用水,避免浸泡初期支护拱(墙)脚土体。

(5)双线Ⅳ、Ⅴ级围岩隧道台阶法施工时,应设置锁脚锚杆(管)、横向临时支撑或临时仰拱等控制拱(墙)脚位移的措施。

## 任务一　锚杆施工质量检测与验收

### 锚杆构造及设计、施工要点

**1. 锚杆的构造**

锚杆是用金属或其他高抗拉性能的材料制作的一种杆状构件。使用机械装置或胶结材料将其安设在隧道围岩体中,通过悬吊、组合等效应加固围岩。如图5-1所示。

锚杆直径一般为20～40mm,长度1.5～4.0m;材质一般为金属材料,常见的为螺纹钢筋,近年也出现了玻璃纤维等材料制作的锚杆。

**2. 锚杆的种类**

按照锚固方式的不同,锚杆可分为如下几种:

(1)机械式锚固锚杆

机械式锚固锚杆是通过其端部锚头锚固在围岩中,杆的另一端由垫板同岩面接触,拧紧螺母使垫板紧压在岩面上,此时锚杆即进入工作状态,对围岩产生预加压应力,以增强围岩的稳定性并阻止围岩的变形。机械式锚杆构造简单,易加工,安装方便,施作后能立即提供支护抗力,适合于坚硬裂隙岩体中的局部支护和系统支护。但其锚头易滑动,不适于永久性使用。

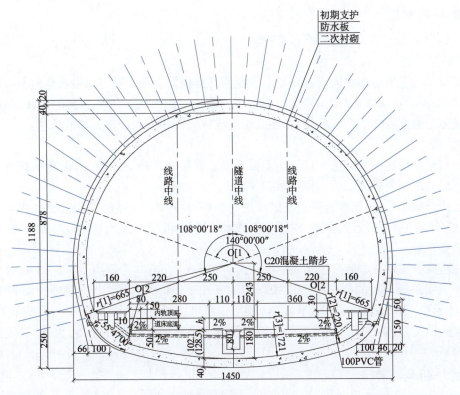

图 5-1　锚杆加固示意图（尺寸单位：cm）

(2) 黏结式锚固锚杆

黏结式锚固锚杆又分为端部黏结式锚固锚杆和全长黏结式锚固锚杆两种。我国铁路隧道使用最多的是全长黏结的砂浆钢筋锚杆，如图5-2所示。这种锚杆一般不带锚头，通常按照钻孔—注浆—插锚杆的工序安装。砂浆锚杆在钻孔全长范围内与岩体胶结，具有较高的锚固力、较强的抗冲击性和抗震动性，适用于围岩变形量不大的各类地下工程的永久系统支护。砂浆锚杆的支护效果主要取决于砂浆的注满度及砂浆强度。

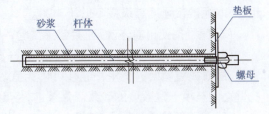

图 5-2　砂浆锚杆

(3) 混合式锚固锚杆

混合式锚固锚杆是一种端部锚固方式与全长黏结锚固方式相结合的锚杆，既可以施加预应力，又具有全长锚杆的优点。当锚杆较长时，采用先灌浆后插锚杆的安装方法会遇到很大困难，采用混合式锚固可以先把锚杆锚固在钻孔中，然后再灌浆黏结。此种锚杆安装施工复杂，一般用于大体积、大范围工程结构的加固，如高边坡、大坝、大型地下洞室等。

(4) 摩擦式锚固锚杆

摩擦式锚固锚杆是利用锚杆与孔壁之间的摩擦力实现锚固的，其原理是锚杆设置为开缝式或膨胀式，钻孔直径小于锚杆直径，利用开缝或膨胀性所具有的弹性变形将锚杆压入钻孔，压入后杆体张开产生摩擦。摩擦式锚杆安装快捷，承载及时，且可提供三向围压，适用于软弱围岩、破碎带、断层带及有水地段的临时支护使用。

### 3. 锚杆的布置

锚杆的布置分为局部布置和系统布置。

(1) 局部布置

局部布置即在隧道断面内局部布置。主要用在坚硬而裂隙发育或有潜在龟裂及节理的围岩,重点加固不稳定块体,隧道拱顶受拉破坏区为重点加固区域。局部加固的锚杆,必须保证不稳定块体与稳定岩体的有效联结,并据此确定锚杆间距和锚入稳定岩体的长度。

(2) 系统布置

系统布置即沿隧道轮廓按一定间距全面布置。在破碎和软弱围岩中,采用系统布置的锚杆可以形成对围岩的整体加固。锚杆系统布置的原则如下:

①在隧道横断面上,锚杆宜垂直隧道周边轮廓布置,对水平成层岩层,应尽可能与层面垂直布置,或使其与层面成较大角度,对于倾斜成层的岩层,其失稳原因主要是层面滑动,锚杆与层面呈斜交布置。

②在岩面上锚杆宜成菱形排列,纵、横间距为 0.6~1.5m,其密度约为 0.6~3.6 根/$m^2$。

③为了使系统布置的锚杆形成连续均匀的压缩带,其间距不宜大于锚杆长度的 1/2,在 Ⅱ、Ⅲ 级围岩中,锚杆间距宜为 0.5~1.2m;但当锚杆长度超过 2.5m 时,若仍按间距不大于 1/2 锚杆长度的规定,则锚杆间的岩块可能因咬合和联锁不良而导致掉块坠落,为此,其间距不宜大于 1.25m。

### 4. 锚杆的施工要点

由于钢筋砂浆锚杆具有材料来源广泛、杆体加工制作容易、具有良好的物理力学性能及施工工艺简单、成本低等优点,在我国隧道工程中得到了广泛应用。

(1) 锚杆杆体材料采用 HRB335(20MnSi) 或 HPB235(Q235),杆径 16~22mm,使用前应平直、除锈、除油。

(2) 选用强度等级不低于 32.5 级的普通硅酸盐水泥,严格过筛的粒径不大于 3mm 的中、粗砂,水泥砂浆强度等级应不低于 M20。

(3) 速凝剂使用前,应做速凝效果试验,一般要求初凝不大于 5min。

(4) 应按锚杆支护的设计要求确定钻杆孔位、间距、与岩面交角、孔深及孔径等。锚杆与岩面、层面或裂隙面的交角,一般以 90° 为宜。孔径应大于锚杆直径 15~20mm,以保证锚杆与孔壁之间充填一定数量的砂浆。灌浆前,应用高压风将孔眼吹净。

(5) 注浆管插入到距孔底 50~100mm 处开始注浆,注浆的同时将注浆管徐徐向外拔出,待注浆管口距钻孔口 20~30cm 时,停止注浆,然后将锚杆插入孔底。为防止锚杆滑出,用木楔临时固定。

(6) 锚杆必须安装垫板,垫板应与混凝土面密贴。垫板一般用 6mm×10mm 的钢板或铸铁制成,规格为 150mm×150mm 或 200mm×200mm。

(7) 中空注浆锚杆安设外露长度保持 10~15cm,同时应安装止浆塞,止浆塞打入孔口应不小于 30cm,注浆完成之后应立即封闭止浆塞以外的钻孔。

## 锚杆施工质量验收要点及标准

### 1. 一般规定

(1) 锚杆类型应根据地质条件、使用要求及锚固特点进行选择并符合设计要求。

(2)中空锚杆应根据隧道的使用部位采用不同的注浆方法,中空锚杆的规格和性能应符合《中空锚杆技术条件》(TB/T 3209—2008)的规定,严禁采用药包锚杆代替中空锚杆。

(3)系统锚杆应在喷射混凝土完成后施工,安装时必须设置垫板,垫板应与基面密贴。

## 2. 主控项目

(1)锚杆所有钢筋规格、物理力学性能及进场检验应符合《标准》规定。

检验方法:检查产品质量证明文件、观察、尺量、试验。

(2)锚杆安装的数量应符合设计要求。

检验方法:计数。

(3)砂浆强度等级、配合比应符合设计要求。

检验方法:试验、配合比设计。

(4)锚杆注浆管直径应不小于16mm,注浆方式符合设计要求。

检验方法:尺量、观察、检查施工记录。

(5)砂浆锚杆的砂浆注满度应大于80%。

检验方法:检查施工记录、声波反射法。

(6)锚杆接长采用机械接长时,应符合《标准》有关钢筋连接的规定。

(7)锚杆安装允许偏差应符合表5-1规定。

检验方法:尺量、声波反射法。

**锚杆安装允许偏差** 表5-1

| 序号 | 项目 | 允许偏差 | 检查方法和数量 |
| --- | --- | --- | --- |
| 1 | 孔径 | 符合设计要求 | 尺量、声波反射法;<br>施工单位全检,监理单位10% |
| 2 | 孔深 | >锚杆长度+10cm | |
| 3 | 孔距 | ±15cm | |
| 4 | 插入长度 | ≥设计长度95%,且位于孔中心 | |

## 3. 一般项目

(1)锚杆孔的方向应符合设计要求,锚杆垫板应与基面密贴。

检验方法:观察。

(2)锚杆外观要求同钢筋。

检验方法:观察。

## 三 锚杆加工质量与安装尺寸检查

### 1. 锚杆加工质量检查

锚杆在使用安装前,必须对其材质、规格和加工质量进行检查,以免不合格的锚杆用于隧道支护。

(1)锚杆材料

①抗拉强度。

锚杆在工作时主要承受拉力,所以检查材质时首先应检查其抗拉强度。方法是从原材料中或成品锚杆上截取试样,在拉力试验机上拉伸,测试材料的力学特性,确定其是否满足工程要求。

②延展性与弹性。

有些隧道的围岩变形量较大。这就要求锚杆材质具有一定延展性,过脆可能导致锚杆中途断裂失效,所以必要时应对材料的延展性进行试验。另外,对管缝式锚杆,要求原材料具有一定的弹性,使锚杆安装后管壁和孔壁紧密接触。检查时,可采用现场弯折或锤击,观察其塑性变形情况。

(2)杆体规格

锚杆杆体的直径必须与设计相符,可用卡尺或直尺测量。此外,还应注意观察杆径是否均匀、一致,若发现锚杆直径明显忽粗忽细,则应弃之不用。

(3)加工质量

除砂浆锚杆仅需从线材上截取钢筋段外,其他种类的锚杆都需要进行一定的加工。例如,树脂锚杆和快硬水泥锚杆锚固段需要热锻和焊接,另一端需要车丝。检查时,首先应测量各部分尺寸,其次检查焊接件的焊接质量;对于车丝部分,应检查丝纹质量,观察是否有偏心现象。

2. 安装尺寸检查

(1)锚杆位置

钻孔前,应根据设计要求定出孔位,做出标记。施工时,可根据围岩壁面的具体情况,允许孔位偏差±15cm。检查时,应特别注意对锚杆间距与排距的尺寸测量。锚杆的间距、排距是锚杆设计与施工的重要参数之一。

(2)锚杆方向

钻孔方向应尽量与围岩壁面或岩层主要结构面垂直。检查时,应特别注意拱顶钻孔的垂直度,目测即可;若过于偏斜,就会减小锚杆的有效锚固深度,威胁施工安全,浪费材料。

(3)钻孔深度

适宜的钻孔深度是保证锚杆锚固质量的前提。要求锚杆孔深大于锚杆长度加10cm。施工中容易出现的问题是孔深不够,影响各种锚杆的安装质量。尤其对树脂锚杆和快硬水泥锚杆影响较为严重,深度不足造成托板悬空,锚杆难以发挥作用。钻孔深度可用带有刻度的塑料管或木棍等插孔量测。

(4)孔径与孔形

目前,为了降低能耗和提高钻进速度,钻孔直径有逐渐缩小的趋势。但对于砂浆锚杆来说,孔径过小会减小锚杆杆体包裹砂浆层的厚度,影响锚杆的锚固力及其耐久性。所以,检查时对砂浆锚杆应尺量钻孔直径,钻孔直径应符合设计要求。为了便于锚杆安装,钻孔还应圆而直。

## 四 锚杆拉拔力测试

锚杆拉拔力指锚杆能够承受的最大拉力,它是锚杆材料加工和施工安装质量的综合反映,是锚杆质量检测的一项基本内容。

1. 拉拔设备

锚杆拉拔试验的常用设备为锚杆拉拔仪,主要由中空千斤顶、手动油压泵、油压表、千分表等组成,如图5-3所示。

2. 测试方法

(1)根据试验目的,在隧道围岩指定部位钻锚杆孔。孔深在正常深度的基础上稍做调整,以使锚杆外露长度大些,保证千斤顶的安装;或采用正常孔深,将待测锚杆加长,从而为千斤顶安装提供空间。

(2)按照正常的安装工艺安装待测锚杆,用砂浆将锚杆口部抹平,以便支放承压垫板。

(3)根据锚杆的种类和试验目的确定拉拔时间。

(4)在锚杆尾部加上垫板,套上中空千斤顶,将锚杆外端与千斤顶内缸固定在一起,并装设位移量测设备与仪器,如图5-4所示。

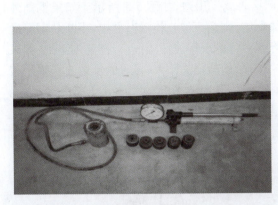

图5-3 锚杆拉拔仪

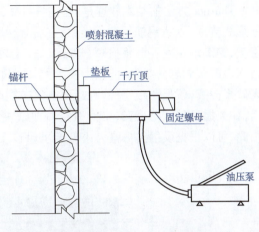

图5-4 锚杆拉拔力测试装置连接

(5)通过手动油压泵加压,从油压表读取油压,根据活塞面积换算锚杆承受的拉拔力。视需要从千分表读取锚杆尾部的位移,绘制锚杆拉力-位移曲线,供分析研究。

3.注意事项

(1)安装拉拔设备时,应使千斤顶与锚杆同心,避免偏心受拉。

(2)加载应匀速,一般以10kN/min的速率增加。

(3)如无特殊需要,可不做破坏性试验,拉拔到设计拉力即停止加载。顺便指出,用中空千斤顶进行锚杆拉拔试验,一般都要求做破坏性试验,测取锚杆的最大承载力。一方面检验锚杆施工质量,另一方面为调整设计参数提供依据。

(4)千斤顶应固定牢靠,并有必要的安全保护措施。特别应注意的是,试验时操作人员要避开锚杆直线延长方向,在锚杆的侧向远离锚杆尾部的位置上加压读数;测位移时停止加压。

4.试验要求

(1)每安装300根锚杆至少随机抽样一组(3根),设计变更时另做一组拉拔力测试。

(2)同组锚杆锚固力或拉力的平均值,应不小于设计值。

(3)同组单根锚杆的锚固力或拉拔力,不得低于设计值的90%。

### 五、声波反射法检测锚杆长度与锚固密实度

因砂浆锚杆施作工艺简单、经济耐久,铁路隧道支护常用砂浆锚杆。对于砂浆锚杆,其砂浆注满度直接影响砂浆锚杆的锚固质量,是锚杆能否按设计要求起作用的重要指标。因此,施工检测中应重点注意砂浆注满度或密实度。传统的测试方法是用抗拔力来检验,但这种方法并不能完全确定其施工质量。试验证明,对于高强螺纹锚杆,当锚固长度达到锚杆直径的42倍时,握裹力不再随锚杆长度的增加而增加,说明仅用抗拔力来检验锚杆施工质量是不完整

的。因此,人们希望有一种直接检测砂浆饱满程度的方法和仪器。1978 年,瑞典的 H. F. Thurner 提出用测超声波能量损耗来判定砂浆灌注质量的办法,研制了 Boltometer Version 锚杆质量检验仪,于 1980 年推出。我国铁道部门从 1978 年起,在 Thurner 原理及 Boltometer 仪器的基础上,寻找了新路径,并针对我国的施工实际,研究出一套可测出锚杆砂浆百分密实度的方法、仪器和配套设备。

### 1. 检测原理

Thurner 方法的基本原理是:在锚杆杆体外端发射一个超声波脉冲,它沿杆体钢筋以管道波形式传播,到达钢筋低端后反射,在杆体外端可接收此反射波,如图 5-5 所示。如果钢筋外密实、饱满地由水泥砂浆握裹,砂浆又与周围岩体黏结,则超声波在传播过程中,不断从钢筋通过水泥砂浆向岩体扩散,能量损失很大,在杆体外端测得的反射波振幅很小,甚至测不到;如果无砂浆握裹,仅是一根空杆,则超声波仅在钢筋中传播,能量损失不大,接收的反射波振幅则较大;如果握裹砂浆不密实,中间有空洞或缺失,则得到的反射波振幅的大小介于前二者之间。由此,可以根据反射波振幅大小判定水泥砂浆的饱满程度。

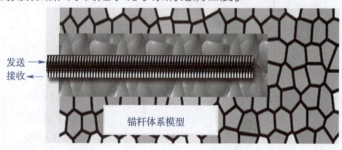

图 5-5　锚杆检测反射波原理

我国铁道部科学研究院经过大量模型试验和现场试验,对 Boltometer 进行了改进,采用机械撞击激发方式,研制了激发器,大大增大了激振能量,并降低了使用频率,使得锚杆检测长度达到 8m。该研究院还研制了耦合装置,用水作耦合剂,从而大大降低了对杆体外端平整度和光洁度的要求(只需锯平即可),并可适应常用杆体直径的砂浆锚杆。

### 2. 检测仪器

M-7 锚杆检测仪是铁道部科学研究院和地矿部水文地质、工程地质技术研究队联合研制的。由主机、发射换能器和接收换能器 3 部分组成,如图 5-6 所示。该仪器为数字显示,由示波器监测波形,仪器可显示锚杆长度、振幅值和砂浆密实度级别。为提高测值精度,每一锚杆读数 5~10 次,取振幅值的平均值,仪器可自动对这些读数做累加并取平均值。

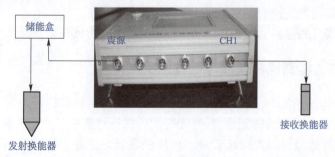

图 5-6　锚杆检测仪

## 3. 测量方法

在锚杆检测中一般采取在外露钢筋端部进行端发端收的观测方式,如图 5-7 所示。在锚杆端部(紧贴锚杆外端平面)安放发射换能器和接收换能器,用锤敲击锚杆端部产生激发波,激发波沿锚杆传播至锚杆另一端,部分能量通过浆体进入岩石,部分波在锚杆的另一端发生反射,反射波将由锚杆外端的压电换能器接收。

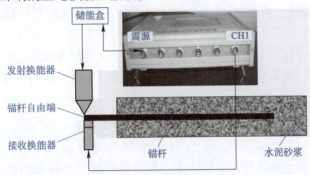

图 5-7　锚杆检测工作方式

根据接收到的弹性波波形特征,对锚杆的锚固质量做出分类评价,其评价标准见表 5-2,锚杆长度可由式(5-1)计算求得:

$$L = \frac{1}{2} C_m \times \Delta t_e \tag{5-1}$$

式中:$L$——锚杆长度(m);

$C_m$——锚杆的波速平均值(m/s);

$\Delta t_e$——锚杆杆底反射波旅行时间(s)。

锚杆锚固质量弹性波检测分类评价表　　　　　　　　　表 5-2

| 锚固质量分类 | 波形特征 | 锚固状态 |
|---|---|---|
| 优<br>(A级) | | 波形规则,只有较微弱的底部反射波或没有底部反射波 | 密实 |
| 良好<br>(B级) | | 波形较规则,有底部反射波和局部有较弱的反射波 | 局部欠密实 |
| 一般<br>(C级) | | 波形欠规则,有底部反射波或局部有较强的反射波 | 局部不密实或空浆 |
| 差<br>(D级) | | 波形不规则,底部有较强的反射波或底部反射波提前(锚杆欠长),或有多处较强的反射波 | 多处不密实或空浆 |

## 六、端锚式锚杆施工质量无损检测

目前,隧道工程上除大部分采用全长锚固的水泥砂浆锚杆外,同时还应用着树脂锚杆、快硬水泥药包锚杆和楔缝锚杆等端锚式锚杆。这些锚杆的共同特点是承载迅速,施工操作简便。在一些不良地质条件下,隧道开挖后钢架难以及时支护,喷射混凝土不易迅速形成承载结构时,可用端锚式锚杆快速加固围岩,特别是这类锚杆外端带有螺栓和托板,在锚固端锚固牢靠的情况下,可通过螺栓和托板给锚杆施加预应力,及时限制隧道围岩变形的发展与裂隙的产生。对于这类锚杆的锚固质量检测,除了采用锚杆拉拔仪进行拉拔外,还可以用扭力扳手进行无损伤拉拔试验。此方法实施简便,可随时对大批量的锚杆进行锚固质量检测。

**1. 检测原理**

对于带有螺栓和托板的端锚式锚杆来说,托板和螺母安装后,可通过拧紧压在托板上的螺母使锚杆体受拉,拉力的大小与螺母的拧紧程度有关,拧紧程度又与加在螺母上的力矩有关,所以锚杆上的拉力取决于加在螺母上的力矩。利用锚杆拉力与所加力矩之间的关系,可通过给待检测锚杆螺母施加力矩,来间接确定锚杆的锚固质量。

此外,作用在螺母上的力矩还与螺母和托板之间的摩擦力有关,因此,在锚杆检测前需要通过室内试验建立力矩与锚固力之间的关系,然后据此关系检测锚杆的锚固质量以及锚杆上的预应力。表5-3是某端锚式锚杆的力矩与锚固力对应关系。

直径16mm 锚杆扭力矩与锚固力关系　　　　　　　　　表5-3

| 扭力矩(N·m) | 16 | 32 | 40 | 66 | 80 | 96 | 112 |
|---|---|---|---|---|---|---|---|
| 锚固力(kN) | 5 | 10 | 15 | 20 | 25 | 30 | 35 |

**2. 检测工具**

锚杆螺母扭力矩的量测工具为扭力扳手。扭力扳手是机械装配和机械修理中常用的工具,它由力臂、刻度盘、指标杆和套筒组成[图5-8a)]。力臂为具有一定刚度或弹性的圆杆,力臂上固定着标有扭力矩的刻度盘,在扳手的另一端,固定了一根指示杆。使用时,在力臂的手柄上施加力 $F$,这时会在扳手的另一端出现反力矩 $M$ 与工作力矩 $F \cdot l$ 平衡。在 $F$ 达到最大值 $F_{max}$ 时,$M$ 也达到最大值 $M_{max}$。在 $F_{max}$ 的作用下,具有弹性的力臂本身要产生变形,使钢杆变曲,弯曲的大小可用转角反映。由于指示杆不受力,它不产生任何变形,所以在力臂杆和指示杆之间就出现了角度差,指针偏离最初的零度位置,由指针在刻度盘上的位置可读出力臂杆转角的大小。通过试验室标定,可建立起力臂最大转角 $\alpha_{max}$ 和反力矩 $M_{max}$ 的关系,并据此关系标示刻度盘,便可以从刻度盘上直接读出反力矩 $M_{max}$ 之值[图5-8b)]。

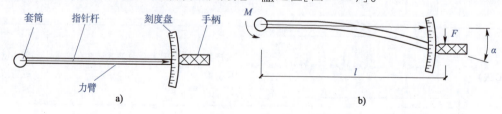

图5-8　扭力扳手

**3. 检测方法**

(1)将套筒套在待测锚杆的螺母上,并将扭力扳手主体与套筒连接。

(2)左手轻按扭力扳手套筒端,右手扳动手柄,同时读取扭力矩的最大读数,并做记录。

(3)根据扭力矩和锚杆拉力之间的对应关系,确定锚杆的拉力。随着扭力矩的增加,锚杆所受的拉力也增加,最终可能出现两种情况:一种是由于锚固质量欠佳,锚固强度较小,锚固端出现滑移,另一种是锚固强度很大,螺栓丝扣处产生颈缩。出现这两种情况都使锚杆失去或减小承载能力,所以相应的试验为破坏性试验。在工程上更常见的是事先确定锚杆应有的锚固力,当测试过程中发现锚杆的锚固力达到要求时,便停止测试,使锚杆仍完好地工作。

扭力扳手还可作为一种锚杆安装工具,因其可对锚杆施加给定量值的预应力,从而可最大限度地对围岩进行主动加固,又能保护锚杆初期锚固强度不遭破坏。

## 任务二 喷射混凝土质量检测与验收

  **一、喷射混凝土施工工艺及要点**

**1. 喷射混凝土施工工艺**

喷射混凝土是指将水泥、砂、石子、外加剂和水按一定的配合比和水灰比拌和而成的混合物,以高压风为动力快速喷至岩体表面而形成的人造石材。喷射工艺使混凝土与岩层高度密贴,从而及时有效地加固围岩,并且由于喷射混凝土具有较大的徐变特性,允许围岩发生一定程度的位移,从而有效地发挥了围岩的自承能力。这亦是新奥法的精髓所在,所以,在新奥法施工中,喷射混凝土支护得到了广泛的应用。

喷射混凝土施工工艺主要有干喷、潮喷及湿喷等,近年来,湿喷工艺已成为铁路、公路及水工隧道施工的主要喷射工艺。

(1)干喷。干喷是将砂、石、水泥按一定的比例干拌均匀投入喷射机,同时加入速凝剂,用高压空气将混合料压送到喷头,再在该处与高压水混合后以高速喷射到岩面上。干喷工艺设备简单,操作方便,使用的粉状速凝剂成本低;但喷射回弹量大,对环境污染严重,所喷射混凝土强度低,属于淘汰工艺。

(2)潮喷。潮喷是将集料、水泥、少量水、增黏剂拌制成水灰比在0.16~0.19内的干硬混凝土,将干硬混凝土和粉状速凝剂加入喷射机料斗,通过压缩空气送至喷头,在喷头内对其再次加水后喷射到岩面上。潮喷是干喷的改进工艺,其回弹量比干喷小,粉尘较少,所喷射混凝土强度比干喷高,适用范围比较广。

(3)湿喷。湿喷是采用拌和机将集料、水泥、水按照配合比拌制成混凝土后,采用湿喷机或配合喷射机械手喷射。湿喷工艺具有喷射回弹量小、粉尘少、对环境污染小、所喷射混凝土强度高的特点,高速铁路隧道施工应采用湿喷工艺。其工艺流程如图5-9所示,湿喷机和喷射机械手如图5-10所示。

**2. 喷射混凝土设计、施工要点**

(1)喷射混凝土的原材料

①水泥应优先采用硅酸盐水泥或普通硅酸盐水泥,强度不得小于42.5MPa,必要时采用可采用特种水泥。

②砂子采用坚硬耐久的中砂或粗中砂,细砂不宜采用。

③石子采用坚硬、耐久的卵石或碎石。石子的最大粒径与混凝土喷射机的输料管直径有

关,一般不宜超过管内径的1/3,亦不宜超过16mm。喷钢纤维混凝土所用的石子,其粒径以小于10mm为宜。

④速凝剂宜采用液体速凝剂,在使用前,应做与水泥的相溶性试验及水泥净浆凝结效果试验,严格控制掺量。

⑤水应采用饮用水为宜,不得使用污水、pH值小于4.5的酸性水和含硫酸盐量(按$SO_4^{2-}$计算)超过1%的水。

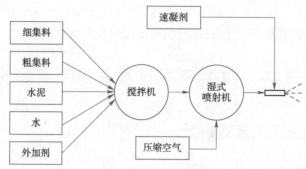

图5-9 湿喷工艺流程

a)湿喷机

b)喷射机械手

图5-10 混凝土喷射机及机械手

(2)喷射混凝土的配合比

喷射混凝土的配合比是指每1m³喷射混凝土中水泥、砂子和石子的质量比例。配合比的选择,应通过试验确定。

(3)喷射现场准备

喷射前,应检查隧道开挖的净空尺寸,凿除欠挖部分,清除松动危岩、浮石和弃渣,用高压水(风)冲洗受喷岩面,引排滴水、漏水,埋设喷射混凝土的厚度标志,准备好回弹物的回收及利用。

(4)喷射作业

要求喷射手有熟练的喷射技术,备料、拌和、运输、上料、供风、供水等环节紧密配合,喷射作业要掌握好如下几个问题:

①喷嘴与受喷岩面之间的距离以1.5~2.0m为宜,角度一般应垂直或稍微向刚喷射过的部位倾斜(不大于10°),拱部应沿径向喷射。

②一次喷射厚度宜为:拱部60~100mm,侧壁80~150mm。分层喷射的间歇时间不应小于喷层的终凝时间。

③喷射应分段、分片、分层作业,按照由下而上、由无水到有水地段的顺序、成S形线路做

螺旋形移动喷射。边墙与拱部的分段分片如图 5-11 所示。

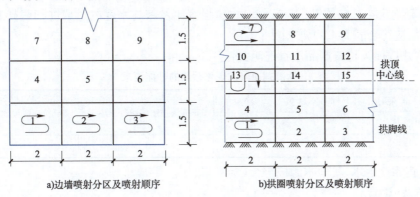

图 5-11　喷射分区及喷射顺序(单位:m)

(5)喷射混凝土的养护

喷混凝土应在终凝后 2h 起开始洒水养护,洒水次数以能保持混凝土具有足够的湿润状态为度。养护期不得少于 14 昼夜。

(6)钢纤维喷射混凝土

①钢纤维直径 0.3~0.8mm,长 20~35mm,长径比 40~80。截面形状为平直或端头带弯钩。材料为碳素钢纤维或不锈钢纤维,抗拉强度不得小于 600MPa。水泥采用强度等级不低于 C42.5 级的普通硅酸盐水泥,单位水泥用量 380~450kg;细集料宜选用干净中砂,砂率 60%~80%;石子最大粒径不超过 10mm。钢纤维的体积率为 1%~1.5%。

②搅拌时,应边搅拌边添加钢纤维,以保证钢纤维在混合料中均匀分布,不得有成团现象。

## 喷射混凝土质量验收要点及标准

### 1. 一般规定

(1)喷射混凝土应采用硅酸盐水泥或普通硅酸盐水泥,必要时可采用特种水泥。水泥进场检验应符合规定。

(2)喷射混凝土宜采用强制式搅拌机搅拌,其搅拌时间应不小于 1.5min。纤维喷射混凝土搅拌时间应通过现场搅拌试验确定。

(3)喷射混凝土应采用湿喷工艺,特殊地质条件下工艺方法应符合设计要求。

(4)喷射混凝土回弹料严禁重复使用。

(5)喷射混凝凝土施工应分段分层作业。分层喷射混凝土时,后一层喷射应在前一层混凝土终凝后进行,一次喷射的最大厚度:拱部不得超过 10cm,边墙不得超过 15cm。

(6)隧道开挖后,应及时喷射混凝土,混凝土终凝到下一循环爆破作业间隔不得小于 3h。

### 2. 主控项目

(1)水泥进场检验应符合《标准》规定。

检验方法:检查产品质量证明文件。

(2)细集料细度模数大于 2.5,含泥量小于 3%,泥块含量小于 0.5%,其他指标符合《标准》规定。

检验方法:试验、检查产品质量证明文件。

(3)粗集料最大粒径小于 16mm,其他指标符合《标准》规定。

检验方法:试验、检查产品质量证明文件。

(4)速凝剂应按其匀质性、凝结时间、抗压强度比及其与水泥的适应性和速凝效果等进行试验,其性能应符合表5-4的要求。

检验方法:试验、检查产品质量证明文件。

**速凝剂净浆及硬化砂浆的性能要求**　　　　　　　　　　　　　　　　表5-4

| 净浆凝结时间(min)不迟于 | | 1d抗压强度(MPa)不小于 | 28d抗压强度比(%)不小于 |
|---|---|---|---|
| 初凝 | 终凝 | | |
| 5 | 10 | 7 | 75 |

(5)水宜用饮用水,其他水源应符合《标准》规定。

检验方法:试验。

(6)喷射纤维混凝土中的纤维品种、规格、质量、力学性能应符合设计及《标准》有关要求。钢纤维不得有锈蚀、油渍,纤维不得有妨碍与水泥黏结的成分及妨碍水泥硬化的化学成分。

检验方法:试验、检查产品质量证明文件。

(7)喷射混凝土配合比应由试验选定,水胶比不大于0.5,水泥(胶凝材料)用量不宜小于400kg/m³。

检验方法:试验。

(8)喷射混凝土早期强度应符合设计要求,C25喷射混凝土24h强度不小于10MPa。

检验方法:贯入法、拔出法、无底试模检测。

(9)喷射混凝土强度必须符合设计要求。

检验方法:试验。

(10)喷射混凝土厚度的检测点数的90%及以上应大于设计厚度。

检验方法:埋钉法、凿孔法、无损检测法。

(11)喷射混凝土终凝2h后,应按施工技术方案采用有效措施进行养护,养护时间不少于14d。

检验方法:观察、检查施工记录。

(12)冬季作业,气温和混合料进入喷射机的温度不应低于5℃。

检验方法:测温。

(13)喷射混凝土与围岩及其他支护结合紧密,背后无空洞、杂物。

检验方法:凿孔法、雷达检测法。

(14)喷射混凝土表面应密实、平整,无裂缝、脱落、漏喷、漏筋、空鼓,锚杆头无外漏。

检验方法:观察。

(15)喷射混凝土工艺应采用湿喷工艺,特殊地质条件下工艺方法应符合设计要求。

检验方法:观察。

3.一般规定

(1)喷射混凝土拌制前,应测定砂、石、含水率,并根据测试结果、环境条件、工作性能要求等及时调整施工配合比。

检验方法:含水率测试。

(2)喷射混凝土拌合物的塌落度应符合设计配合比要求。

检验方法:塌落度试验。

## 喷射混凝土质量检测

### 1. 原材料质量检测

喷射混凝土原材料主要包括:水泥、砂、石子、速凝剂等。提供能满足质量要求的原材料是保证喷射混凝土强度的前提。为保证喷射混凝土质量,必须严把混凝土原材料质量关。

水泥是喷射混凝土最重要的原材料,必须严把水泥进库检查关及使用前检验关。对水泥强度、安全性、凝结时间进行抽样检查,合格者准予使用,不合格者不准进场和用于施工。

为保证喷射混凝土强度,减少粉尘和混凝土硬化后的收缩,减少材料搅拌时水泥的飞扬损失,砂的细度模数、含水率、含泥量及石子颗粒级配、最大粒径等质量指标必须符合《岩土锚杆与喷射混凝土支护工程技术规范》(GB 50086—2015)中的有关规定。

喷射混凝土用水必须是无杂质的洁净水,污水、pH 值小于 4 的酸性水均不得使用。

为加快喷射混凝土的凝结、硬化,提高其早期强度,减少喷射混凝土施工时因回弹和重力而引起的混凝土脱落,增大一次喷射混凝土厚度和缩短分层喷射的间隔时间,常在喷射混凝土中加入速凝剂。速凝剂对于不同品种的水泥,其作用效果也不相同。因此,在使用前应做速凝剂与水泥的相容性试验及水泥净浆凝结效果试验。所采用的速凝剂应保证初凝时间不大于5min,终凝时间不大于10min。

### 2. 抗压强度检测

喷射混凝土强度包括抗压强度、抗拉强度、抗剪强度、疲劳强度、黏结强度等,喷射混凝土强度应是这些强度指标的综合结果。由于这些强度之间存在着一定的内在联系,这就有可能在具体试验中只检测喷射混凝土的某一种强度,并由此推知混凝土的其他强度。其中,喷射混凝土抗压强度是表示其物理力学性能及耐久性的一个综合指标,所以,工程实际往往把它作为检测喷射混凝土质量的重要指标。

(1)试样的制作

①喷大板切割法。

在施工的同时,将混凝土喷射在 45cm×35cm×12cm(可制作 6 块)或 45cm×20cm×12cm(可制作 3 块)的模型内,在混凝土达到一定强度后,加工成 10cm×10cm×10cm 的立方体试块,在标准条件下养生至 28d,进行试验(精确到 0.1MPa)。

②凿方切割法。

采用喷大板切割法,当对强度有怀疑时,可用凿方切割法。在具有一定强度的支护上,用凿岩机打密排钻孔,取出长 35cm、宽 15cm 的混凝土块,加工成 10cm×10cm×10cm 的立方体试块,在标准条件下养生至 28d,进行试验(精确到 0.1MPa)。

③钻孔取芯法。

采用喷大板切割法,当对强度有怀疑时,可用钻孔取芯法。在具有 28d 强度的支护上,用钻孔取芯机钻取并加工成长 10cm、直径 10cm 的圆柱体进行试验(精确到 0.1MPa)。

(2)试样的数量

每一作业循环检验一次,每个循环至少在拱部和边墙各取一组试样(配合比变更时另取一组),每组至少取 3 个试块进行抗压强度试验。

(3)抗压强度质量评定

满足以下条件者为合格,否则为不合格。

①同批(指同一配合比)试块的抗压强度平均值,不低于设计强度。

②任意一组试块抗压强度平均值不得低于设计强度的80%。

③同批试块为3~5组时,低于设计强度的试块组数不得多于1组;试块为6~16组时,低于设计强度的试块组数不得多于两组;17组以上时,不得多于总数的15%。

④检查不合格时,应查明原因并采取措施,可用加厚喷层或增设锚杆的办法予以补强。

### 3. 喷射混凝土厚度的检测

喷射混凝土的厚度指混凝土喷层至隧道围岩接触界面的距离。要达到前述喷射混凝土支护的作用原理和效果,关键是要确保喷射混凝土支护的施工质量。确保喷射混凝土的厚度是确保喷射混凝土质量的前提。所以,喷射混凝土的厚度也是喷射混凝土质量检验的一个重要指标。

(1)检查方法和数量

①喷层厚度可用凿孔或激光断面仪、光带摄影等方法检查。凿孔检查时,宜在混凝土喷后8h以内,用短钎将孔凿出,发现厚度不够时可及时补喷。如混凝土与围岩黏结紧密,颜色相近而不易分辨时,可用酚酞试液涂抹孔壁,碱性混凝土即呈现红色。

②检查断面数量。全断面开挖:1次/循环;分部开挖法:1次/3~5m。每个断面从拱顶起,每2m一个检查点。

(2)合格条件

①检测点数的90%及以上应大于设计厚度。

②当发现喷射混凝土表面有裂缝、脱落、露筋、渗漏水情况时,应予修补,凿除重喷或进行整治。

### 4. 喷射混凝土与围岩黏结强度检测

(1)试样的制作方法

①成型试验法。

在模型内放置面积为10cm×10cm×5cm且表面粗糙度近似于实际情况的岩块,用喷射混凝土掩埋。在混凝土达到一定强度后,加工成10cm×10cm×10cm的立方体试块,在标准条件下养生至28d,将试件放置于压力试验机承压台上,使试件成型面垂直于承压面,用劈裂法进行试验。

②直接拉拔法。

在围岩表面预先设置带有丝扣和加力板的拉杆,用喷射混凝土将加力板埋入,喷层厚度约10cm,试件面积约30cm×30cm(周围多余的部分应予以清除)。经28d养生,进行拉拔试验。

(2)强度标准

喷射混凝土与岩石的黏结力,Ⅰ~Ⅲ级围岩不低于0.8MPa,Ⅳ级围岩不低于0.5MPa。

### 5. 喷射混凝土粉尘、回弹检查

喷射混凝土施工过程中,部分混凝土由隧道岩壁跌落到底板的现象称为回弹。回弹下来的混凝土数量与喷射混凝土总数量之比,就是喷射混凝土的回弹率。喷射混凝土施工过程中,回弹率也是检验喷射混凝土施工质量的一项检测指标。

在施工过程中,应经常进行喷射混凝土粉尘与回弹率的检查。要求拱部回弹率不超过40%,边墙不超过30%;挂钢筋网后,回弹率限制可放宽5%。应尽量采用新技术、新工艺减少喷射混凝土的回弹。

### 6. 其他检测

当有特殊要求时,应对喷射混凝土的抗拉强度、弹性模量、抗渗性等项目进行试验。

## 四 施工质量评判

### 1. 匀质性

喷射混凝土强度的匀质性,可用现场 28d 龄期同批 $n$ 组试块抗压强的标准差 $S_n$ 和变异系数 $V_n$ 表示。

$$S_n = \sqrt{\frac{1}{n-1} \sum_{i=1}^{n} (R_i - \overline{R_n})^2} \quad (\text{MPa}) \tag{5-2}$$

$$V_n = \frac{100 S_n}{\overline{R_n}} \quad (\%) \tag{5-3}$$

式中:$n$ —— 同批试块的组数;
$R_i$ —— 第 $i$ 批试块的强度代表值(MPa);
$\overline{R_n}$ —— 同批 $n$ 组试块强度的平均值(MPa),按下式计算。

$$\overline{R_n} = \frac{1}{n} \sum_{i=1}^{n} R_i \quad (\text{精确到 } 0.1\text{MPa}) \tag{5-4}$$

因为喷射混凝土由非匀质材料组成,在施工中影响混凝土强度的因素较多,故强度离散性较大。根据国内喷射混凝土施工状况,并参考国内现浇混凝土的强度判别指标,将喷射混凝土施工质量判别条件列于表 5-5。

喷射混凝土的匀质性指标  表 5-5

| 项　　目 | | 施工控制水平 | 优 | 良 | 及格 | 差 |
|---|---|---|---|---|---|---|
| 标准差 $S_n$ (MPa) | | 母体的离散 | <4.5 | 4.5~5.5 | 5.5~6.5 | >6.5 |
| | | 一次试验的离散 | <2.2 | 2.2~2.7 | 2.7~3.2 | >3.2 |
| 变异系数 $V_n$ (%) | | 母体的离散 | <15 | 15~20 | 20~25 | >25 |
| | | 一次试验的离散 | <7 | 7~9 | 9~11 | >11 |

### 2. 抗压强度

同批试件组数 $n \geq 10$ 时,试件抗压强度平均值不低于设计值,任一组试件抗压强度不低于设计值的 0.85。

同批试件组数 $n < 10$ 时,试件抗压强度平均值不低于设计值的 1.05,任一组试件抗压强度不低于设计值的 0.9。

## 任务三　钢架施工质量检测与验收

  钢架的构造及设计、施工要点

当隧道围岩软弱破碎严重,自稳性差,开挖后易产生过度变形时,可采用钢架、喷射混凝土、锚杆作为联合支护。钢架具有架设后立即承受荷载、强度和刚度均较大、可承受开挖时引起的松动压力等特点,通常用于 Ⅳ~Ⅵ 级围岩。

## 1. 钢架的构造

根据钢材种类的不同,目前我国铁路隧道施工中常用的钢架可分类如下:

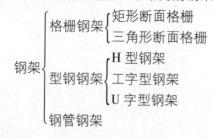

(1) 格栅钢架

钢格栅是目前工程上用量最大的钢架,它是由钢筋焊接而成,在断面上有矩形和三角形之分。主筋弯曲成与隧道开挖断面相同的形状与尺寸,次筋(构造筋)作波形弯折焊接在主筋上。主筋材料采用 HRB335 钢筋或 HPB235 钢筋,直径一般不小于 22mm,次筋根据具体情况选用。为了便于施工,每副钢格栅都分成若干节,一般为 3~5 节。节间加工为法兰,选用螺栓固定连接之后焊接。钢格栅的特点是初期可作为普通钢架支撑及时支护围岩,后期可与喷射混凝土形成钢筋混凝土,钢材利用充分。

(2) 型钢钢架

用于加工钢架的型钢有 H 型钢、工字型钢和 U 型钢,它们都是在施工现场或工厂用专用弯曲机冷弯形成的。型钢的规格由隧道工程地质条件的几何特征决定。每副型钢架也分成 3~5 节加工、安装。其中,H 型钢和工字型钢架节间为专用的卡具,上下两 U 型钢节嵌套在一起,形成整副钢架。型钢钢架的基本特点是强度高、安装方便、利于安全施工。需要指出的是,U 型钢架还具有特殊的工程特性。由于钢架节间是上下嵌套,而不是法兰对接,所以当围岩变形较大,对支撑施工的荷载过大时,U 型钢架可产生一定的收缩变形,允许围岩发生一定量的变形,从而减小作用在钢架上的压力,保证钢架不被压坏并以更大的支护能力来维护围岩的稳定。U 型钢架的可缩性特点在许多软岩隧道的支护中发挥了重要作用。

(3) 钢管钢架

钢管钢架通常用于隧道局部不良地质地段围岩的加固,钢管直径在 10cm 左右,现场常采用冷弯法加工。施工中分节拼装对焊,在架底和拱顶留有注浆孔和排气孔,安装就位后,用注浆泵从架底注浆孔向管内灌注砂浆,直到拱顶排气孔出浆为止。钢管支撑的特点是钢管的力学特性对称,后期灌浆使钢架的承载能力显著增加。

## 2. 钢架的设计、施工要点

(1) 钢架的截面高度应与喷射混凝土厚度相适应,一般为 10~18cm,最大不超过 20cm,且要有一定保护层。

(2) 钢架底脚应置于牢固的基础上,安装前,应清除底脚下的虚渣及杂物。钢架的底脚应有一定的埋置深度,以保证拱架脚的稳定。一般可以采取的措施有垫石、垫板、纵向托梁、锁脚锚杆等。

(3) 各节钢架拼装要求尺寸准确,弧形圆顺,不得有假焊、漏焊现象,焊缝表面不得有裂纹、焊瘤等缺陷。首批加工好的钢架在使用前应试拼装。

(4) 钢架应尽量密贴围岩并与锚杆焊接牢固,钢架之间应按设计采用纵向连接钢筋连接牢固。

(5) 喷射混凝土时,应注意将钢架与岩面之间的间隙喷射密实,先喷射钢架与围岩间的空隙,再喷射钢架与钢架间的混凝土,钢架与喷射混凝土形成整体,钢架应全部被喷射混凝土覆盖,保护层厚度不得小于40mm。

(6)可缩性钢架的可缩性节点不宜过早喷射混凝土。应待其收缩合拢后,再补喷混凝土。

##  钢架施工质量验收要点及标准

### 1. 一般规定

(1)钢架应工厂化制造,出厂前必须进行检验、试拼装。当采用格栅钢架时,应采用八字结格栅钢架。

(2)钢架应在隧道开挖后或初喷混凝土后及时架设。

(3)钢架底脚应置于牢固的基础上,否则应设钢垫板或用混凝土填充。

(4)钢架与围岩或初喷层间的间隙应采用喷射混凝土填实。

(5)钢架保护层垫块材质应符合设计要求。

### 2. 主控项目

(1)钢筋或型钢的力学性能、工艺性能、品种、规格等,应符合《标准》及设计要求。

检验方法:观察、试验、检查产品质量证明。

(2)格栅钢架钢筋的弯制和末端的弯钩及型钢钢架的弯制,应符合设计要求。

检验方法:观察、尺量。

(3)钢架安装不得侵入二次衬砌断面,相邻钢架及各节钢架的连接应符合设计要求。

检验方法:观察、尺量。

(4)沿钢架外缘每隔2m应用保护层垫块与初喷层或围岩顶紧,钢架与围岩或喷层的间隙用喷射混凝土填密实。

检验方法:观察。

### 3. 一般项目

(1)钢筋、型钢等原材料应平直、无损伤,表面不得有裂纹、油污、颗粒状或片状锈蚀。

检验方法:观察。

(2)钢架制作应符合下列规定:

①采用型钢弯制钢架时,分节长度应根据设计尺寸及所采用的开挖方法确定,各节应不大于4m,腹板上钻孔位置应符合设计要求。

②节点焊接长度应大于4cm,且对称焊接。

③周边拼装允许偏差为±3cm,平面翘曲应小于2cm。

(3)钢架安装允许偏差应符合表5-6规定。

检验方法:观察、尺量。

钢架安装允许偏差  表5-6

| 序号 | 项目 | 允许偏差 | 检查方法和数量 |
| --- | --- | --- | --- |
| 1 | 间距 | ±100mm | 测量、尺量:每榀检查1次 |
| 2 | 横向 | ±50mm | |
| 3 | 高度 | ±50mm | |
| 4 | 垂直度 | ±2° | |

## 三 钢架施工质量检测

钢架一般都用在围岩条件较差的区段,因其质量欠佳导致围岩片帮冒顶、坍塌失稳的工例屡见不鲜。因此,必须重视钢架的加工与安装质量的检测,防患于未然,确保施工安全。

### 1. 加工质量检测

(1) 加工尺寸。钢架加工尺寸应符合设计要求。隧道的开挖断面是一定的,钢架的尺寸应与之相配套。如果其尺寸与设计尺寸稍有出入,就可能给施工带来不便,同时,还将影响安装质量,降低使用效果。

(2) 强度和刚度。钢架必须具备足够的强度和刚度。如果地质条件复杂,钢架用量较大,应对钢架的强度和刚度进行抽检,将一定数量的钢架样品放到试验台上进行加载试验,建立荷载与变形的关系,分析计算钢架的强度和刚度。

(3) 焊接。钢架加工时广泛应用焊接,焊接质量是加工质量的重要组成部分,对于钢格栅焊接尤其重要。检测时,要注意焊缝长度、深度是否符合要求。

### 2. 安装质量检测

(1) 安装尺寸。对于不同级别的围岩,设计中钢架有具体的安装间距,施工中容易将此间距拉大,检测时应用钢卷尺测量,其误差不应超过10cm。另外,应注意量测钢架拱顶的高程,要求钢架不得侵入二次衬砌断面。

(2) 倾斜度。钢架在平面上应垂直于隧道中线,在纵断面上其倾斜度不得大于2°。在平面上检测可用直角尺,在纵断面上检测可用坡度规。

(3) 连接与固定。钢架之间必须用纵向钢筋连接,脚部必须放在牢固的基础上,并设置锁脚锚杆或锚管。钢架应尽量靠近围岩,钢架与围岩之间的间隙应设垫块。目前,钢架一般都作为衬砌骨架,所以,施工过程中尤其要检查钢架与锚杆的连接,要保证焊接密度与焊接质量,最终使锚杆、钢架和衬砌形成整体承载结构。

## 任务四 钢筋网施工质量检测与验收

## 一 钢筋网构造及施工要点

在隧道围岩松散破碎地段,经常在初期支护中加挂钢筋网,以减少喷射混凝土的应力集中,提高喷层的强度和抗裂性。钢筋网一般采用直径 6~8mm 的钢筋焊接而成,网格 15cm×15cm 或 20cm×20cm,网片边长为 1~1.5m。如图 5-12 所示。

钢筋网预先在钢筋加工场加工成型,在现场焊接成整体。钢筋网通常在初喷混凝土与锚杆施作完成之后安设,利用多功能作业台架,人工沿开挖岩面一环一环铺设,钢架网片之间用焊接连接,施工中可以用钻孔设备辅助固定钢筋网,使其尽量与岩面密贴,钢筋网片施工布置图如图 5-13 所示。

钢筋网施工时,应注意以下几点:

(1) 钢筋网与钢筋网、钢筋网与锚杆、钢筋网与钢架连接筋点焊在一起,使钢筋网在喷射时不晃动。

(2) 钢筋网应随受喷面的起伏铺设,与受喷面的间隙不大于3cm,与锚杆或其他固定装置连接牢固。

（3）围岩破碎地段应先挂铺钢筋网，钢架网片贴紧岩层后再喷射混凝土。

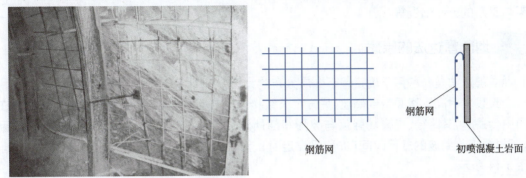

图 5-12　钢筋网　　　　　　　图 5-13　钢筋网片安装布置图

 **钢筋网施工质量检测与验收**

钢筋网施工质量验收要点及标准如下：

1. 一般规定

（1）钢筋网应在岩面喷射一层混凝土后，再铺挂。

（2）钢筋网与岩面之间喷射混凝土应密实、无空洞。

（3）有脱落的石块或混凝土块被钢筋网卡住时，应及时清除。

2. 主控项目

（1）钢架网所用钢筋原材料进场检验、品种、规格及钢筋网制作，应符合《标准》规定及设计要求。

检验方法：观察、尺量。

（2）钢筋网安装位置应符合设计要求，并与锚杆或其他固定装置连接牢固。

检验方法：观察、尺量。

（3）双层钢筋网施工时，第二层应在第一层被混凝土覆盖及终凝后铺设。

检验方法：观察、检查施工记录。

3. 一般项目

（1）网格间距与尺寸间距应符合设计要求，尺寸允许偏差 ±10mm。

检验方法：尺量。

（2）钢筋网搭接长度应为 1~2 个网孔，允许偏差 ±50mm。

检验方法：尺量。

（3）钢架应冷拉调直后使用，钢架表面不得有裂纹、油污、颗粒状或片状锈蚀。

检验方法：观察。

## 任务五　地质雷达法探测初期支护背部空洞

支护（衬砌）背后与围岩之间存在空洞时，会导致围岩松弛，使支护结构产生弯曲应力，从而损伤支护结构的功能，降低其承载能力，极大地影响了隧道的安全使用。因此，目前对隧道支护(衬砌)背后空洞的探测引起了人们更多的关注。支护(衬砌)背后空洞探测常用地质雷达法。该方法已广泛应用于检测支护(衬砌)厚度、支护(衬砌)背后的回填密实度、衬砌内部钢架与钢筋的分布情况等。

## 一 地质雷达法的原理

地质雷达法是一种用于确定地下介质分布的光谱(1MHz~1GHz)电磁技术。地质雷达利用一个天线发射高频宽频带电磁波,另一个天线接收来自地下介质界面的反射波。电磁波在介质中传播时,其路径、电磁场强度与波形将随所通过介质的电性质及几何形态而变化。因此,可根据接收到波的旅行时间(亦称双程走时)、波幅与波形资料,推断介质的结构。其原理如图5-14所示。

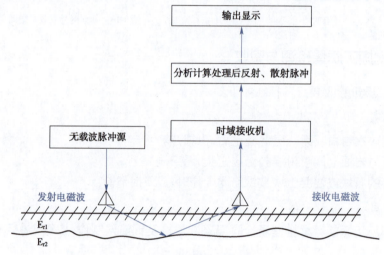

图5-14 雷达探测原理示意图

实测时,将雷达的发射和接收天线密贴于喷层表面,雷达波通过天线进入混凝土衬砌中,遇到钢筋、钢架、材质有差别的混凝土、混凝土中间的不连续面、混凝土与空气分界面、混凝土与岩石分界面、岩石中的裂面等时,会产生反射,接收天线接收到反射波,测出反射波的入射、反射双向走时,就可计算出反射波走过的路程长度,从而求出天线距反射面的距离 $D$,即下式:

$$D = v \cdot \frac{\Delta t}{2} \tag{5-5}$$

式中:$D$——天线到反射面的距离(km);

$\Delta t$——雷达波从发射至接收到反射波的走时,用 ns(纳秒,$1\text{ns} = 10^{-9}\text{s}$)计;

$v$——雷达波的行走速度(km/s)。

可以用几何光学的概念来看待直线传播雷达波的透射和反射,即下式:

$$v = \frac{C_0}{\varepsilon^{1/2}} \tag{5-6}$$

式中:$C_0$——雷达波在空气中的传播速度(30cm/ns);

$\varepsilon$——介电常数,由波所通过的物质决定。即物体中的雷达波速由其介电常数决定。如空气的 $\varepsilon = 1$,水的 $\varepsilon = 81$,混凝土的 $\varepsilon = 4 \sim 10$。实际上,雷达波之所以会在物体界面产生反射,是因为界面两侧物质介电常数不同。

雷达天线可沿所测测线连续滑动,所测的每个测点的时间曲线可以汇成时间剖面图像。

从一个测点的反射波时间曲线上去判别初支背后有无空洞是困难的,但由多个测点接收到的同一反射面的反射波汇成一定图像,就能直观地反映出各种不同的反射面。例如,一个与测量平面近于平行的反射面,如衬砌的外缘面,在时间剖面上就是与时间 0 基线近于平行的线,衬砌与岩体交界面的起伏(反映了衬砌厚薄变化)表现为有起伏的图像;钢架的反射图像可能是一双曲线,在彩色或黑色灰度的图上也可能呈现一个个圆点;突入衬砌中的小块岩石、衬砌背后的空洞、两层衬砌间的空隙则多呈双曲线图像。根据这些图像即可辨别不同的物体。时间剖面图像是地质雷达成果的基本图件,其横坐标为雷达波反射走时,可以用黑白波形显示、黑白度显示、彩色色块显示等形式。可用专用分析软件对所测图像进行分析。

## 地质雷达探测系统组成

地质雷达探测系统由地质雷达主机、天线、便携式计算机、数据采集软件、数据分析处理软件等组成(图 5-15)。

a) 主机     b) 天线

图 5-15 地质雷达组成部分

地质雷达主机技术指标应符合以下要求:系统增益不低于 150db;信噪比不低于 60db;模数转换不低于 16 位;信号叠加次数可选择;采样间隔一般不大于 0.5ns;实际虑波功能可选择;具有点测与连续测量功能;具有手动或自动位置标记功能;具有现场数据处理功能。

地质雷达天线可采用不同频率的天线组合,技术符合以下要求:具有屏蔽功能;最大探测深度大于 2m;垂直分辨频率应高于 2cm。通常用于隧道质量检测的天线频率为 400MHz 或 900MHz。

## 现场检测

### 1. 测线布置

隧道施工过程中,质量检测以纵向布线为主,横向布线为辅。纵向布线的位置应在隧道拱顶、左右拱腰、左右边墙和隧道底各布 1 条,如图 5-16 所示。横向布线可按检测内容和要求布设线距,一般情况线距 8~12m,采用点测时每断面不小于 6 个点。检测中发现不合格地段应加密测线或测点。

隧道竣工验收时,质量检测应纵向布线,必要时可横向布线。纵向布线的位置应在隧道拱顶、左右拱腰和左右边墙各布 1 条,横向布线线距 8~12m,采用点测时每断面不少于 5 个点。需确定回填空洞规模和范围时,应加密测线或测点。

大跨度隧道应在隧道拱顶部位增加2条测线。

测线每5~10m应有1个里程标记。

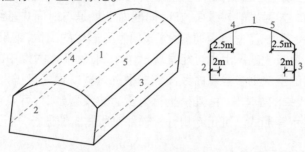

图5-16　地质雷达测斜布置示意图

1-拱顶测线;2-边墙测线;3-边墙测线;4-拱腰测线;5-拱腰测线

### 2. 介质参数标定

(1) 检测前,应对衬砌混凝土的介电常数或电磁波速做现场标定,且每座隧道应不少于1处,每处实测不少于3次,取平均值为该隧道的介电常数或电磁波速。当隧道长度大于3km、衬砌材料或含水率变化较大时,应适当增加标定点数。

(2) 标定方法:

①在已知厚度部位或材料与隧道相同的其他预制件上测量;

②洞口或洞内避车洞处使用双天线直达波法测量;

③钻孔实测。

(3) 求取参数时,应具备以下条件:

①标定目标体的厚度一般不小于15cm,且厚度已知;

②标定记录中界面反射信号应清晰、准确。

(4) 标定结果应按下式计算:

$$\varepsilon_r = \left(\frac{0.3t}{2d}\right)^2 \tag{5-7}$$

$$v = \frac{2d}{t} \times 10^9 \tag{5-8}$$

式中:$\varepsilon_r$——相对介电常数;

$v$——电磁波速(m/s);

$t$——双程旅行时间(ns);

$d$——标定目标体厚度或距离(m)。

### 3. 测量时窗的确定

测量时窗由下式确定:

$$\Delta T = \frac{2d\sqrt{\varepsilon_r}}{0.3} \cdot a \tag{5-9}$$

式中:$\Delta T$——时窗长度(ns);

$a$——时窗调整系数,一般取1.5~2.0;

其他参数意义同式(4-7)。

### 4. 扫描样点数确定

扫描样点数由下式确定:

$$S = 2\Delta T f K \times 10^{-3} \tag{5-10}$$

式中：$S$ ——扫描样点数；

$\Delta T$ ——时窗长度（ns）；

$f$ ——天线中心频率（MHz）；

$K$ ——系数，一般取 6~10。

### 5. 纵向布线

纵向布线应采用连续测量方式，扫描速度不得小于 40 道（线）/S，特殊地段或条件不允许时可采用点测方式，测量点距不宜大于 20cm。

### 6. 检测工作注意事项

（1）测量前，应检查主机、天线以及运行设备，使之均处于正常状态。

（2）测量时，应确保天线与衬砌表面密贴（空气耦合天线除外）。

（3）检测天线应移动平衡、速度均匀，运动速度宜为 3~5km/h。

（4）记录应包括记录测线号、方向、标记间隔以及天线类型等。

（5）当需要分段测量时，相邻测量段接头重复长度不应小于 1m。

（6）应随时记录可能对测量产生电磁影响的物体（如渗水、电缆、铁架等）及其位置。

（7）应准确标记测量位置。

## 四 数据处理与解释

（1）原始数据处理前应回放检验，数据记录应完整、信号清晰，里程标记准确。不合格的原始数据不得进行处理与解释。

（2）数据处理与解释软件应使用正式认证的软件或经鉴定合格的软件。

（3）数据处理与解释可采用 4~6 流程。

（4）数据处理应符合：确保位置标记准确、无误；确保信号不失真，有利于提高信噪比。

（5）解释工作应符合以下要求：

①解释应在掌握测区内物性参数和衬砌结构的基础上，按由已知到未知和定性指导定量的原则进行；

②根据现场记录，分析可能存在的干扰体位置与雷达记录中异常关系，准确区分有效异常与干扰异常；

③应准确读取双程旅行时间的数据；

④解释结果和成果图件应符合衬砌质量检测要求。

（6）衬砌界面应根据反射信号的强弱、频率变化及延伸情况确定。

（7）衬砌厚度应由下式确定：

$$d = \frac{0.3t}{2\sqrt{\varepsilon_r}} \tag{5-11}$$

或

$$d = \frac{1}{2}vt \times 10^{-9} \tag{5-12}$$

式中：$d$ ——衬砌厚度（m）；

$\varepsilon_r$ ——相对介电常数；

$v$ ——电磁波速（m/s）；

$t$ ——双程旅行时间(ns)。

(8)衬砌背后回填密实度的主要判定特征。

①密实:信号幅度较弱,甚至没有界面反射信号;

②不密实:衬砌截面的强反射信号同相轴呈绕射弧形,且不连续,较分散;

③空洞:衬砌界面反射信号强,三振相明显,在其下部仍有强反射界面信号,两组信号时程差较大。

(9)衬砌内部钢架、钢筋位置分布的主要判定特征。

①钢架:分散的月牙形强反射信号;

②钢筋:连续的小双曲线形强反射信号。

(10)铁路隧道地质检测雷达波相示例。如图5-17所示。

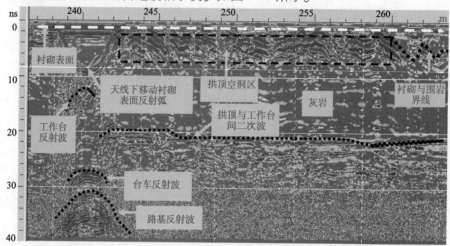

图5-17　铁路隧道地质雷达检测波相示例

## 【能力训练】

借助校内外实训基地,在熟悉图纸中初期支护结构构造的基础上,开展隧道初期支护施工质量检测能力训练,训练项目如下:

1.观察锚杆、钢架、钢筋网原材料外观质量是否符合《标准》及设计要求。

2.钢尺测量锚杆的孔径、孔距、孔深是否符合《标准》规定及设计要求;用锚杆拉拔仪和扭力扳手测定锚杆拉拔力,计算并做好记录;用声波反射法测定锚杆的砂浆注满度,通过对波形的判断评定锚杆锚固质量。

3.运用喷大板切割法、凿方切割法、钻孔取芯法进行喷射混凝土强度及黏结强度检测,计算喷射混凝土的强度及黏结强度,判断是否符合设计要求。

4.埋钉法、凿孔法、激光断面仪法测量喷层厚度,判断是否符合设计要求。

5.使用地质雷达检测初期支护背后空洞,利用雷达波判断是否存在空洞及空洞位置、范围,提出补救措施。

6.隧道初期支护施工质量评定。

7.隧道初期支护检验批质量验收记录表填报。

# 项目六

# 隧道施工监控量测质量检查与验收

**【能力目标】**

通过学习,具备熟练运用观察、尺量、仪器测量、检查监测记录等方法进行隧道监控量测实施质量验收的能力。

**【知识目标】**

了解隧道监控量测项目及各项目的测点测线布置、监测频率及监测方法,熟悉隧道监控量测质量的验收标准及要求。

**【工作任务】**

1. 认识隧道监控量测项目;
2. 熟悉各监测项目的测点测线布置、监测频率及监测方法;
3. 熟悉隧道监控量测质量验收标准及要求;
4. 监控量测实施质量评定。

## 任务一　监控量测的认识

### 一、量测的意义

通过量测及时掌握围岩的动态及支护作用的效果,以修正设计,指导施工。量测是新奥法施工的必要环节,也是隧道实现动态设计、动态施工的必要手段。

### 二、量测项目

量测项目分为必测项目和选测项目,见表6-1。必测项目是所有隧道要求必须量测的项目;选测项目是根据隧道工程地质条件及实际需要的不同,可以选择进行的项目。

铁路隧道量测项目　　表6-1

| 序号 | 监测项目 | 常用量测仪器 | 备注 |
| --- | --- | --- | --- |
| 必测项目 | | | |
| 1 | 洞内、外观察 | 现场观察、数码相机、罗盘仪 | |
| 2 | 拱顶下沉 | 水准仪、钢挂尺或全站仪 | |
| 3 | 净空变化 | 收敛计或全站仪 | |
| 4 | 地表沉降 | 水准仪、铟钢尺或全站仪 | 隧道浅埋段 |
| 选测项目 | | | |
| 1 | 围岩压力 | 压力盒 | |
| 2 | 钢架内力 | 钢筋计、应变计 | |
| 3 | 喷混凝土内力 | 混凝土应变计 | |
| 4 | 二次衬砌内力 | 混凝土应变计、钢筋计 | |
| 5 | 初期支护与二次衬砌间接触压力 | 压力盒 | |
| 6 | 锚杆轴力 | 钢筋计 | |
| 7 | 围岩内部位移 | 多点位移计 | |
| 8 | 隧底隆起 | 水准仪、铟钢尺或全站仪 | |
| 9 | 爆破振动 | 振动传感器、记录仪 | |
| 10 | 孔隙水压力 | 水压计 | |
| 11 | 水量 | 三角堰、流量计 | |
| 12 | 纵向位移 | 多点位移计、全站仪 | |

**1. 必测项目**

(1)洞内外状态观察。每一循环进尺都必须进行一次洞内状态观察,并做好详尽的记录。观察内容主要包括两个方面:

①工程地质和水文地质情况观察:包括岩石名称、岩层产状、风化程度、节理裂隙及断层破碎带的产状、地下水的分布状况等。从而验证围岩分级,检验设计的合理性,判定施工方法是否得当。

②工作面附近初期支护作用效果的观察:包括锚杆锚固的效果、喷层的工作状态(如是否

开裂脱落)、模筑混凝土的整体性、防水效果等。

(2) 周边位移量测。周边位移指坑道周边两个点之间的相对位移,能直接反映坑道开挖后围岩的位移方向,故周边位移量测是量测的主要项目之一,一般用位移计或收敛计量测。

(3) 拱顶下沉量测。用以测量拱顶点的绝对下沉量。拱顶点是隧道周边上的一个特殊点,其下沉量具有较强的代表性。拱顶下沉量测可用水准仪量测。

### 2. 选测项目

(1) 地表下沉量测。隧道埋深较浅时,坑道的开挖会引起地表产生一定的下沉。故在浅埋隧道、软岩、城市地铁等工程中,经常需要进行地表下沉量测,用来确定下沉的范围、量值。用高精度的水准仪即可测量。

(2) 围岩内部位移量测。测定围岩体内的位移值,用以了解隧道围岩的径向位移分布和松弛区域范围,从而决定锚杆的设置长度。方法是在围岩内部安设位移计来获取围岩内部位移数据。

(3) 锚杆轴力量测。通过量测锚杆的变形,求出锚杆的轴力,用以修正锚杆的设计参数。用电测锚杆、锚杆测力计等量测。

(4) 衬砌应力量测。测定衬砌与围岩之间、衬砌与初期支护之间的接触应力。用于研究衬砌的应力分布以及外荷载的情况,作为分析和判定安全性的依据。用预埋压力盒量测。

(5) 弹性波速测定。通过测试围岩的弹性波速度,确定围岩的性质,评价松弛区的范围,以及与围岩试件试验一起,推断围岩的强度。用声波仪测定。

## 测试断面选择及测线、测点、测孔布设

### 1. 测试断面选择

测试断面分单一测试断面和综合测试断面,综合测试断面将各种测试项目在一个断面内完成,便于校验各项测试结果,使测试结果更为可靠。

隧道工程现场的量测断面一般均沿隧道纵向间隔布设。量测断面的间距因量测项目的不同而不同,但一般情况下,应保证每一种围岩至少应该有一个量测断面。量测断面的间距规定大致有 3 种:

(1) 拱顶下沉与周边位移量测一般布设在同一个断面上。间距要求见表 6-2。

拱顶下沉、周边位移测试断面间距　　　　　　表 6-2

| 围 岩 级 别 | 断面间距(m) |
|---|---|
| Ⅴ ~ Ⅵ | 5 ~ 10 |
| Ⅳ | 10 ~ 30 |
| Ⅲ | 30 ~ 50 |

(2) 地表下沉量测与埋深关系很大,测试断面间距要求见表 6-3。

地表下沉量测测试断面间距　　　　　　表 6-3

| 隧道埋深与开挖宽度 | 纵向测点间距(m) |
|---|---|
| $2B < H_0 < 2.5B$ | 20 ~ 50 |
| $B < H_0 \leq 2B$ | 10 ~ 20 |
| $H_0 \leq B$ | 5 ~ 10 |

(3)其他量测项目一般都可布设在综合测试断面上,断面间距一般为200~500m。

## 2. 周边位移测线布置

其测线数目根据隧道开挖方法、埋深、有无偏压等因素确定,见表6-4,如图6-1所示。

周边位移量测测线布置　　　　　表6-4

| 地段<br>开挖方法 | 一般地段 | 特殊地段 |
|---|---|---|
| 全断面法 | 1条水平测线 | — |
| 台阶法 | 每台阶1条水平测线 | 每台阶1条水平测线,2条斜测线 |
| 分部开挖法 | 每分部1条水平测线 | CD或CRD法上部、双侧壁导坑法左右侧部,每分部1条水平测线,2条斜测线、其余分部1条水平测线 |

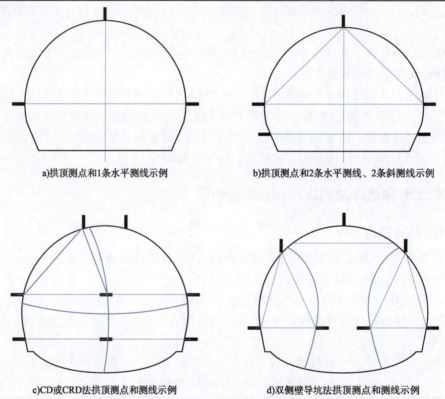

a)拱顶测点和1条水平测线示例　　　b)拱顶测点和2条水平测线、2条斜测线示例

c)CD或CRD法拱顶测点和测线示例　　d)双侧壁导坑法拱顶测点和测线示例

图6-1　周边位移量测测点与测线布置示意图

## 3. 围岩内部位移量测测孔布置

围岩内部位移量测测孔布置与周边位移测线相应布置,以便使两项测试结果相互验证,如图6-2所示。

## 4. 锚杆轴力量测锚杆位置设置

根据设计的锚杆位置来确定,可参照围岩内部位移测孔布置。

## 5. 衬砌应力量测测点布置

在有代表性的部位布点,如拱顶、拱脚、墙角、拱腰、墙腰等,并应与锚杆应力量测对应布置。另外,在有偏压、底鼓压力等特殊情况下应特殊布置。如图6-3所示。

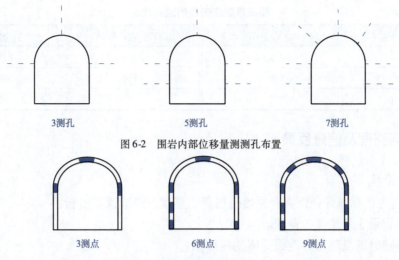

图6-2 围岩内部位移量测测孔布置

图6-3 衬砌应力量测测点布置

### 6.地表下沉量测测点布置

地表下沉量测测点应布置在洞室中轴线上方的地表或地中(钻孔),在主点的横断面上也应布置必要的测点。此外,在沉降区以外应布置测点作为参照。如图6-4所示。

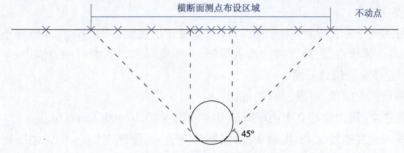

图6-4 地表下沉量测测点布置

## 四、量测期、量测频率

### 1.量测期

开始时间:开挖后立即进行量测,以便获取最初始数据。

结束时间:围岩变形基本稳定之后再持续2周左右。

### 2.量测频率

必测项目的监测频率应根据测点距开挖面的距离及位移速度分别按表6-5和表6-6确定。由位移速度决定的监测频率和由距开挖面的距离决定的监测频率之中,原则上采用较高的频率值。出现异常情况或不良地质时,应增大监测频率。选测项目监测频率应根据设计和施工要求以及必测项目反馈信息的结果确定。

表6-5 按距开挖面距离确定的监测频率

| 监测断面距开挖面距离(m) | 监测频率 | 监测断面距开挖面距离(m) | 监测频率 |
|---|---|---|---|
| (0~1)B | 2次/d | (2~5)B | 1次/2~3d |
| (1~2)B | 1次/d | >5B | 1次/7d |

注:B为隧道开挖宽度。

按位移速度确定的监测频率 表6-6

| 位移速度(mm/d) | 监测频率 | 位移速度(mm/d) | 监测频率 |
| --- | --- | --- | --- |
| ≥5 | 2次/d | 0.2~0.5 | 1次/3d |
| 1~5 | 1次/d | <0.2 | 1次/7d |
| 0.5~1 | 1次/2~3d | | |

## 五 数据整理及信息反馈

### 1. 数据整理

每次量测应认真做好记录并对原始资料予以整理。形成以下资料：
(1)原始记录表及测点布置图。
(2)位移随时间及随与开挖面距离的曲线图。
(3)位移速度随时间及随与开挖面距离的曲线图。
(4)位移加速度随时间及随与开挖面距离的曲线图。
在以上资料中应同时记入开挖、喷射混凝土、锚杆等施工工序和时间,并将位移警戒线和极限值算出来。

### 2. 信息反馈

量测的目的在于修正设计、指导施工,信息反馈正是量测目的的体现。根据不同项目的量测结果,评价设计是否合理、施工方法是否得当,并据此采取措施做相应的修正。

(1)周边位移量测信息反馈

周边位移允许收敛值,可参看有关规范。

允许收敛速度:周边位移0.1~0.2mm/d;拱顶下沉0.07~0.15mm/d。

允许收敛加速度曲线,如出现蠕变曲线,即先减速,后等速或加速,则说明围岩不稳定。

反馈:收敛,则位移稳定性好,可以进行衬砌;不收敛,则应加强支护。

(2)围岩内部位移量测信息反馈

若松动区加大,应加长锚杆,调整施工措施。

(3)锚杆轴力量测信息反馈

若锚杆轴力小于锚杆强度,安全;若锚杆轴力大于锚杆强度,则锚杆应加强或加密。

(4)围岩压力量测信息反馈

若围岩压力大而变形不大,应释放掉部分应力;若围岩压力大而变形也大,应加强支护;若围岩压力小而变形大,可能失稳,应加强初期支护,并及时施作二次衬砌。

(5)地表下沉量测信息反馈

如地表下沉量过大或有增加趋势时,应加强支护,缩短进尺,或进行预支护。

## 任务二 监控量测实施质量检测与验收

### 一 基本要求

(1)铁路隧道施工应及时进行监控量测,设计单位应进行监控量测设计,施工单位应编制监控量测实施细则。

（2）监控量测实施细则应报监理、建设单位，经批准后实施并作为现场作业、检查验收的依据。

（3）监控量测必须设置专职人员并经培训上岗。对周边建筑物可能产生严重影响的隧道工程，应实施第三方监测。

（4）施工单位应成立现场监控量测小组，建立相应的质量保证体系和等级管理、信息反馈和报告制度，负责及时将监控量测信息反馈于施工和设计，工程竣工后应将监控量测资料整理归档并纳入竣工文件中。

（5）监控量测应作为关键工序列入现场施工组织，施工中应认真实施。

（6）不良地质地段施工时，应加密布置量测断面，并适当增大监控量测频率。

（7）隧道浅埋、下穿建筑物地段，地表必须设置监测网点并实时监测。

（8）施工中应定期观察支护、二衬表面情况，对于有开裂、掉块、渗漏水等情况的，应分析原因，及时采取加固措施。

（9）施工现场必须建立严格的监控量测数据复核、审查制度，保证数据的准确性。监控量测数据应利用计算机系统进行管理，由专人负责。如有监控量测数据异常，应及时采取补救措施，并做出详细记录。

## 主控项目

（1）地表沉降测点和隧道内测点应布置在同一断面里程。地表沉降测点应在隧道开挖前布设，补点应牢固，平面位置和断面里程应符合设计要求。

检验方法：观察、仪器测量。

（2）隧道内测点设置平面位置和断面里程应符合设计要求。隧道拱顶下沉和净空变化的量测断面间距：Ⅳ级围岩不大于10m、Ⅴ级围岩不大于5m。

检验方法：观察、仪器测量。

（3）监控量测数据应按设计要求的频次读取数据，量测数据内容应完整，成果真实可靠。

检验方法：检查监测记录。

（4）监控量测数据应及时整理分析并反馈于施工。当拱顶下沉、水平收敛速率达5mm/d或位移累计达100mm时，应暂停掘进，并及时分析原因，采取处理措施。

检验方法：测量、检查监测记录。

## 一般项目

（1）隧道内测点应在隧道开挖后12h内布设，并及时读取数据，最迟不得大于24h。

检验方法：观察、仪器测量。

（2）隧道监控量测元件、工具精度、测量范围应满足设计要求，并具有良好的防震、防水、防腐性能。

检验方法：读取数据、仪器测量、第三方鉴定。

（3）测点埋设应符合设计和《铁路隧道监控量测技术规程》（TB 10121—2007）的要求。隧道收敛测点应埋入围岩浅层内；当采用接触量测时，测点挂钩应做成闭合三角形，保证牢固不变形；无尺量测的测点应贴反光标，标识应准确、醒目。

检验方法:观察。

## 【能力训练】

借助校内外实训基地,在熟悉隧道监控量测设计方案的基础上,开展隧道监控量测实施质量检测能力训练,训练项目如下:

1. 检查监控量测记录,判定监测项目、断面选择、测点测线布置、监测频率等是否符合监测设计及《标准》规定,是否按照要求及时做出了信息反馈。

2. 实际检查监测断面、测点测线的布置情况及监测点的保护情况是否符合设计要求及《标准》规定。

3. 监控量测实施质量评定。

# 项目七

# 防排水施工质量检测与验收

**【能力目标】**

通过学习,具备运用观察、尺量、仪器测量等方法进行洞内外排水沟、盲管、防水层及施工缝、变形缝防水等防排水设施质量检测的能力,具备运用充气检测法、空气枪检测法、负压检测法等进行防水层焊缝质量检测的能力,具备初步的防水层原材料检测的能力,具备隧道防排水检验批质量验收记录填报的能力,具备依据质量验收标准开展隧道防排水设施质量评定及验收的能力。

**【知识目标】**

了解隧道洞内外排水沟、环向与纵向盲管、防水层及施工缝、变形缝防水等各种防排水设施的构造,熟悉其施工工艺与质量验收标准,熟练掌握各种防排水设施的质量检测方法。

**【工作任务】**

1. 了解隧道防排水系统的构成;
2. 熟悉排水沟、盲管的构造与施工工艺,熟悉其质量验收标准,运用观察、尺量等方法进行排水沟、盲管的质量检测;
3. 熟悉施工缝、变形缝的构造与施工工艺,熟悉其质量验收标准,运用观察、尺量等方法进行施工缝、变形缝的质量检测;
4. 了解防水层原材料检测方法,熟悉防水层构造与施工工艺,熟悉其质量验收标准,运用观察、尺量等方法进行防水层外观质量检测,运用充气检测法、空气枪检测法、负压检测法等进行防水层焊缝质量检测;
5. 防排水系统施工质量评定;
6. 防排水检验批质量验收记录填报。

## 任务一　隧道防排水系统认识

### 一、隧道防排水的必要性

渗漏水是隧道的常见病害之一，隧道渗漏水将极大地降低隧道内各种设施的使用寿命和功能，恶化隧道的运营条件。主要表现为：

（1）隧道渗漏水的长期作用，可能造成衬砌侵蚀破坏；

（2）道床积水，行车环境恶化，降低车轮与钢轨间的黏着；

（3）寒冷地区，尤其是严寒地区，反复冻融循环，使衬砌混凝土冻胀开裂；在衬砌与围岩之间产生冻胀，引起拱墙变形、破坏；使拱墙上悬挂冰柱、冰溜侵入限界。

因此，良好的隧道防水与排水，是保证隧道耐久性和行车安全的重要条件。另外，通过隧道防排水，保护地下水环境也是非常重要的。

### 二、铁路隧道防排水措施

隧道工程防排水施工，应遵循"防、截、排、堵相结合，因地制宜，综合治理"的原则，采取切实可靠的设计、施工措施，保障结构物和设备的正常使用和行车安全。对地表水和地下水应做妥善处理，洞内外应形成一个完整的防排水系统。

"防"是指要求隧道衬砌结构具有一定的防水能力，防止地下水渗入，如采用防水混凝土或塑料防水板等。

"排"是指隧道应有排水设施并充分利用，以减少衬砌背后的渗水压力和渗水量。但必须注意大量排水后对周围环境引起的后果，如围岩颗粒流失，降低围岩稳定性或破坏地下水、地表水径流条件，造成当地农田灌溉和生活用水困难等，要求设计应事先了解当地环境要求，以"限量排放"为原则，结合注浆堵水制订设计方案与措施，妥善处理排水问题。

"截"是指隧道顶部如有地表水易于渗漏或有坑洼积水，应设置截、排水沟和采取消除积水的措施。

"堵"是指在隧道内对衬砌表面可见的渗漏处所，封堵归槽引排。如衬砌圬工内压浆、喷浆、喷涂乳化沥青和抹面封闭等内贴式防水层。堵水应归槽，使地下水按预定路径排走。

隧道综合防排水设施如图 7-1 所示。

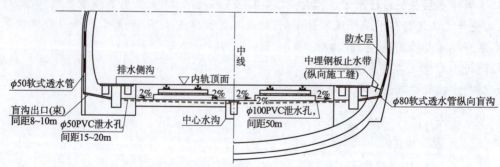

图 7-1　隧道综合防排水设施

## 1. 隧道排水设施

隧道洞内排水设施主要有：衬砌外环向盲管、纵向盲管(沟)、进水孔和洞内排水沟等。其中环向盲管与纵向盲管(沟)连接，纵向盲管(沟)与边墙进水孔连接，边墙进水孔与洞内排水沟连接，各盲管(沟)及进水孔相互间采用变径的三通连接，从而组成完整的排水系统。遇围岩地下水出露处，可在衬砌背后加设竖向盲管或排水管(槽)、集水钻孔等予以引排。

洞内排水沟有侧沟和中心排水管两种。侧沟设于隧道两侧或地下水来源侧的边墙墙脚处，中心排水管位于隧道底板中心位置。当洞内排水沟只设在一侧或位于中心时，需要横向引水管作导引排水。因此，隧道地下水流的路径可以概括为：围岩→环向盲管→纵向盲管(沟)→进水孔→侧沟→横向引水管→中心排水管→洞外。当不设中心排水管时，地下水由侧沟直接流至洞外。

在洞口地段，隧道还设有边仰坡的坡顶截水沟、洞口反向侧沟、洞门排水沟(管)等排水设施。

## 2. 隧道防水措施

### (1) 注浆防水

注浆系指将不透水的凝胶物质(防水材料)通过钻孔注入扩散到岩层裂隙中，把裂隙中的水挤走，堵住地下水的通路，减少或阻止涌水流入工作面，同时还起到固结破碎岩层的作用。常用的注浆材料有水泥浆、水泥砂浆、水泥-水玻璃浆液、双快水泥浆液等。对地质预测、预报有大量涌水的软弱地层地段，宜采用地表或洞内全封闭超前预注浆；在开挖后有渗漏水或大股涌水时，宜采用支护前围岩注浆；当初期支护表面有超出设计允许的渗漏水时，应用回填注浆或径向注浆进行处理；当二次衬砌后有渗漏水时，应采用衬砌内注浆。

### (2) 衬砌自防水

衬砌自防水是以衬砌结构本身的混凝土密实性实现防水功能的一种防水方法，该法工序简单、造价低、施工方便。通过调整配合比或掺用外加剂的方法增加混凝土衬砌的密实性，以提高混凝土自身抗渗性能。常用的有普通防水混凝土、外加剂防水混凝土、膨胀水泥防水混凝土等。《标准》规定，高速铁路隧道衬砌混凝土抗渗等级不得低于P8。

### (3) 防水层防水

对新建隧道复合式衬砌，在初期支护与二次衬砌之间施作防水层，结合洞内排水设施，该法可获得良好的防治水害效果。防水层除可防止渗漏水之外，还有一种重要作用，即在初期支护喷射混凝土与二次衬砌模筑混凝土之间起隔离作用，减少二次衬砌中出现的裂纹。防水层主要材料有防水板与土工布、土工织物等。考虑到防水质量与工艺要求，防水层厚度不宜小于1.2mm。当隧道底部岩层软弱、地下水位高时，为防止隧道底部产生病害，应设置封闭式的防水隔离层。在洞口与明洞地段，还会采用外贴式卷材防水层、涂料防水层或其组合形式。

### (4) 施工缝、变形缝防水

对新建隧道，变形缝、施工缝的防水可随混凝土灌注同时施工，采用的主要材料有：

(1) 止水带。分为塑料止水带、橡胶止水带、复合止水带等。其中，塑料止水带耐久性好；橡胶止水带弹性、耐磨性、耐撕裂性较好，但硬度、强度较差。

(2) 遇水膨胀橡胶。主要有制品型和腻子型两种，其特点是具有橡胶的弹性、延伸性和抗压缩变形能力，遇水后膨胀率为100%~500%，耐水性好，膨胀后仍能保持弹性。

(3) 各种密封材料。主要是改性沥青密封材料和合成高分子密封材料。

### 3. 隧道截水设施

截水就是截断流向隧道的水源，或尽可能使其流量减小，从而使隧道围岩的水得不到及时补充，达到疏干围岩、根治水害的目的。

（1）地表截水。地表截水就是在地表截断流向隧道围岩的水，主要有：

①对洞顶的积水洼地，开沟疏导引流。

②对洞顶以上的水工隧道、水库、稻田、输水渠等造成隧道漏水的，做防渗处理。

③对施工及地质勘测留下的钻孔、坑道、洞穴，做好排水处理或封填。

④对断层破碎带、陷穴、漏斗等，如有较大的径流进入时，做截水沟或回填；若无明径流，但却影响隧道漏水时，应采取封闭措施（换填、注浆等）。

（2）地下截水。当隧道衬砌周围地下水有明显的集中水源通路，导致地下水流量很大时，可采取地下截水设施截断水源。

①泄水洞。一般设在水源侧且其最高水位低于正洞水沟底，纵坡不小于3‰，设置泄水洞的围岩渗透系数不小于$10m^3/d$。

②钻孔截水。对有平导的长大隧道，利用平导和横洞，根据围岩的地下水分布和地质条件，打截水钻孔，其位置深入到正洞墙脚之上的围岩中，以减少向正洞衬砌周围汇集的水量，钻孔的集水利用平导排出。

③拦截暗河。对靠近隧道的暗河或充水的溶洞，可通过堵塞等改变其流向。

④防渗帷幕截水。当隧道与岩层平行或斜交，通过流沙和易浸水失稳地层，或围岩裂隙发达，且透水性强时，可在隧道周围岩体内钻孔压浆形成防渗帷幕，使衬砌与地下水隔离。隧道浅埋时，可在地表做防水帷幕。

总之，隧道的水害治理是一个完整的治水体系，要防、排、堵、截相结合，不能只强调一方面。如果只排不堵，就可能造成地表的水塘、水库、农田等排干，影响附近居民的生产和生活；如果只堵不排，就会使衬砌周围的水无路可走，越积越多，最终导致隧道破坏。只有防、排、堵、截相结合，相辅相成，共同发挥作用，才有可能根治水害。

## 隧道防排水施工要点

（1）隧道衬砌和设备洞室的衬砌防水等级应达到一级防水标准。

（2）水库、池沼、溪流、井泉附近的隧道衬砌应按设计要求进行防渗处理，防止地下水渗入隧道。

（3）衬砌背后设置排水盲管或暗沟时，应根据坑道的渗水情况，配合衬砌一次施工。暗沟、泄水槽及其中配置的集水钻孔、排水孔（槽）和水管应组成完整的排水系统并应符合设计要求。

（4）隧道防水应充分利用混凝土衬砌结构的自防水能力，衬砌混凝土抗渗等级不得低于P8。

（5）隧道衬砌背后采用防水板防水时，应对铺设防水板的基面进行检查，基面外露的锚杆头、钢筋头等尖硬物应割除，凹凸不平处应补喷、抹平；喷射钢纤维混凝土的表面铺设防水板前应补喷砂浆保护层，保证钢纤维不外露；局部渗水处需先进行处理。

（6）铺设防水板应采用专用台车，焊缝应牢固，无渗漏。铺设时，应预留充足的悬吊余量，保证二次衬砌与二衬、防水板、初期支护相互密贴，无空洞。

(7)明挖隧道与隧道暗洞接头处防水层应做好搭接;敷设卷材的明挖隧道在阴阳角等特殊部位,应采用相同卷材增做加强层,加强层宽度不宜小于300mm。

(8)明挖隧道洞顶明挖坡面应采取防护措施,以防止地表水下渗和冲刷,且表面应做成不小于1%的排水坡。

(9)隧道、明洞、辅助坑道和缓冲结构宜采用自流排水,并应防止由于排水危及建筑物及农田水利设施等。

(10)寒冷地区和严寒地区冬季有水隧道的冻害地段,应设置保温水沟、结构下深埋保温盲沟和防寒泄水洞及采用电加热等防寒设施,其结构形式与设置范围、位置、坡度以及抗冻性建筑和回填材料,均应符合设计及保温技术要求。

(11)侧沟与中心排水管间横向导水管应顺直,以确保排水顺利,便于维护,不应出现"倒虹吸"现象。

(12)隧道内、外的施工废水经污水处理池处理符合要求后,方可排入河沟、河流及农田内。

## 任务二 洞口防排水施工质量检测与验收

隧道洞口防排水设施主要包括:洞口边仰坡截水沟、洞口排水沟及洞口外横向截水沟等。洞口防排水施工质量验收要点及标准如下:

 **主控项目**

(1)隧道、明洞、辅助坑道等洞内排水系统与洞外排水系统的连接,必须符合设计要求。

检验方法:观察。

(2)隧道、明洞、辅助坑道等的洞口边坡排水沟、仰坡坡顶截水沟的结构形式和位置,应符合设计要求,并结合永久排水系统尽早修建。

检验方法:观察。

(3)隧道覆盖层较薄和地层渗透性强的洞顶地表水处理,应符合下列规定:

①洞口附件和浅埋地段洞顶地表应平整,不积水。

②坑洼、钻孔、探孔等应回填不透水土,并分层夯实。

③黄土陷穴和岩溶孔洞等特殊地质的处理应符合设计要求。

④洞顶原有排水沟(槽)应防渗良好,水流畅通。

⑤洞顶水池应有防渗措施,水池溢水有疏导设施。

检验方法:观察。

(4)水沟混凝土外观质量符合《标准》规定,在填土上的水沟的基底土应夯实。

检验方法:观察。

 **一般项目**

(1)排水沟、截水沟排水顺畅,无淤积堵塞。

检验方法:观察。

(2)洞口排水沟、截水沟的设置范围、高程和尺寸的允许偏差及检验方法应符合表7-1的规定。

洞口排水沟、截水沟混凝土尺寸允许偏差和检验方法　　　　表 7-1

| 序　号 | 项　　目 | 允　许　偏　差 | 检查方法和数量 |
|---|---|---|---|
| 1 | 设置位置 | ±200(mm) | 尺量:每条水沟不少于 2 处 |
| 2 | 沟底高程 | ±20(mm) | |
| 3 | 水沟纵坡 | 设计坡度的 0.5%,且无积水 | |
| 4 | 水沟宽度 | $^{+30}_{0}$(mm) | 尺量:每条水沟不少于 4 处 |
| 5 | 水沟高度 | -10(mm) | |
| 6 | 水沟厚度 | -10(mm) | |

## 任务三　盲管施工质量检测与验收

### 一、盲管构造及设计、施工要点

**1. 盲管构造**

盲管的作用是在岩面和初期支护喷射混凝土之间、初期支护喷射混凝土与防水板之间提供过水通道,并使之下渗流至洞内排水沟。根据设置的部位及作用不同,盲管有环向与纵向两种。

环向盲管一般选用 PS-3 型 $\phi50$ 软式透水管。环向盲管的设置视地下水施工期间的渗漏情况具有很大的灵活性,间距一般不应大于 10m。图 7-2、图 7-3 为软式透水盲管及其安装示意图。

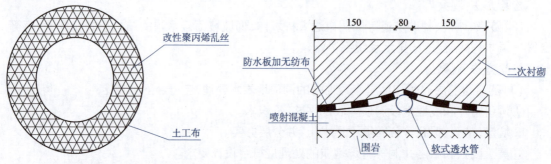

图 7-2　软式透水盲管断面图　　　　图 7-3　软式透水盲管安装(尺寸单位:mm)

纵向盲管是沿隧道纵向设置在衬砌底部防水板与初支间的透水盲管,目前常用的纵向盲管是直径为 8~10cm 的弹簧排水盲管或带孔软式透水管。纵向盲管的作用是将环向盲管排下来的水汇集并通过进水孔引到洞内排水沟。

**2. 盲管设计、施工要点**

(1)围岩渗流水引排

根据围岩实际涌水情况,安设环向盲管前应做好相应的引、排措施。当涌水较集中时,喷锚前先用开缝摩擦锚杆进行导水;当涌水面积较大时,喷锚前设置树枝状软式透水管排水;当涌水严重时,设置汇水孔。

(2)环向盲管安装

环向盲管布置在防水板外侧紧贴喷射混凝土处，盲管接触层表面应平顺。应先对初期支护喷射混凝土表面进行检查，割掉喷射混凝土表面的锚杆和钢筋网端头，并对凹凸不平的部位进行修凿、喷补，使混凝土表面平顺，使之符合铺挂柔性防水板的要求。然后按设计要求在拱部和边墙环向挂设环向盲管。喷混凝土表面有渗漏水时，根据渗漏水多少采用透水管引导，或增加环向盲管。盲管应用螺钉固定在喷层上。凡铺设盲管处，其上部应铺设防水板，防止堵塞盲管。

(3) 纵向盲管基础处理

纵向盲管通常位于衬砌的墙脚部。当施工条件不利时，较易出现管身高低起伏不定，平面上忽内忽外的现象。在这种情况下，隧道建成后纵向盲管容易被淤沙封堵，造成纵向排水不畅。因此，施工过程中一定要为纵向盲管做好基础，用坡度规检查、测定纵向盲管的坡度，使地下水进入纵向盲管后在一定的坡度下按一定的方向流动。

(4) 纵向盲管的包裹

纵向排水盲管在布设时必须注意其细部构造。盲管周侧应做砂砾石滤层，相邻层粒径不宜小于1/4，层厚不宜小于15cm。然后用土工布将纵向盲管包裹，使泥沙不得进入纵向盲管。另外，应用防水卷材半裹纵向盲管，使从上部下流之水在纵向盲管位置尽量流入管内，而不让地下水在盲管位置纵横漫流。黏土地区不宜用土工布、无纺布包裹，以防粉土颗粒堵塞土工布、无纺布孔眼。

(5) 盲管的连接

环向盲管与纵向盲管之间一般采用三通管连接，三通管留设位置应准确，接头应牢靠，防止松动脱落。

## 盲管施工质量验收要点及标准

### 1. 主控项目

(1) 盲管应有一定的弹性和良好的透水性，能沿壁面密贴铺设，在承受0.5MPa压力时，耐压扁平率不大于5%，盲管规格和其他性能应符合设计要求。

①盲管材质及规格检查。塑料制品若保存不当极易发生老化，可目测管材的色泽和管身的变形；轻轻敲击观察管体是否变脆；用卡尺或钢尺量管径与管壁，检查其是否与设计要求相符。

②管身透水孔检查。透水孔主要有两个作用：一是将环向盲管下流之水经其排至纵向盲管；二是将防水卷材阻挡之水引向纵向盲管。为了实现此二项功能，盲管上的透水孔必须有一定的规格并保证有一定的距离。在纵向盲管安装前必须用直尺检查钻孔的孔径和孔间距。

(2) 盲管铺设应符合下列规定：

①盲管安装位置和范围应符合设计要求，不得低于隧道水沟底面高程。

②盲管固定应牢固、平顺，固定点间距一致。

(3) 盲管接头的连接，纵、环向盲管之间的连接，纵向盲管与排水沟的连接，应符合设计要求。

(4) 衬砌背后盲管应结合衬砌一次施工，施工应防止混凝土或压浆浆液浸入盲管堵塞水路。

(5) 盲管的综合排水效果应符合设计要求。

**2. 一般项目**

盲管的成型尺寸和坡度应符合设计要求。

## 任务四　洞内排水沟施工质量检测与验收

### 一、排水沟构造及设计、施工要点

洞内排水沟有侧沟和中心排水管两种。

**1. 侧沟构造及设计、施工要点**

侧沟主要用于汇集地下水,并将地下水排至洞外或经中心排水管排至洞外,同时起到沉淀和兼顾部分排水的作用。侧沟设置要符合以下要求:

(1)侧沟坡度应与线路坡度一致。

(2)水沟断面应根据水量大小确定,要保证有足够的过水能力,且便于清理和检查。单线隧道水沟断面不得小于 25cm×40cm(高×宽),双线隧道断面应不小于 30cm×40cm(高×宽)。

(3)双线隧道可设置双侧水沟或中心排水管。

(4)洞内水沟均应铺设盖板。

(5)根据地下水情况,于衬砌墙脚紧靠盖板底面高程处,每隔一定距离设置一个 10cm×10cm 泄水孔。

**2. 中心排水管构造及设计、施工要点**

中心排水管位于隧道底部中央,其作用是集中排放由上游管路流来的地下水,同时汇集道床顶部积水,疏干底板下积水。中心排水管采用 PVC 管或带孔预制混凝土管段拼接而成,纵向间隔一定距离设置检查井。中心排水管布置如图 7-4 所示。

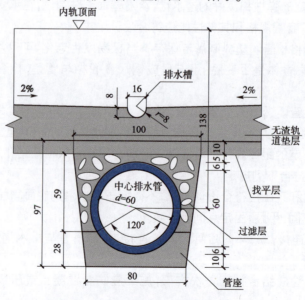

图 7-4　中心排水管布置图(尺寸单位:cm)

中心排水管因隧道所在地区的不同，埋置深度在0.5~2.0m之间。施工时，先挖基槽，整平基础，然后再铺设管段，最后回填压实。其中最重要的一个环节是处理管段基础。在软岩或断层破碎带区段施工中，应将不良岩(土)体用强度较高的碎石换填，并用素混凝土找平基面，使基础平整、密实。施工中应注意以下几点：

(1) 预制管段的规整性。用钢尺量测管段直径，观察管身是否变形或有严重裂缝；检查管身透水孔是否通畅。

(2) 管壁的强度。检查混凝土强度是否满足设计与施工要求。

(3) 缓冲排水层选用的无纺布应符合下列要求：

①具有一定的厚度，其单位面积质量不宜小于$300g/m^2$；

②具有良好的导水性；

③具有适应初期支护由于荷载或温度变化引起变形的能力；

④具有良好的化学稳定性和耐久性，能抵抗地下水或混凝土、砂浆析出水的侵蚀。

(4) 基础的稳定性。施工时，先挖基槽，整平基础，然后再铺设管段，最后回填压实。在有仰拱的场合，在仰拱下方设路基排水会增加新的开挖量和扰动围岩，因此，原则上设在仰拱的上面。

(5) 坡度。施工中，注意检查中心排水管的坡度，总体坡度与局部管段间的坡度均应符合要求，尽量避免高低起伏。

(6) 管段铺设。铺设时，要保证将具有透水孔的一面朝上，管段逐个放稳后，要用水泥砂浆将段间接缝密封填实。待砂浆凝固后，应逐段进行通水试验，发现漏水，及时处理。之后用无纺布覆盖管段透水孔，在横向引水管出口处注意与中心排水管的连接方式。回填时，注意保护管段的稳定及其上部透水性。

## 排水沟施工质量验收要点及标准

### 1. 主控项目

(1) 洞内水沟布置、结构形式、沟底高程、纵向坡度均应符合设计要求。

检验方法：观察、仪器测量、尺量。

(2) 底板和仰拱填充表面坡度应符合设计要求。

检验方法：观察、仪器测量。

(3) 进水孔、泄水孔、泄水槽的位置、间距和尺寸应符合设计要求。

检验方法：观察、尺量。

(4) 水沟外墙距线路中心线的距离应符合设计要求。

检验方法：尺量。

(5) 水沟沟身混凝土的强度和抗渗性、沟身钢筋应符合《标准》规定。

(6) 水沟盖板应采取工厂化预制生产，其规格和强度应符合设计要求。盖板应铺设平稳顺直。

检验方法：观察、尺量、检查试验资料。

(7) 盲管、水沟和孔槽组成的排水系统应有良好的效果，做到洞内排水顺畅，无积淤堵塞，进水孔、泄水槽、泄水孔畅通。

检验方法：观察。

(8)隧道内两侧水沟和中心排水管通过横向引水管连接,横向引水管的坡度不应小于2%。

检验方法:测量。

(9)瓦斯隧道排水系统中水气分离装置结构和位置应符合设计要求。

检验方法:观察、测量。

### 2. 一般项目

水沟断面尺寸的允许偏差和检验方法应符合表7-2规定。

混凝土外观质量的检验应符合《标准》规定。

**水沟断面尺寸的允许偏差和检验方法**　　　　　　表7-2

| 序　号 | 项　目 | 允许偏差(mm) | 检查方法和数量 |
|---|---|---|---|
| 1 | 断面尺寸 | ±10 | 尺量:3处/100m |
| 2 | 厚度 | ±5 | |
| 3 | 高度 | $^{0}_{-20}$ | |
| 4 | 沟底高程 | ±20 | 仪器测量:3处/100m |

## 任务五　施工缝、变形缝防水施工质量检测与验收

隧道围岩中的地下水无孔不入,必须综合治理多层设防。衬砌施工缝、变形缝是隧道防水的薄弱环节,也是隧道中最易发生渗漏的地方。隧道施工缝、变形缝处理不好,不仅造成衬砌混凝土裂缝及洞内漏水,严重影响隧道的正常使用和行车安全,进一步还会降低结构的强度和耐久性。据调查,95%的渗漏水与施工缝和变形缝有关。如何保证二次衬砌的施工缝和变形缝处的防水工艺质量,在隧道施工中一直是一个难点。

### 一　施工缝、变形缝的防水构造及设计、施工要点

施工缝,也称循环缝,是由于隧道衬砌分段浇筑所产生的冷接缝。沉降缝是在地质条件变化显著、衬砌受力不匀地段人为设置的接缝,其作用是防止由于衬砌不均匀下沉而引起裂损。为防止由于温度变化剧烈或混凝土凝结时的收缩影响而引起衬砌开裂,应设置伸缩缝。伸缩缝与沉降缝统称变形缝。变形缝应采用柔性材料做防水处理。

对施工缝、变形缝的处理应该采取专门的防水、防渗技术措施。由于止水带具有高弹性的压缩变形特点,它在荷载的作用下产生弹性变形,能起到紧固、密封和有效防止接缝渗漏水的作用,衬砌施工缝和变形缝一般都采用止水带进行防水。

### 1. 施工缝的构造及设计、施工要点

(1)隧道衬砌混凝土应连续灌注,拱圈、仰拱、底板不得留纵向施工缝。

(2)墙体纵向施工缝不应留设在剪力与弯矩最大处或底板与边墙的交接处,应留在高出底板顶面不小于30cm的墙体上。拱墙结合处的水平施工缝,宜留在拱墙接缝以下15～30cm处;墙体有预留孔洞时,施工缝距孔洞边缘不应小于300mm。

(3)环向施工缝应避开地下水和裂缝水较多的地段,并宜与变形缝相结合。

(4)纵向施工缝浇灌混凝土前,应将其表面浮浆和杂物清除,刷净浆或涂混凝土界面处理剂。

(5)设止水条的环向施工缝施工时,在端面应预留浅槽,槽应平直,槽宽比止水条宽1~2mm,槽深为止水条厚度的1/2。

(6)施工缝内采用中埋式止水带时,应确保位置准确、固定牢靠。

(7)施工中应采取措施保证待贴止水条或预设止水带的混凝土界面洁净。

常见施工缝构造如图7-5~图7-8所示。

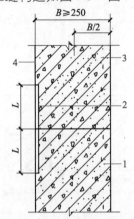

图7-5 施工缝单一防水构造(一)
1-先浇混凝土;2-外贴止水带;3-后浇混凝土;
4-结构迎水面

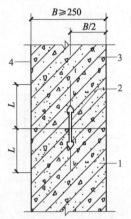

图7-6 施工缝单一防水构造(二)
1-先浇混凝土;2-中埋止水带;3-后浇混凝土;
4-结构迎水面;钢板止水带$L \geq 200$;钢边橡胶止水带$L \geq 120$

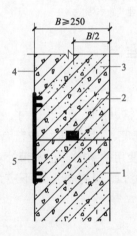

图7-7 施工缝复合防水构造(一)
1-先浇混凝土;2-遇水膨胀止水条;3-后浇混凝土;4-结构迎水面;5-外贴止水带$L \geq 150$

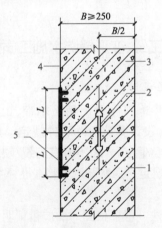

图7-8 施工缝复合防水构造(二)
1-先浇混凝土;2-中埋止水带;3-后浇混凝土;4-结构迎水面;5-外贴止水带;外贴止水带$L \geq 150$;钢板止水带$L \geq 200$;橡胶止水带$L \geq 125$;钢边橡胶止水带$L \geq 120$

## 2. 变形缝的构造及设计、施工要点

(1)变形缝应满足密封防水、适应变形、施工方便、检修容易等要求。严寒地区洞口段应设多条伸缩缝。变形缝处混凝土结构的厚度不得小于30cm。

(2)用于沉降的变形缝,其最大允许沉降量差值不应大于30mm。当计算沉降量大于30mm时,应在设计时采取措施。

(3)用于沉降的变形缝宽度宜为20~30mm,用于伸缩的变形缝的宽度宜小于此值。

(4)变形缝的材料包括橡胶止水带、钢边止水带、遇水膨胀橡胶条和嵌缝材料,均须满足一定的性能指标要求。其中,嵌缝材料的最大拉伸强度不应小于0.2MPa,最大伸长率应大于300%。

(5)变形缝施工时,缝内两侧应平整、清洁、无渗水;缝底应先设置与嵌缝材料无黏结力的背衬材料或遇水膨胀橡胶条。嵌缝应密实。

(6)中埋式止水带接头连接应采用热焊,不得叠接,背贴式止水带应与防水板焊接,止水条不得受潮。

常见变形缝的几种复合式衬砌防水构造形式如图7-9、图7-10所示。

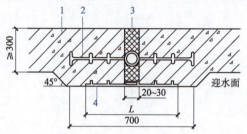

图7-9 中埋式止水带与外贴式防水层复合防水构造(尺寸单位:mm)

1-混凝土结构;2-中埋式止水带;3-填缝材料;4-外贴防水层;外贴式止水带$L \geq 300$;外贴式防水卷材$L \geq 400$;外涂防水涂层$L \geq 400$

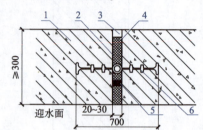

图7-10 中埋式止水带与遇水膨胀橡胶条、嵌缝材料复合防水构造(尺寸单位:mm)

1-混凝土结构;2-填缝材料;3-嵌缝材料;4-背衬材料;5-遇水膨胀橡胶条;6-中埋式止水带

##  施工缝、变形缝防水施工质量验收要点及标准

### 1. 主控项目

(1)施工缝、变形缝所用止水带、止水条及嵌缝材料规格、品种、形状、尺寸、物理力学性能,必须符合设计要求和《标准》规定。止水带、止水条的宽度、厚度和直径应符合设计要求。厚度不得有负偏差,表面不得有开裂、缺胶和海绵状等影响使用的缺陷。止水带外观质量应符合表7-3中规定。遇水膨胀型橡胶止水条应具有缓膨胀性能,其7d的膨胀率不应大于最终膨胀率的60%。

检验方法:观察、检查产品质量证明、性能试验。

止水带产品外观质量要求　　表7-3

| 序号 | 缺陷名称 | 工 作 面 | 检查方法和数量 |
| --- | --- | --- | --- |
| 1 | 气泡 | 直径不大于1mm的气泡,每米不允许超过3处 | 观察、尺量:施工单位全部检查,监理单位按施工单位的20%抽查 |
| 2 | 杂质 | 面积不大于4mm²的杂质,每米不允许超过3处 | |
| 3 | 凹痕 | 不允许有 | |
| 4 | 接缝缺陷 | 高度不大于1.5mm的凸起或不平,每米不允许超过2处 | |

(2)施工缝、变形缝细部构造、做法应符合设计要求。变形缝的位置、宽度和构造形式应符合设计要求。

检验方法:观察、尺量。

(3)施工缝的设置应符合下列规定:

①边墙纵向施工缝不应留置在剪力和弯矩最大处或底板与边墙交接处,而应留置在高出底板顶面不小于30cm处。

②施工缝距预留孔洞边缘不应小于30cm。

③设置止水条的环向施工缝,宜在端面预留浅槽,槽应平直,槽宽应比止水条宽1~2mm,槽深应为止水条厚度的1/2。

检验方法:观察、测量。

(4)施工缝的浇筑应符合下列规定:

①先浇筑的混凝土必须在达到强度后凿除混凝土表面的水泥砂浆和松软层,充分湿润,但不得有积水。凿毛应使露出新鲜混凝土面积不低于75%。人工凿毛时,混凝土应达到2.5MPa。风动机凿毛时,混凝土应达到10MPa。

②纵向施工缝后浇混凝土前,应在凿毛的混凝土表面铺一层不大于30mm的砂浆或不大于30cm的混凝土(粗集料少10%),并按设计要求设置止水条或止水带。

③环向施工缝后浇混凝土前,应去除表面浮浆和杂物,设置制品型遇水膨胀止水条或中埋式止水带,涂刷水泥净浆或混凝土界面剂,及时浇筑混凝土。

检验方法:观察。

(5)止水带的安装、连接应符合下列规定:

①止水带固定牢固、平直,不得有扭曲现象。

②止水带安装径向位置允许偏差5cm,纵向位置允许偏差3cm。中埋式其中心线(中间空心圆环)应与施工缝(变形缝)的中心线重合。

③止水带接头连接应采用焊接或设计要求,接缝平整、牢固,不得有裂口和脱胶现象。

④背贴式止水带与防水板的连接方式应符合设计要求。

检验方法:观察、尺量。

(6)止水条安装、连接应符合下列规定:

①止水条不得受潮,安装前应该检查。

②止水条安装位置应符合设计要求。

③制品型遇水膨胀止水条接头应重叠搭接后再黏结牢固,搭接长度不应小于50mm。

④制品型遇水膨胀止水条定位后至浇筑下一环混凝土前,应避免被水浸泡。

检验方法:观察、尺量。

(7)变形缝的嵌缝材料嵌填施工应符合下列规定:

①缝内两侧平整、清洁、无渗水,涂刷的基层处理剂符合要求。

②背衬材料的设置符合设计要求。

③嵌填密实,与两侧黏结牢固。

检验方法:观察。

(8)用作沉降的变形缝应按设计要求设置沉降观测点并进行施工期间的沉降观测,年沉降速率应符合设计要求。

检验方法:计数、沉降观测。

(9)施工缝防水效果应良好,无渗水。

检验方法:观察。

**2.一般项目**

变形缝应缝宽均匀、缝身竖直,环向贯通,填塞密实,外表光洁。密封材料嵌填严密,黏结牢固,无开裂、鼓包、下塌现象。

检验方法:观察。

## 🚂 施工缝、变形缝施工质量检查

施工缝、变形缝所用止水带品种较多,根据止水带在衬砌混凝土中的安装位置,分为背贴式、中埋式、内贴式 3 种。

### 1. 背贴式橡胶止水带

(1)位置检查

背贴式止水带设置在衬砌结构施工缝、变形缝的外侧,其位置应符合设计要求。

(2)止水带固定检查

施工缝处设计有防水板的,如止水带材质与防水板相同,则采用热焊机将止水带固定在防水板上;对于设计为橡胶止水带时,则采用黏接法将其与防水板黏接。

### 2. 中埋式橡胶(钢板腻子)止水带

中埋式止水带施工时,将加工的 $\phi10$ 钢筋卡由待模筑混凝土一侧向另一侧穿入,卡紧止水带一半,另一半止水带平结在挡头板内,待模筑混凝土凝固后弯曲 $\phi10$ 钢筋卡套上止水带,模筑下一循环混凝土,如图 7-11 所示。

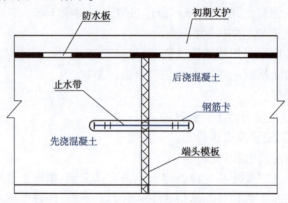

图 7-11 中埋式止水带的固定

中埋式止水带的施工质量检查主要是预埋位置检查和止水带接头黏结检查。

(1)止水带预埋位置检查

①止水带安装的径向位置。止水带预埋于衬砌厚度的 1/3～1/2 处,用钢卷尺测量内模到止水带的距离,与设计尺寸相比,偏差应不超过 5cm。

②止水带安装的纵向位置。通常止水带以施工缝或伸缩缝为中心两边对称,即埋在相邻两衬砌节内的宽度是相等的。用钢卷尺检查,要求止水带偏离中心不能超过 3cm。

③止水带应与衬砌端头模板正交。浇筑混凝土前应该用角尺检查,否则会降低止水带在两侧的有效长度,并有可能影响到混凝土的密实度。

(2)现场接头检查

塑料止水带的接头有焊接和熔接。焊接用焊枪以 180～200℃ 热风焊接为一体,在空气中冷却。熔接是将止水带加热至融化状态下接合再冷却至常温。这两种接头方式的性能要求为:焊接法为母体抗拉强度的 70% 以上,熔接法为母体抗拉强度的 90% 以上。

橡胶止水带的接头常用的方法有热接和冷接。外、内贴式橡胶止水带通常采用热接法，冷接法所采用的胶黏剂耐水性较差，不适宜外、内贴式橡胶止水带，而预埋式止水带则可借助混凝土浇捣密实，冷接、热接两种方法均可，以方便为宜。

现场检查主要内容有：

①接头留设部位与压茬方向。由于现场施工条件限制，一般来说，接头部位的防水能力要较正常部位差些，所以留设止水带接头时，应尽量避开排水坡度小与容易形成壁后积水部位，最好留设在起拱线上下。另外，应检查接头处上下止水带的压茬方向，此方向应以排水顺畅、将水外引为正确方向，即上部止水带靠近围岩，下部止水带靠近隧道内壁。

②接头强度。现场施工往往忽视接头表面的清刷与打毛焊接或黏接后接头强度低而不密实，防水性极差。检查时，用手轻撕接头，观察接头强度和表面打毛情况，不合格时重新黏接。

### 3. 遇水膨胀止水条

遇水膨胀止水条安装如图 7-12 所示，其质量检查要点如下：

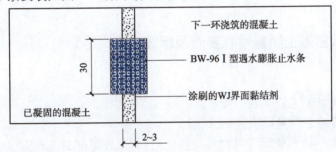

图7-12 施工缝止水条防水示意图（尺寸单位：cm）

遇水膨胀止水条应牢固地安装在缝表面或预留槽内，先将预留槽清洗干净，然后涂一层胶黏剂，将止水条嵌入槽内，并用钢钉固定。止水条连接应采用搭接方法，搭接长度大于 50mm，搭接头要用水泥钉钉牢。止水条应沿施工缝回路方向形成闭合回路，不得有断点。

## 任务六　防水层施工质量检测与验收

根据使用部位的不同，隧道防水层主要有涂料防水层、卷材防水层及塑料防水板防水层等。洞内一般采用塑料防水板防水层，设置于初期支护喷射混凝土与二次衬砌模筑混凝土之间，构成复合式衬砌。明洞地段多用外贴式卷材防水层、涂料防水层或其组合形式。

###  涂料防水层施工质量验收要点及标准

#### 1. 主控项目

(1)涂料防水层所用材料的性能指标应符合设计要求。

检验方法：检查产品质量证明、性能试验。

(2)涂料防水材料应按设计要求进行配合比设计。

检验方法：配合比试验。

(3)涂料防水层及其转角处、变形缝等细部做法应符合设计要求。

检验方法：观察。

(4)水泥砂浆保护层应根据材料性能和设计要求进行配合比设计。

检验方法：配合比试验。

（5）涂料防水层施工时，应按设计要求进行多遍涂刷，涂料防水层的平均厚度应符合设计要求，最小厚度不得小于设计厚度的80%。

检验方法：针测法或割取20mm×20mm实样用卡尺测量。

2. 一般项目

（1）涂料防水层的基层应牢固，基面应洁净、平整。基层阴阳角应做成圆弧形。

检验方法：观察。

（2）涂料防水层应与基面黏结牢固，表面平整、刷涂均匀，不得有流淌、皱折、鼓泡等缺陷。

检验方法：观察。

（3）水泥砂浆保护层应与防水层黏结牢固结合紧密。水泥砂浆保护层应按设计要求分层铺抹，各层应紧密贴合并连续施工，终凝后及时养护，养护时间不得少于14d，养护期间应保持湿润。

检验方法：观察、检查施工记录。

## 🚂 卷材防水层施工质量验收要点及标准

1. 主控项目

（1）卷材的性能指标应符合设计要求。

检验方法：检查产品质量证明、性能试验。

（2）粘贴各类卷材必须使用与卷材性相容的胶黏剂，胶黏剂的性能指标应符合设计要求。

检验方法：检查产品质量证明、试验检验。

（3）自粘性卷材的基层应采取处理剂处理，对基面潮湿的基层必须采取措施保证粘贴牢固。卷材防水层铺设及其在转角处和变形缝等细部做法应符合设计要求。

检验方法：观察。

（4）防水卷材铺设时，应顺流水方向进行，下部压住上部，两幅卷材短边和长边的搭接宽度均应不小于150mm，采用双层卷材的接缝应错开1/3～1/2幅宽，且2幅卷材不得垂直铺贴。卷材铺贴后不得有滑移、翘边、起鼓和损伤等现象。

检验方法：观察、尺量。

2. 一般项目

（1）防水层基层应牢固，基面应洁净、平整，不得有空鼓、松动、起砂和脱皮现象。基层阴阳角应做成圆弧形。

检验方法：观察。

（2）防水卷材的搭接缝应黏（焊）结牢固、严密，不得有皱折、翘边和空鼓等缺陷。

检验方法：观察。

（3）卷材防水层的保护层应符合设计要求，保护层与防水层应黏结牢固，厚度均匀一致。

检验方法：观察。

## 🚂 塑料防水板施工质量检测与验收

1. 防水板施工工艺

防水板为不透水表面光滑的高分子防水卷材，它不仅起到将地层渗水拒于二衬之外的防水作用,而且对初期喷混凝土及二次衬砌模筑混凝土来说,还起到隔离与润滑作用,使初期支护喷混凝土对二次衬砌模筑混凝土的约束应力减少,从而避免模筑混凝土产生裂缝,提高了二衬混凝土的防水抗渗能力。防水板施工通常分为两部分:缓冲层的安装与防水板的挂设。缓冲层直接安设在基层上,以缓解过度粗糙的表面对塑料防水板引起的静力穿刺作用,同时提供一定的排水能力。

防水板铺设多采用无钉(暗钉)铺设法。无钉铺设法是指先在喷混凝土表面用明钉铺设法固定缓冲层,然后将防水层热焊或黏合在缓冲层垫圈上,使防水层无穿透钉孔。如图7-13所示。

(1)铺设前的基层检查

基面要求平整,无明显的凹凸起伏。否则应进行基面处理,如图7-14所示。当有钢管或金属锚杆凸出时,应予以切断,再用砂浆抹成圆曲面,以防防水板被扎破。防水层施工时,不得有明水,如有明水应采取封堵或引排措施。

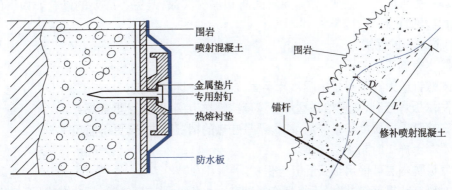

图7-13　无钉铺设防水板示意图　　　图7-14　喷射混凝土基层处理示意图

(2)缓冲层的铺设

常用缓冲材料有土工无纺布和聚乙烯泡沫塑料,铺设过程如下:

①由拱顶向两侧墙进行铺设。

②采用与防水板同材质的$\phi 80$专用塑料垫圈压在缓冲层上,使用射钉或胀管螺丝锚固。

③锚固点应垂直基面并不得超出圆垫衬平面,锚固点呈梅花形布置。间距为拱部$0.5\sim 0.8$m,边墙$0.8\sim 1.0$m,在凹凸处适当增加锚固点。

(3)塑料防水板铺设与焊接

防水板的铺设与焊接必须由经过培训的专业技术工人进行施工操作,以保证施工质量。防水板的施工过程如下:

①将防水板横向中线同缓冲层中线对齐重合,然后向两边展铺,一边展铺一边固定,展铺时要顺基面铺开,铺设时要本着"宁松勿紧"的原则,防止绷得太紧,导致防水板与围岩基面不密贴,甚至撕裂防水板。然后用压焊器将防水板热合于塑料垫圈上。

②防水板采用自动爬行热合机双焊缝焊接或热熔焊接两种焊接方式,如图7-15所示。焊接前,将防水板铺设平整、舒展,并将焊接部位的灰尘、油污、水滴擦拭干净,焊缝接头处不得有气泡、折皱及空隙,接头处要牢固,强度不得小于同一种材料;两条焊缝间留不小于1.5cm宽的空腔作充气检查用。在侧墙根部,防水板应包裹纵向盲管,防止水渗入仰拱或隧道底部。

③焊接工艺

目前,防水板接缝的焊接,一般采用自动爬行热合机。

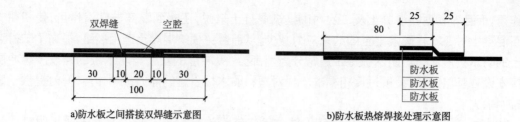

图 7-15 防水板搭接示意图(尺寸单位:mm)

a. 采用双焊缝接焊开始前,应在小块塑料片上试温。

b. 焊接温度应控制在 200~270℃ 为宜,并保持适当的速度即控制在 0.1~0.15m/min 范围内。太快,焊缝不牢固;太慢,焊缝易焊穿。焊接过程中,要根据焊缝的热熔情况随时调节温度,直至焊缝熔接达到最佳效果。EVA 或 LDPE 膜在与圆垫片用压焊器进行热合时,一般 10s 即可。

c. 焊缝尽可能一次完成,尽量减少间断和停机次数,避免不必要的修补。如有间断或停机,应对其及时进行修补。

(4)防水板的保护

①防水板施工防护。

a. 木螺钉或射钉不得超出圆垫片平面,以防止破坏防水板。

b. 防水板焊接时,要严格掌握焊接速度或焊接时间,防止过焊或焊穿。

c. 在检查焊接质量和修补质量时,严禁在热的情况下进行,更不能用手撕。

②混凝土施工时防水层保护。

a. 底板防水层可使用细石混凝土保护。

b. 衬砌结构钢筋绑扎时,不得划伤或戳穿防水板。焊接钢筋时,用非燃物(石棉板)隔离。

c. 浇注时,震动棒不得接触防水板。

## 2. 防水板施工质量验收要点及标准

(1)主控项目

①防水板、土工复合材料的材质、性能、规格、物理力学指标必须符合设计要求和《标准》规定。

检验方法:检查产品质量证明、性能试验、观察。

②防水板的规格尺寸及允许偏差应符合表 7-4 的规定。

检验方法:尺量、仪器测量。

③防水层铺设的基层应符合下列规定:

a. 基面应平整、无尖锐物体。

b. 基面平整度应符合两凸出物之间的深长比 $D/L \leq 1/10$ 的规定。其中,$D$ 为相邻两凸面凹进去的深度;$L$ 为相邻两凸面之间的距离。

检验方法:观察、尺量。

④防水板铺设应符合下列要求:

a. 铺设范围应符合设计要求。

b. 应与基面固定牢固,松紧应适度,不得有绷紧和破损现象。

c. 实铺长度与初期支护基面弧长的比值为 10:8,挂吊点设置的数量应合理。

d. 防水板的搭接宽度应不小于 15cm,分段铺设的防水板边缘部位应预留至少 60cm 的搭接余量,允许偏差为-10mm;全包式防水应在防水板搭接宽度15cm左右两侧各留不小于10cm铺设双面自粘式防水板。

e. 防水板搭接缝与施工缝错开距离应不小于100cm,允许偏差为-5cm。

f. 环向铺设时先拱后墙,下部防水板应压住上部防水板。

检验方法:观察、尺量。

⑤防水板焊缝应符合下列规定:

a. 防水板按设计要求进行双焊缝焊接时,每一单焊缝的宽度应不小于15mm。

b. 焊缝应无漏焊、假焊、焊焦、焊穿现象。

c. 若有漏焊、假焊应予补焊。

d. 若有焊焦、焊穿处以及外漏的固定点,应采用同质材料覆盖焊接。

检验方法:尺量、充气检查。

(2) 一般项目

①铺设防水板的基面阴阳角处应做成$R \geqslant 10cm$的圆弧面,转角1m范围内宜补设双层防水板。

检验方法:观察、尺量。

②缓冲层搭接宽度不得小于5cm。缓冲层应平顺、无隆起,无皱褶。

检验方法:观察、尺量。

③防水板铺设应与开挖面保持一定的安全距离,应有可靠的安全措施保护防水板。

检验方法:观察。

### 3. 防水板施工质量检测

(1) 目测检查

用手将已固定好的防水板上托或挤压,检查其是否与喷混凝土层密贴,检查防水板有无破损、断裂、小孔;吊挂点是否牢固;焊缝有无烤焦、焊穿、假焊和漏焊,搭接宽度是否符合设计,焊缝表面是否平整光滑,有无波形断面。当两层焊接在一起的膜呈透明状、无气泡时,即熔为一体,表明焊接牢固严密。

(2) 焊接质量检测

①充气检查法:将5号注射针与压力表相接,用打气筒充气,当压力达到0.25MPa时,停止充气,保持该压力15min,如压力下降,证明有未焊好之处,用肥皂水涂在焊接缝上,产生气泡的地方为焊接欠佳处。若压力下降在10%以内,说明合格;否则,需用检测液(如肥皂水)找出漏气部位,用手动热熔器焊接修补后再次检测,直到完全不漏气为止。防水板焊缝检查示意如图7-16所示。

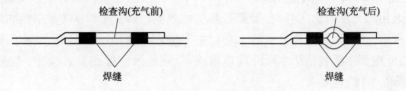

图7-16 防水板焊缝检查示意图

②压缩空气枪检测法:用枪管将压缩空气以一定速率从喷嘴射出垂直冲击防水板搭接焊缝的外沿,同时喷嘴以一定速度沿焊缝移动,当喷嘴经过漏焊部位时,高速气流会经未焊缝隙钻入到防水层下面,通过声音的变化或防水层的鼓起现象,可以判断漏焊缝隙的位置。

③负压检查法:主要用在防水板破损处的密封性检查(图7-17)。检查方法是在修补处涂抹能发泡的检查液(如肥皂水),并安装真空钟形罩,用真空泵抽气形成一定的负压,如果不产生气泡说明没有漏气。检查频率,原则上对所有修补点进行。表7-4为防水板检查时的负压值标准表。

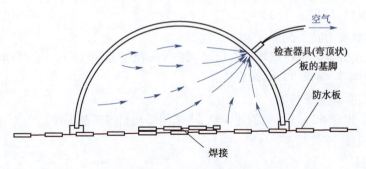

图7-17 防水板破损修补处负压检查

**防水板检查时的负压值标准表**　　　　　　　　　　　表7-4

| 防水板厚度(mm) | 1.0 | 2.0 | 3.0 | 4.0 | 5.0 |
|---|---|---|---|---|---|
| 气压(MPa) | 0.08 | 0.22 | 0.38 | 0.45 | 0.58 |

(3)焊缝拉伸强度、抗剥离强度检查

拉伸强度不低于母材强度的70%;抗剥离强度,根据试验建议值不小于0.7MPa。

(4)防水板破损的检查与修补

检查出防水板上有破坏之处,必须立即做出明显标记,以便毫不遗漏地把破损处修补好,补后一般用真空检查法检验修补质量。补丁不得过小,离破坏孔边沿不小于7cm。补丁要剪成圆角,不要有正方形、长方形、三角形等的尖角。

## 任务七 防水板性能检测

从20世纪60年代开始,弹性或弹塑性的合成高分子防水卷材在发达国家得到广泛开发与应用。高分子防水卷材与传统的石油沥青油毡相比具有使用寿命长、技术性能好、冷施工、质量轻和污染性低等优点,在隧道防水工程中得到广泛应用。我国20世纪80年代起相继研制出了三元乙丙橡胶防水卷材(EPDM)和氯丁橡胶薄膜、聚氯乙烯(PVC)和氯化聚乙烯(CPE)、聚乙烯(PE)、聚乙烯-醋酸乙烯(EVA)和聚乙烯-醋酸乙烯-沥青共聚物(ECB)防水卷材、高密度聚乙烯(HDPE)和低密度聚乙烯(LDPE)等。大型建筑工程、地下工程及隧道等重点工程,注重选用三元乙丙防水卷材、聚氯乙烯防水卷材、自粘防水卷材等高档防水材料。目前,在隧道工程中,防水采用的高分子防水卷材主要是EVA、ECB和PE等,统称为防水板。

防水板性能检测主要包括防水板外观质量检测、规格尺寸检测及其强度、不透水性、耐老化性等各种物理力学性能检测。

 **质量标准**

《标准》规定,防水板的规格尺寸及允许偏差应符合表7-5规定,防水板的物理力学性能应符合表7-6规定。

防水板规格尺寸及允许偏差　　　　　　　　　　　表 7-5

| 项　目 | 厚度(mm) | 宽度(m) | 长度(m) |
|---|---|---|---|
| 规格 | 1.5、2.0、2.5、3.0 | 2.0、3.0、4.0 | 20 以上 |
| 平均偏差 | 不允许出现负值 | 不允许出现负值 | 不允许出现负值 |
| 极限偏差(%) | -5 | -1 | — |

防水板物理力学性能　　　　　　　　　　　表 7-6

| 序号 | 项　目 | | 指　标 | | |
|---|---|---|---|---|---|
| | | | EVA | ECB | PE |
| 1 | 断裂拉伸强度(MPa) | | ≥18 | ≥17 | ≥18 |
| 2 | 扯断伸长率(%) | | ≥650 | ≥600 | ≥600 |
| 3 | 撕裂强度(kN/m) | | ≥100 | ≥95 | ≥95 |
| 4 | 不透水性(0.3MPa/24h) | | 无渗漏 | 无渗漏 | 无渗漏 |
| 5 | 低温弯折性(℃) | | ≤-35 | ≤-35 | ≤-35 |
| 6 | 加热伸长量(mm) | 延伸 | ≤2 | ≤2 | ≤2 |
| | | 收缩 | ≤6 | ≤6 | ≤6 |
| 7 | 热空气老化(80℃×168h) | 断裂拉伸强度(MPa) | ≥16 | ≥14 | ≥15 |
| | | 扯断伸长率(%) | ≥660 | ≥550 | ≥550 |
| 8 | 耐碱性【Ca(OH)$_2$饱和溶液×168h】 | 断裂拉伸强度(MPa) | ≥17 | ≥16 | ≥16 |
| | | 扯断伸长率(%) | ≥600 | ≥600 | ≥550 |
| 9 | 人工候化处理 | 断裂拉伸强度保持率(%) | ≥80 | ≥80 | ≥80 |
| | | 扯断伸长保持率(%) | ≥70 | ≥70 | ≥70 |
| 10 | 刺破强度(N) | 防水板厚度(mm) 1.5 | 300 | 300 | 300 |
| | | 2.0 | 400 | 400 | 400 |
| | | 2.5 | 500 | 500 | 500 |
| | | 3.0 | 600 | 600 | 600 |

## 取样方法

防水板应成批提交验收。对于出厂合格的产品,同一生产厂家、同一品种、规格的产品,按照进场批次每 10000m² 检测一次,不足 10000m² 的也按一次计。从每批产品的 1~3 卷中取样,在距端部 300mm 处截取约 3m,用于厚度允许偏差、最小偏差、最小单个值和各项物理力学性能检测。

试样截取前,在温度 23℃±2℃、相对湿度 45%~55% 的标准环境下进行状态调整,时间不少于 16h。截取试件的部位、种类、数量及用作检测的项目,应符合图 7-18 和表 7-7 的要求。试样应牢固地粘贴标签并用样品袋封装,标签及样品袋标注清楚。

物理力学性能检测所用的试样尺寸及数量　　　　　　　　　　　表 7-7

| 检测项目 | 符　号 | 尺寸(纵向×横向)(mm) | 数　量 |
|---|---|---|---|
| 断裂拉伸强度 | A | 200×200 | 3 |
| 加热伸长量 | B | 100×100 | 3 |

续上表

| 检测项目 | 符 号 | 尺寸(纵向×横向)(mm) | 数 量 |
|---|---|---|---|
| 低温弯折性 | C | (50×100)(100×50) | 1/1 |
| 不透水性 | D | φ100 | 3 |
| 刺破强度 | E | 150×150 | 3 |
| 热空气老化处理 | G | 300×200 | 3 |
| 人工候化处理 | H | 300×200 | 3 |
| 耐碱性 | I | 300×200 | 9 |

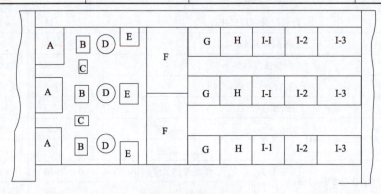

图 7-18 试样截取布置

## 三、外观及规格尺寸检测

### 1. 外观质量检查

外观质量检查包括:气泡、疤痕、裂纹、黏结和孔洞。

### 2. 长度、宽度、厚度、平直度和平整度量测

(1)合成高分子防水卷材的长度和宽度用卷尺测量。

(2)厚度用压力为 20kPa、压头直径为 10mm 的测厚仪(分度为 0.01mm)量测。厚度测量点(至少 10 个点)均布在卷材的横向上。

(3)平直度和平整度的量测,在平整基面上展开 10m,用分度值为 1mm 的直尺量测。

## 四、物理力学性能检测

### 1. 断裂拉伸性能检测

(1)检测设备

裁片机:由加载装置、裁刀及其装卸装置组成。裁刀所裁样品形状如图 7-19 所示。

拉力试验机:量程范围 0~1000N,分度值 2N,示值精度 ±1%;夹持器的移动速度应为 80~500mm/min。

(2)检测程序

拉伸性能检测在标准环境下进行。在对裁取的 3 块 A 样片上,用裁片机对每块样片沿卷材纵向和横向分别裁取如图 7-17 所示形状的试样各两块。按图 7-17 所示标注标距线和夹持线,在标距区内,用测厚仪测量标距中间和两端 3 点的厚度,取其算术平均值作为试样厚度 $d$,

精确到0.1mm。测量两标距间初始长度$L_0$。

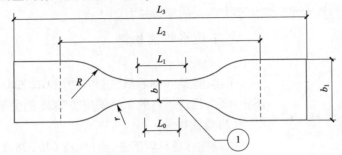

图7-19 拉伸性能检测的试样

1-标记;$L_3$-总长、最小值115mm;$b_1$-端部宽度,25±1mm;$L_1$-狭窄平行段长度,33±2mm;$b$-宽度,6.0±0.4mm;$r$-小半径,14±1mm;$R$-大半径,25±2mm;$L_0$-标距段的长度,25±2mm;$L_2$-夹具间起始间距,80±5mm

将试验机的拉伸速度调到250±50mm/min,再将试样置于夹持器的中心,对准夹持线夹紧。开动机器拉伸试样,读取试样断裂时的荷载$P$,同时量取试样断裂瞬间的标距线间的长度$L_1$。若试样断裂在标距外,则该试样作废,另取试样重做。

(3)检测结果计算

①断裂拉伸强度:

试样的断裂拉伸强度按下式计算,精确到0.1MPa:

$$\sigma = \frac{P}{b \times d} \tag{7-1}$$

式中:$\sigma$——试样的断裂拉伸强度(MPa);
$P$——试样断裂时的荷载(N);
$b$——试样标距段的宽度(mm);
$d$——试样标距段的厚度(mm)。

②扯断伸长率:

扯断伸长率(%)按下式计算:

$$\varepsilon = \frac{L_1 - L_0}{L_0} \times 100 \tag{7-2}$$

式中:$\varepsilon$——试样的扯断伸长率(%);
$L_0$——试样标距线间初始有效长度(mm);
$L_1$——试样断裂瞬间标距线间的长度(mm)。

分别计算并报告5块试样纵向和横向的算术平均值,精确到1%。

2.撕裂强度检测

(1)检测设备

拉伸试验机。

(2)检测程序

沿防水板纵横向分别裁取5个带缺口的试样,试样形状和尺寸如图7-20所示。将试样紧紧夹在试验机的夹具中,控制拉伸速度为(100±10)mm/min。记录每个试样的最大拉力(N)。

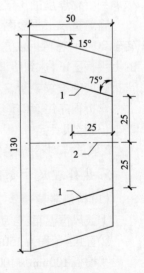

图7-20 试样形状和尺寸
(尺寸单位:mm)

1-夹持线;2-缺口或割口

(3)结果评定

5个试件的拉力算术平均值为该方向上的撕裂拉力。

### 3. 不透水性能检测

(1)检测仪器

采用《建筑防水卷材试验方法》(GB/328.1—2007)规定的不透水仪,但透水盘的压盖采用图7-21的金属槽盘。

(2)检测程序

检测在标准环境下进行。先按GB/328.1—2007的规定做好准备,将裁取的3块D试样分别置于3个透水盘中,盖紧槽盘,然后按GB/328.1—2007的规定操作不透水仪,以每小时提高1/6规定压力$2 \times 10^5$Pa的速度升压,达到规定后保压24h,观察试样表面是否有渗水现象。

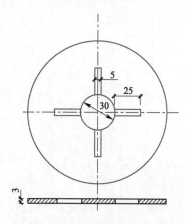

图7-21 不透水检测用操盘(尺寸单位:mm)

(3)结果评定

3块试样均无渗水现象时,评定为无渗漏。

### 4. 低温弯折性能检测

(1)检测器具

低温箱:可在0~40℃之间自动控温,误差为±2℃。

弯折仪:主要由金属材料制成的上下平板、转轴和调距螺丝组成,平板间距可任意调节,其形状与尺寸如图7-22所示。

放大镜:放大倍数为6倍。

(2)检测程序

在标准环境下,用测厚仪测量C试样的厚度,试样的耐候面应无明显缺陷;然后将试样的耐候面朝外,弯曲180°,使50mm宽的边缘重合、齐平,并确保不发生错位,将弯折仪的上下平板调到卷材厚度的3倍。检测2块试样。

将弯折仪上平板翻开,将两块试样平放在弯折仪下平板上,重合的一边朝向转轴,且距离转轴20mm,将弯折仪连同试样放入低温箱内,在规定温度下保持1h;然后在1s之内将弯折仪的上平板压下,达到所调间距位置,保持1s后将试样取出;待回复到室温后用放大镜检查试样弯折区域的裂纹或断裂。

弯折程序每5℃重复一次,范围为-40℃、-35℃、-30℃、-25℃、-20℃。

(3)结果评定

2块试样均不断裂或无裂纹时,评定为无裂纹。

### 5. 热处理尺寸变化率检测

(1)检测器具

①鼓风恒温箱:自动控温范围为50~240℃,误差为±2℃;

②直尺:量程为150mm,分度值为0.5mm;

③模板 100mm×100mm×0.4mm的金属板,边长误差不大于±0.5mm,直角误差不大于±1°;

④垫板 300mm×300mm×2mm的硬纸板3块,表面应光滑平整。

(2)检测程序

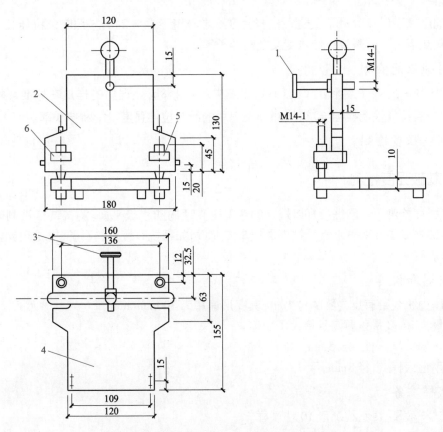

图7-22 弯折仪形状与尺寸示意(尺寸单位:mm)
1-手柄;2-上平板;3-转轴;4-下平板;5、6-调距螺丝

用模板裁取3块B试样,标明卷材的纵横向上两参考点间的初始长度$S_0$。将试样平放在撒有少量滑石粉的垫板上,再将垫板水平地置于鼓风恒温箱中,3块垫板不得叠放。在80℃±2℃的温度下恒温6h,取出垫板置于标准环境中调节24h,再测量纵向或横向上两参考点间的长度$S_1$。

(3)结果计算

纵向和横向的尺寸变化率按下式分别计算:

$$L_h = \frac{|S_1 - S_0|}{S_0} \times 100 \tag{7-3}$$

式中:$L_h$——试样的热处理尺寸变化率(%);

$S_0$——试样同方向上两参考点间的初始长度(mm);

$S_1$——试样处理后同方向上两参考点间的长度(mm)。

分别计算3块试样纵向和横向的尺寸变化率的平均值,检测结果以其中较大的数值表示,精确到0.1%。

**6. 热空气老化性能检测**

(1)检测仪器

热老化检测箱:自动控温范围50~240℃,误差为±2℃。

(2)检测程序

将裁取的3块G试样放置在撒有滑石粉的垫板上,然后一起放入热老化检测箱中,在

80±2℃的温度下保持168h。处理后的样片在标准环境下调节24h,按照断裂拉伸性能检测要求,检测其热老化后的断裂拉伸强度及扯断伸长率。

**7. 耐碱性能检测**

裁取3块Ⅰ试样,在饱和的$Ca(OH)_2$溶液中浸泡168h,处理后的样片在标准环境下调节24h,按照断裂拉伸性能检测要求,检测其浸泡后的断裂拉伸强度及扯断伸长率。

**8. 刺破强度检测**

## 五、刺破强度检测

刺破强度检测用一刚性顶杆以规定的速率垂直顶向防水板平面,测试试样被刺破时的最大力。刺破强度是反映防水板抵抗小面积集中荷载,如抵抗有棱角的石子、支护用钢构件端头等的能力。

**1. 仪器和仪具**

(1)压力机或带有反向器的拉力机:其变形速率为300mm/min。
(2)量力环:其量程要满足最大压力值。
(3)环形夹具:内径44.5mm。
(4)刚性顶杆:直径8mm,平头。

**2. 试样准备**

(1)试样数量:每组检测取10块试样。
(2)试样尺寸:试样尺寸为$\phi 120$。

**3. 检测步骤**

(1)将试样放入环形夹具内,使试样在自然状态下放平,拧紧夹具。
(2)将夹具放在加荷装置上并对中,如图7-23所示。

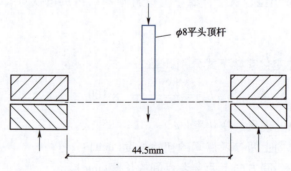

图7-23 刺破强度试验

(3)将速率设定在100mm/min。
(4)调整连接在刚性顶杆上的量力环的百分表读数至零。
(5)开机,记录顶杆顶压试样时的最大压力值。
(6)停机,取下试样。
(7)重复(1)~(6)步骤进行检测,每组检测进行10块试样。

**4. 结果整理**

(1)由量力环标定曲线,将量力环中百分表的读数换算为力(N)。

(2)计算每块试样的顶破强度。

(3)计算10块试样的顶破强度平均值、标准差及变异系数。

## 六 结果判定

对于防水板的外观质量、面积允许偏差、允许接头数、卷材平直度、平整度、厚度允许偏差和最小单个值等6项要求,其中有2项不合格即为不合格卷材。不合格卷不多于2卷,且卷材的各项物理力学性能均符合要求时,判定为批合格。

如不合格卷为两卷或有1项物理力学性能不符合要求,则判定为该批不合格。如不合格卷为两卷,但有两卷出现上述6项中的同1项不合格,则仍判该批不合格。

对于判为不合格的批,允许在批中按规定重新加倍抽样,对不合格项目进行重检。如果仍有一组试样不合格,则判定为批不合格。

# 任务八　土工布性能检测

土工织物是透水性的土工合成材料,按制造方法分为无纺或非织造土工织物和有纺或机制土工织物。因其具有过滤、排水、隔离、加筋、防渗和防护等作用,在水利、冶金、电力、石油、海港、铁路、公路、机场、市政和建筑等工程中得到广泛应用。特别是无纺土工织物(即土工布)在隧道工程中作为防水卷材的垫层和排水通道,用量十分可观。

## 一 质量标准

《标准》规定,土工布的主要技术性能应符合表7-8规定。

土工布的技术性能　　表7-8

| 项　目 | 技术指标 | 备　注 |
| --- | --- | --- |
| 断裂能力(kN/m) | ≥15(纵横向) | 规格按单位面积质量≥300g/m², 厚度≥2.2mm, $K=1.0\sim9.9$ |
| 断裂延伸率(%) | 40~80(纵横向) | |
| CBR顶破强力(kN) | ≥2.9 | |
| 垂直渗透系数(cm/s) | $K\times(10^{-3}\sim10^{-1})$ | |
| 撕破强力(kN) | ≥0.42(纵横向) | |
| 化学稳定性<br>生物稳定性 | 按设计要求 | |

## 二 试样制备及数据整理

### 1.试样的制备

(1)试样不应含有灰尘、折痕、损伤部分和可见疵点。

(2)每项检测的试样应从样品长度与宽度方向上随机取样,但距样品边缘至少100mm。

(3)同一检测剪取两个以上的试样时,不应在同一纵向或横向位置上剪取,如不可避免时,应在检测报告中说明。

(4)取试样应满足精度要求。

(5)剪取试样时,应先制订剪裁计划,对每项检测所用的全部试样,应予编号。

**2. 试样的调湿和饱和**

(1)试样一般应置于温度为 20±2℃、相对湿度为 60%±2% 和标准大气压的环境中调湿 24h。

(2)如果确认试样不受环境影响,则可不调湿,但应在记录中注明检测时的温度和湿度。

(3)土工布试样在需要饱和时,宜采用真空抽气法饱和。

**3. 数据的整理方法**

(1)算术平均值 $\bar{x}$ 按下式计算:

$$\bar{x} = \frac{\sum_{i=1}^{n} x_i}{n} \tag{7-4}$$

式中:$n$——试样个数;

$x_i$——第 $i$ 块试样的检测值;

$\bar{x}$——$n$ 块试样检测值的算术平均值。

(2)标准差 $\sigma$ 按下式计算:

$$\sigma = \sqrt{\sum_{i=1}^{n} \frac{(x_i - \bar{x})^2}{n-1}} \tag{7-5}$$

(3)变异系数按下式计算:

$$C_v = \pm \frac{\sigma}{\bar{x}} \times 100\% \tag{7-6}$$

(4)在资料分析中,可疑数据的舍弃,按照 $K$ 倍标准差作为舍弃标准,即舍弃在 $\bar{x} \pm K\sigma$ 范围以外的测定值,对不同的试件数量,$K$ 值按表 7-9 选用。

统计量的临界值 表 7-9

| 试件数量 | 3 | 4 | 5 | 6 | 7 | 8 | 9 | 10 | 11 | 12 | 13 | 14 |
|---|---|---|---|---|---|---|---|---|---|---|---|---|
| $K$ | 1.15 | 1.46 | 1.67 | 1.82 | 1.94 | 2.03 | 2.11 | 2.18 | 2.23 | 2.28 | 2.33 | 2.37 |

### 三、物理特性检测

**1. 单位面积质量检测**

(1)仪器和工具

①剪刀。

②尺:最小分度值为 0.1mm。

③天平:感量 0.01g(现场测试可为 0.1g)。

(2)试样制备

①试样数量不得少于 10 块,对试样进行编号。

②试样面积:对一般土工布,试样面积为 10cm×10cm,裁剪和测量精度为 1mm;对网孔较大或均匀性较差的土工布,可适当加大试样尺寸。

③取样方法:按前述方法取试样。

(3)步骤

将裁剪好的试样按编号顺序逐一在天平上称量,并细心测读和记录。

(4)结果整理

按下式计算每块试样的单位面积质量 $M(\text{g/m}^2)$：

$$M = \frac{m}{A} \tag{7-7}$$

式中：$m$——试样质量(g)；
  $A$——试样面积($\text{m}^2$)。

按前述方法计算单位面积质量的平均值、标准差及变异系数。

**2. 厚度检测**

(1)仪器和工具

厚度检测仪由下列部件及用具组成，如图7-24所示。

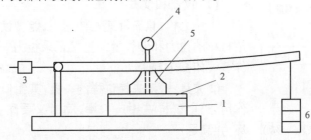

图7-24 厚度试验仪
1-基准板；2-试样；3-平衡锤；4-指示表；5-压脚；6-砝码

基准板：其面积要大于2倍的压脚面积。

可更换的压脚：采用表面光滑、面积为 $25\text{cm}^2$ 的圆形压脚。压脚重5N，放在试样上时，其自重对试样施加的压力为 $2\pm0.01\text{kPa}$。

采用砝码或杠杆方法对压脚加压，压力分别为：$0\pm0.1\text{kPa}$、$200\pm1\text{kPa}$。

百分表(或千分表)：用以量测基准板至压脚间的垂直距离。试样厚度大于0.5mm时，表的最小百分度值为0.1mm；厚度不大于0.5mm时，最小分度值为0.001mm。

秒表：最小分度值为0.1s。

(2)试样制备

试样数量不得少于10块，对试样进行编号；试样面积为 $10\text{cm}\times10\text{cm}$；取样要求同前。

(3)检测步骤

擦净基准板和压脚，检查压脚轴是否灵活，调整百分表至零读数。

提起压脚，将试样在不受张力情况下放置在基准板与压脚之间。轻轻放下压脚，稳压30s后记录百分表读数。

土工合成材料的厚度一般指在2kPa压力的厚度测定值。

重复上述步骤，测试10块试样。

(4)结果整理

分别计算每种压力下10块试样厚度的算术平均值，以mm表示。当试样厚度大于0.5mm，要求计算精确至0.01mm；当厚度小于或等于0.5mm，要求精确至0.001mm。

计算每种压力下厚度的标准差 $\sigma$ 及变异系数 $C_v$。

在未明确规定压力时，采用2kPa压力下的试样厚度平均值作为土工合成材料试样的厚度。

## 四、技术性能检测

### 1. 断裂性能检测

土工布的断裂性能由条带拉伸试验确定。土工布是柔性材料,大多通过其抗拉强度来承受荷载以发挥工程作用。因此,抗拉强度及其应变是土工布主要的特性指标。土工布的抗拉强度与测定时的试样宽度、形状、约束条件有关,因此,必须在标准条件下测定。

用条带拉伸试验测定土工布的断裂能力及断裂延伸率时,断裂能力是指单位宽度的土工合布在外力作用下拉伸所能承受的最大拉力。对应于最大拉力时的应变量称为断裂延伸率。

条带拉伸检测适用于土工合成材料的宽条拉伸检测和窄条拉伸检测。

(1) 仪器和仪具

①拉力机:具有等速拉伸功能,能测读拉伸过程中土工合成材料的拉力和伸长量或直接记录拉力——伸长量曲线。拉伸装置如图 7-25 所示。

②夹具:一对夹持试样的夹具,其钳口面要有一定的约束作用,防止试样在钳口打滑,同时又要防止试样在钳口内损坏,并满足:

a. 宽条试样有效宽度 200mm,夹具实际宽度不小于 210mm;

b. 窄条试样宽度 50mm,夹具实际宽度不小于 60mm;

c. 为满足某些土工合成材料变形较大的要求,两夹具之间的最大净距不小于 300mm。

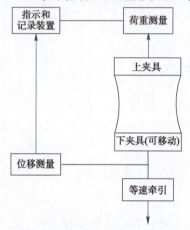

图 7-25 拉伸试验装置示意图

③动力装置:采用调速电机油压或机械设施调节拉伸速率。

④测量和记录装置:

a. 指示或记录荷载的误差不得大于相应实际荷载的 2%;

b. 对延伸率超过 10% 的试样,应采用精度不小于 0.1mm 的位移测量装置;

c. 可通过传动机构直接记录土工合成材料试样的拉力-伸长量曲线,也可以用拉力传感器和位移传感器测量拉力和伸长量。

(2) 试样制备

①试样数量:分别以土工合成材料纵向和横向作试样长边,剪取试样各 6 块。

②试样尺寸。

窄条试样:裁剪试样宽度 50mm,长度至少 200mm,必须有足够的长度使试样伸出夹具,试样计量长度为 100mm。对于有纺土工布,裁剪试样宽度 60mm,再在两边拆去大约相同数量的纤维,使试样宽度达到 50mm[图 7-26a)]。

宽条试样:裁剪试样宽度 200mm,长度至少 200mm,实际长度视夹具而定,必须有足够的长度试样伸出夹具,试样计量长度为 100mm。对于有纺土工布,裁剪试样宽度 210mm,再在两边拆去大约相同数量的纤维,使试样宽度达到 200mm[图7-26b)]。

除测干态强度外,要求测定湿态强度时,裁剪 2 倍的长度,然后截为等长度的两块。

对湿态试样,要求从水中取出到上机拉伸的时间间隔不大于 10min。

③取样方法:取样原则与厚度测试相同。

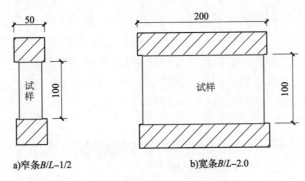

图 7-26 宽条和窄条试样(单位尺寸:mm)

(3)检测步骤

①调整两夹具的初始间距为 100mm。两个夹具中要求其中一个的支点能自由旋转或为万向接头,保证两个夹具平行并在一个平面内。

②选择拉力机的满量程范围,使试样的最大断裂力在满程量的 10%~90% 范围内,设定拉伸速度为 50mm/min。

③将试样对中放入夹具内,为方便对中,可在试样上画垂直于拉伸方向的两条相距 100mm 的平行线作为标志线。

④测读试样的初始长度 $L_0$。

⑤开动检测机,以拉伸速率 50mm/min 进行拉伸,同时开启记录装置连续转动直到试样破坏时停机。对延伸率较大的试样,应拉伸至其拉力明显降低时方可停机。

当试样在钳口内打滑或大多数试样在钳口边缘短裂时,可采取改进措施:

a. 钳口内加衬垫;

b. 钳口内的土工合成材料用固化胶加强;

c. 改进钳口面。

不论采取那种措施均应在检测报告中说明。

⑥测量伸长量:在拉伸过程中,测定拉力的同时测定伸长量。

(4)结果整理

①断裂能力:土工布或小孔网的断裂能力 $T_s$ 可用下式计算:

$$T_s = \frac{P_s}{B} \tag{7-8}$$

式中:$T_s$——抗拉力强度(N/m,kN/m);

$P_s$——测读的最大拉力(N,KN);

$B$——试样宽(m)。

②断裂延伸率:延伸率 $\varepsilon_p$ 按下式计算:

$$\varepsilon_p = \frac{L_f - L_0}{L_0} \tag{7-9}$$

式中:$\varepsilon_p$——延伸率(%);

$L_0$——初始长度(mm);

$L_f$——对应最大拉力时的试样长度(mm)。

## 2. CBR 顶破强度检测

在隧道工程中,土工布直接与初期支护内表面接触,在二次衬砌施作之后,土工布一般要受到径向挤压力。对于采用喷锚支护为初期支护的结构,其内表面往往凹凸不平,导致土工布常被置于不均匀受压状态。其中最不利的一种状态为处于紧绷状态的土工布受到法向集中力的作用。按接触面的受力特征和破坏形式可分为顶破、刺破和穿透几种受力状态。

顶破强度是反映土工布抵制法向压力的能力,顶破强度检测与刺破强度检测相比,压力作用面积相对较大,材料呈双向受力状态。

(1) 仪器和仪具

CBR 检测仪:如图 7-27a) 所示,检测仪最大压力约 50kN,行程为 100mm;顶压时可用电动驱动或人工驱动,要求顶压速率为 60mm/min。

量力环:安装在加荷框架上,量力环下部有 $\phi50$ 的圆柱形平头顶压杆,量力环中的百分表用于测定量力环变形以计算顶压力。

环形夹具:位于 CBR 检测仪的托盘上面,如图 7-27a) 所示。夹具内径为 150mm[图 7-27b)],试样直径为 230mm。

要求检测仪上的夹具中心必须在圆柱顶压杆的轴线上。

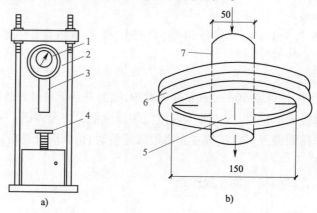

图 7-27 CBR 检测仪及环形夹具示意(尺寸单位:mm)
1-百分表;2-量力器;3-圆柱顶杆;4-托盘;5-织物;6-夹具;7-定压杆

(2) 试样制备

试样数量:每组检测取 10 块试样。

试样尺寸:试样尺寸为 $\phi230$。

取试样方法:按前述原则取样。

(3) 检测步骤

试样放入环形夹具内,拧紧夹具,使试样在自然状态下绷紧。

将夹具放在加荷系统的托盘上,调整高度,使试样与顶杆刚好接触。

将顶压速率设定在 60mm/min。

开动机器。

圆柱顶压杆接触并顶压试样过程中,记录百分表读数和量力环读数,到确认试样破坏为止停机,取下已破的试样。

重复以上步骤进行检测,每组共 10 块试样。

(4) 结果整理

由量力环标定曲线,将量力环中百分表的读数换算为力(N)。

计算每块试样的顶破强度。

计算10块试样的顶坡强度平均值、标准差及变异系数。

### 3. 撕裂强度检测

土工布在铺设和使用过程中,常常会有不同程度的破损。土工布抵抗扩大破损裂口的能力可以用撕裂强度表示。土工布的撕裂强度定义为:试样在撕裂过程中抵抗扩大破损裂口的最大拉力。常采用梯形法测定土工布的撕裂强度。

(1) 仪器和仪具

①拉力机:同条带拉伸检测用的拉力机,其拉伸速率为100mm/min。

②夹具:夹持面尺寸(长×宽)为50mm×84mm,宽度要求不小于84mm,宽度方向垂直于力的作用方向。要求夹具上下夹持面平行、光滑,夹紧时不损坏试样,同时,要求检测中试样不发生打滑。

③梯形模板:用于剪样,标有尺寸,如图7-28a)所示。

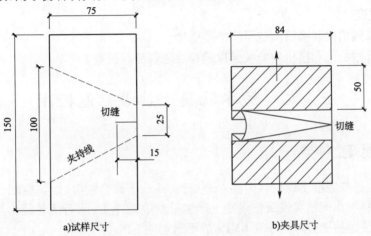

图7-28 梯形撕裂试验(尺寸单位:mm)

(2) 试样制备

①试样数量:经向和纬向各取10块试样。

②试样尺寸:试样为宽75mm、长150mm的矩形试样,在矩形试样中部用梯形模板画一等腰梯形,尺寸如图7-28a)所示。

③取样方法:应符合试样制备的一般原则。

有纺土工布试样:测定经向纤维的撕裂强度时,剪取试样边长应与经向纤维平行,使试样切缝切断和检测时拉断的为经向纤维。测定纬向撕裂强度时,剪取试样边长应与纬向纤维平行,使试样被切断和撕裂拉断的为纬向纤维。

无纺土工布试样:测定经向的撕裂强度时,剪取试样边长应与织物经向平行,使切缝垂直于经向;测定纬向撕裂强度时,剪取试样边长应与织物纬向平行,使切缝垂直于纬向。

在已画好的梯形试样短边1/2处,剪一条垂直于短边的长15mm的切缝。

准备好试样,如进行湿态撕裂检测,要求同条带拉伸检测。

(3) 检测步骤

①调整拉力机夹具的初始距离到25mm,设定拉力机满量程范围,使试样最大撕裂荷载在满量程的10%~90%范围内,设定拉伸速率为100mm/min。

②将试样放入夹具内,沿梯形不平行的两腰边缘夹住试样。梯形的短边平整绷紧,其余呈

起皱叠合状,夹紧夹具。

③开动拉力机,以拉伸速率 10mm/min 拉伸试样,并记录拉伸过程中的撕裂力,直至试样破坏时停机。撕裂力可能有几个峰值和谷值,也可能是单一上升而只有一个最大值,如图 7-29 所示。取最大值作为撕裂强度,单位以 N 表示。

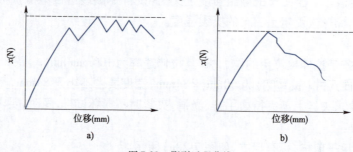

图 7-29 撕裂过程曲线

(4)结果整理

①分别计算顺机向和横机向的平均撕裂强度。

②分别计算顺机向和横机向撕裂强度的标准差和变异系数。

## 任务九　防水混凝土抗渗性能检测

### 一、防水混凝土种类

防水混凝土是向混凝土原材料中掺入外加剂、高分子聚合物等,以调整配合比,减小孔隙率,增加各原材料界面间密实性或使混凝土产生补偿收缩作用,从而使混凝土具有一定抗裂、防渗能力,使其满足抗渗等级大于 0.6MPa 的不透水性要求。

防水混凝土一般可分为:普通防水混凝土、外加剂防水混凝土和膨胀水泥防水混凝土。

隧道工程防水混凝土的抗渗等级不得小于 P8。

### 二、混凝土抗渗性检测

**1. 目的和适用范围**

主要用于检测混凝土硬化后的防水性能,以测定其抗渗等级。防水混凝土的抗渗等级可分为 3 种:

(1)设计等级

它是根据地下工程的埋深以及水力梯度(即最大作用水头与建筑物最小壁厚之比)综合考虑确定的,由勘测设计确定。

(2)检测等级

用于确定防水混凝土施工配合比时测定的等级,是在设计抗渗等级的基础上提高 0.2MPa 来确定。

(3)检验等级

它是对防水混凝土抗渗检测所测定的等级,检验等级不得低于设计等级。

**2. 试件制备**

(1)每组试件为 6 个,如用人工插捣成型时,分两层装入混凝土拌和物,每层插捣 25 次,在标准条件下养护。如结合工程需要,则在浇筑地制作,每单位工程试件不少于两组,其中至少一组应在标准条件下养护,其余试件与构件在相同条件下养护,试块养护期不少于28d,不超过90d。

(2)试件成型后24h拆模,用钢丝刷刷净两端面水泥浆膜,标准养护龄期为28d。

(3)试件形状有两种:圆柱体和圆台体。圆柱体直径、高度均为150mm;圆台柱上底直径为175mm,下底直径为185mm,高为165mm。

### 3.仪器设备

(1)混凝土渗透仪:应能使水压按规定稳定地作用在试件上。常用的有TH4-HP-4.0型自动调压混凝土抗渗仪、HS-4型混凝土抗渗仪、ZKS微型控制高精度抗渗仪、HS-40型混凝土抗渗仪。

HS-40型混凝土抗渗仪适用于混凝土抗渗性能的检测和抗渗等级的测定,同时可用于其他建筑材料透气测定和质量检测。主模采用优质钢,台面采用不锈钢板。

主要技术参数如下:

抗渗仪最大压力:5MPa;水泵柱塞直径:12mm;行程:10mm;工作方式:电动手柄两用;外形尺寸:1100mm×900mm×600mm。

(2)成型试模:上口直径175mm,下口直径185mm,高150mm或上下直径与高度均为150mm。

(3)螺旋加压器、烘箱、电炉、浅盘、铁锅、钢丝刷等。

(4)密封材料:如石蜡,内掺松香约2%。

### 4.检测步骤

(1)试件到龄期后取出,擦干表面,用钢丝刷刷净两端面,待表面干燥后,在试件侧面滚涂一层熔化的密封材料,然后立即在螺旋加压器上压入经过烘箱或电炉预热过的试模中,使试件底面和试模底平齐,待试模变冷后即可解除压力,装在渗透仪上进行检测。如在检测过程中,水从试件周边渗出说明密封不好,须要重新密封。

(2)检测时,水压从0.2MPa开始,每隔8h增加水压0.1MPa,并随时注意观察试件端面情况,一直加至6个试件中有3个试件表面发现渗水,记下此时的水压力,即可停止检测。

(3)当加压至设计抗渗等级,经8h后第三个试件仍不渗水,表明混凝土已满足设计的要求,也可停止检测。

### 5.检测结果计算

混凝土的抗渗等级以每组6个试件中4个未发现有渗水现象时的最大水压力表示。抗渗等级按下式计算:

$$S = 10H - 1$$

式中:$S$——混凝土抗渗等级;

$H$——第3个试件顶面开始有渗水时的压力(MPa)。

混凝土抗渗等级分级为P2、P4、P6、P8、P10、P12。若加压至1.2MPa,经8h后第3个试件仍不渗水,则停止检测,试件的抗渗等级以P12表示。

## 【能力训练】

借助校内外实训基地,在熟悉图纸中防排水系统构造的基础上,开展隧道防排水施工质量

检测能力训练,训练项目如下:

1. 观察排水沟、盲管、防水层、施工缝、变形缝施工的外观质量、细部构造及连接是否符合《标准》及设计要求。

2. 尺量排水沟断面、沟底高程与纵坡、防水层搭接宽度与焊缝宽度、施工缝、变形缝位置是否符合《标准》规定及设计要求,做好记录。

3. 运用充气检测法、空气枪检测法、负压检测法等进行防水层焊缝质量检测,判断是否漏气,并找出漏气部位。

4. 土工布、防水板原材料质量检测。

5. 隧道防排水施工质量评定。

6. 隧道防排水施工检验批质量验收记录表填报。

# 项目八

# 衬砌施工质量检测与验收

**【能力目标】**

通过学习，具备运用观察、尺量、仪器测量、试验等方法进行衬砌模板加工、钢筋安装、混凝土浇筑施工质量检测的能力，具备运用回弹法、超声波法、超声-回弹综合法、钻芯法、拔出法进行混凝土强度检测的能力，具备运用冲击-回波法、超声波法、激光断面仪法、地质雷达法和直接测量法进行衬砌厚度检测的能力，具备应用超声波法进行衬砌不密实区与空洞检测能力，具备衬砌施工检验批质量验收记录填报的能力，具备依据质量验收标准开展隧道衬砌质量评定及验收的能力。

**【知识目标】**

了解衬砌施工工艺及施工要点，熟悉模板、钢筋、混凝土施工质量验收标准，熟练掌握衬砌强度、厚度及不密实区等质量检测方法。

**【工作任务】**

1. 认识衬砌施工工艺及施工要点；
2. 熟悉模板质量验收标准，运用观察、尺量、仪器测量等方法进行模板安装质量检测；
3. 熟悉钢筋质量验收标准，运用观察、尺量等方法进行钢筋外观、接头、弯钩、位置及保护层厚度检测；
4. 熟悉混凝土质量验收标准，运用观察、尺量、试验及检查施工记录等方法进行混凝土原材料、配合比及成型质量检测；
5. 使用回弹法、超声波法、超声-回弹综合法、钻芯法、拔出法检测混凝土强度；
6. 使用冲击-回波法、超声波法、激光断面仪法、地质雷达法和直接测量法检测衬砌厚度；
7. 使用超声波法检测衬砌不密实区与空洞；
8. 衬砌施工质量评定；
9. 衬砌施工检验批质量验收记录填报。

# 任务一　衬砌施工质量检测与验收基本知识

混凝土衬砌是隧道的主要结构,是隧道防水的重要防线,也是隧道内实外美的直接体现。混凝土衬砌质量的好坏对隧道的长期稳定、使用功能的正常发挥以及外观美均具有决定性作用。

混凝土衬砌常见的质量问题有:混凝土开裂和内部缺陷、混凝土强度不够、衬砌厚度不足、钢筋锈蚀和背后存在空洞等。因此,混凝土衬砌质量检测不仅是控制混凝土施工质量的主要手段,也是评价运营隧道衬砌现状所必需的。

## 一、衬砌施工工艺及要点

目前,隧道支护通常采用复合式衬砌,由初期支护和二次衬砌(即模筑混凝土衬砌,简称为衬砌)组成,初期支护与围岩一起承担松动荷载,二次衬砌则是提供安全储备或承受后期围岩压力。初期支护按主要承载结构设计,二次衬砌在Ⅲ级及以下围岩时按安全储备设计,在Ⅲ级以上围岩时按承载(后期围岩压力)结构设计,并均应满足构造要求。因此,对提供安全储备的二次衬砌,应在围岩与初期支护变形稳定后施作;对于要求承载的二次衬砌,则应根据量测数据及时施作。

衬砌施工通常采用洞外集中拌和、混凝土输送罐车运输、模板台车立模、混凝土输送泵灌注的方法进行。

**1. 混凝土拌和**

(1)原材料选择

模筑混凝土的材料与级配,应符合隧道衬砌的强度和耐久性要求,同时必须重视其抗冻、抗渗和抗侵蚀性等。

①水泥。水泥宜选用硅酸盐水泥或普通硅酸盐水泥,水泥混合材料宜采用矿渣或粉煤灰,水泥强度等级应不低于42.5级,不宜使用早强水泥。

②细集料。细集料应选用天然中粗河砂,也可选用专门机组生产的人工砂,不宜采用山砂,不得使用海砂。

③粗集料。粗集料宜选用级配合理、粒径良好、质地均匀坚固、线膨胀数小的洁净碎石或碎卵石,不宜采用砂岩碎石,松散堆积密度应大于$1500kg/m^3$,紧密孔隙率小于40%。

④水。普通混凝土用水的要求与喷射混凝土相同。

⑤外加剂和混合材料。为了改善和提高混凝土的各种技术性能,以满足施工工艺和工程质量要求,可在拌制混凝土时适当掺入各种类型的化学外加剂。按作用的不同,外加剂可分为早强剂、减水剂、加气剂、防冻剂、密实剂(防水剂)和缓凝剂等。也可在拌制混凝土时掺入具有胶凝性和填充性的矿物掺合料。矿物掺合料宜选用品质稳定的产品,包括粉煤灰、磨细粉煤灰、矿渣粉及硅灰等。

(2)混凝土拌和

混凝土应采用机械搅拌,严格按照选定的配合比供料和加水,特别要严格控制加水量,保证水灰比的正确性,使混凝土硬化后能获得设计所要求的强度和耐久性。混凝土拌和时间不得少于3min。

## 2. 混凝土输送

混凝土输送应采用可以自动搅拌的专用罐车,以防运输时间过长而离析或初凝。运输的时间应尽量缩短,一般不应超过45min。运至灌注地点的混凝土如发生离析现象时,应进行二次搅拌后方可灌注入模。

## 3. 模板台车就位

(1)安装前的准备

①前序工作检查。初期支护变形基本稳定、仰拱及填充施作完成、衬砌背后防水板、环向盲管以及纵向盲管安装完毕、衬砌内钢筋绑扎完成,要求以上各项工作检查合格后方可安装。初期支护变形基本稳定指隧道周边变形速率明显下降并趋于缓和;或水平收敛(拱脚附近7d平均值)小于0.2mm/d、拱部下沉速度小于0.15mm/d;或施作二次衬砌前的累计位移值已达极限位移值的80%以上。

②开挖轮廓线检查。隧道开挖后,如果出现超、欠挖,或隧道轮廓局部存在凹凸不平,就会造成衬砌混凝土厚度不足或衬砌背后出现不密实区。所以在衬砌混凝土浇筑之前,应用尺量或隧道断面仪对衬砌施工前的隧道毛洞实际轮廓进行检测。如有侵入衬砌断面的,应予以处理。

③清除浮渣,整平墙脚基面。墙脚地基应挖至设计高程,并在灌注前清除虚渣,排除积水,找平支承面。

(2)台车就位

在洞外组装并调试好台车,检查各部位尺寸,保证进洞后能够正常使用。

根据隧道中线、标高及断面设计尺寸,进行台车定位。定位时,应根据围岩变形情况预留沉落量和一定的施工误差。模板撑开后检查台车各节点连接是否牢固,有无错动移位情况,模板是否翘曲或扭动,位置是否准确,保证衬砌净空。

## 4. 混凝土灌筑

在做好上述准备工作后,即可进行混凝土灌注,灌注时应注意以下几点:

(1)二次衬砌宜采用全断面一次浇筑混凝土。

(2)浇筑前,应除去喷层或防水层表面灰粉,并洒水润湿。

(3)整体模筑时,应注意对称分层灌注,层厚15~30cm,两侧同时进行,以防止未凝混凝土对拱架模板产生偏压而使衬砌尺寸不合要求。混凝土灌注时的自由倾落高度不宜超过2m。

(4)浇筑混凝土应振捣密实,防止收缩开裂,振捣时不应破坏防水层,特别要加强角落部位、钢筋密度大部分和拱顶部位的振捣检查。捣固宜采用插入式振动器。

(5)混凝土灌注必须保证其连续性。灌注层之间的间隔,应能使混凝土在前一层初凝前灌注完毕。若因故不能连续灌注,则应按照施工接缝进行处理,务使衬砌具有较好的整体性。

(6)拱脚以上1m范围内的超挖,应用同级混凝土进行回填灌注。

(7)衬砌的分段施工缝应与设计变形缝及设备洞位置统一考虑,合理确定其位置。

## 5. 养护及拆模

一般情况下,衬砌混凝土灌注后12h内即应开始养护。养护延续时间和每天洒水次数,应根据衬砌灌注地段的气温、相对湿度和所用水泥的品种确定。使用普通硅酸盐水泥时,一般应连续养护7~14d。在严寒地区冬季灌注混凝土时,应采取防寒措施,防止冻坏衬砌。

二次衬砌拆模应符合以下规定：

(1) 在初期支护变形基本稳定后灌注的二次衬砌,应在混凝土强度达到 8MPa 以上。

(2) 初期支护未稳定提前施作的二次衬砌的混凝土强度应达到设计强度的 100%。

(3) 拆模时,混凝土内部与表层、表层与环境之间的温差不得大于 20℃,结构内外侧表面温差不得大于 15℃;混凝土内部开始降温前不得拆模。

### 6. 压浆

根据需要在拱顶部位压浆。压浆工作宜与衬砌作业区保持 70~100m 距离,同时随着衬砌作业向前推进。压浆浆液材料多采用单液水泥浆。衬砌背后需填充注浆时,应预留注浆孔。

### 7. 仰拱与底板

仰拱与底板施工应注意以下几点:

(1) 仰拱超前防水层铺设的距离宜保持 1~2 倍以上衬砌循环工作长度。

(2) 仰拱施工前,必须将隧底废渣、杂物、积水等清除干净,超挖应采用同级混凝土回填。

(3) 底板、仰拱混凝土应分段连续浇筑,一次成型,不留纵向施工缝。底板沟槽底部的连接应符合设计要求。仰拱应采用防干扰作业栈桥等架空设施施工,仰拱拱座应与墙基同时浇筑。

(4) 仰拱、仰拱填充、底板的高程,仰拱的曲率,仰拱填充和底板的横向坡度应符合设计要求,高程允许偏差为 ±15mm。

## 二、衬砌施工质量验收要点及标准

衬砌施工质量取决于衬砌施工各个环节的质量,如模板安设、钢筋加工与安装、混凝土制备与浇筑以及养护、拆模等,衬砌施工质量检测与验收即对衬砌施工各环节的质量检测与验收。

### 1. 一般规定

(1) 隧道竣工后的衬砌轮廓线严禁侵入设计轮廓线。

(2) 衬砌混凝土的强度、耐久性、耐腐蚀性、抗渗性及抗冻性必须符合设计要求。

(3) 衬砌混凝土使用水泥宜选用硅酸盐水泥、普通硅酸盐水泥,混合材宜为矿渣或粉煤灰,不宜使用早强水泥;有耐硫酸盐侵蚀要求的混凝土也可选用抗硫酸盐硅酸盐水泥;C30 以下混凝土,可采用矿渣硅酸盐水泥、粉煤灰硅酸盐水泥和复合硅酸盐水泥。

使用的细集料应选用级配合理、质地坚固、吸水率低、空隙率小的洁净天然河砂,也可选用专门机组生产的人工砂,不得使用海砂。

使用的粗集料应选用级配合理、粒形良好、质地均匀坚固、线胀系数小的洁净碎石或碎卵石,无抗拉和抗疲劳要求的 C40 及以下强度等级混凝土也可采用卵石。混凝土应采用二级或三级级配粗集料,粗集料应分级采购、分级运输、分级堆放、分级计量。

外加剂应采用质量稳定的产品,外加剂与水泥和掺合料之间应具有良好的相容性。当将不同功能的多种外加剂复合使用时,外加剂之间以及外加剂与水泥之间应有良好的适应性。

(4) 混凝土中宜适量掺加符合技术要求的粉煤灰、磨细矿渣粉或硅灰等矿物掺合料。不同矿物掺合料的掺量应根据混凝土的环境条件、拌合物性能、力学性能以及耐久性要求通过试验确定。

(5) 对有含气要求的混凝土,必须采取减水剂和引气剂双掺方式进行配置。

(6) 混凝土所用原材料应按品种、规格和检验状态分别标识存放。集料含泥量超标时,必须冲洗合格方可入仓,严禁不合格集料与合格集料混放。

(7) 钢筋阻锈剂、混凝土表面涂层和防腐蚀面层所用材料的品种、质量应符合设计要求和相关产品标准的规定。

(8) 混凝土生产应采用具有自动计量装置的拌和站、搅拌输送车、混凝土输送泵、插入式或附着式组合振捣的机械化作业线。混凝土搅拌输送车、输送泵应与搅拌设备的搅拌能力配合适宜,且能满足二次衬砌施工要求。

(9) 拌和站的自动计量装置,计量系统应定期检查。搅拌机经大修、中修或迁移至新的地点后,应对计量器具重新检定。每一工班正式称量前,应对计量设备进行检查。

(10) 衬砌模板台车就位后应进行中线、高程的复核。

(11) 混凝土衬砌应采用全断面一次成型法施工,特殊情况下可按设计要求进行分部施工。有仰拱的衬砌应先施作仰拱,仰拱与回填应分开浇注。

(12) 隧底混凝土施工前,应清除基底虚渣、淤泥、积水和杂物。

(13) 仰拱和底板混凝土强度达到5MPa后,行人方可通行;达到设计强度的100%后,车辆方可通行。

(14) 混凝土运输、浇注及间歇的全部用时,不应超过混凝土的初凝时间。底层混凝土初凝后浇注上一层混凝土时,应按施工缝处理。

(15) 初期支护、防水板、二次衬砌之间应相互密贴,防水板与二次衬砌之间空隙应通过预留孔回填注浆,注浆应在衬砌达到设计强度后方可进行。注浆孔的预留和封闭处理应符合设计要求。

(16) 当工地昼夜平均气温连续3d低于5℃或最低气温低于-3℃时,应采取冬期施工措施;冬期施工期间,混凝土强度达到设计强度的40%之前,不得受冻;浸水冻融条件下的混凝土开始受冻时,其强度不得小于设计强度的75%。当工地昼夜平均气温高于30℃时,应采取夏期施工措施。

(17) 软弱围岩及不良地质隧道的二次衬砌应及时施作,二次衬砌距掌子面的距离Ⅳ级围岩不得大于90m,Ⅴ、Ⅵ级围岩不得大于70m。

(18) 岩溶隧道二次衬砌施工前,应检查隧道环向地质情况,不符合设计要求的,应及时采取注浆等措施进行加固处理,符合要求后方可施作二衬。

### 2. 模板

(1) 主控项目

① 模板台车、移动台架设计制造时,必须以隧道断面为准,并考虑施工误差、测量调差及预留沉落量。钢结构及钢模具有足够的强度、刚度和稳定性。

检验方法:检查设计资料、产品验收合格证明。

② 模板安装必须稳定牢固,接缝严密,不得漏浆。模板与混凝土的接触面必须打磨清理光滑并均匀涂抹隔离剂。浇筑前,模板内的积水和杂物应清理干净。

检验方法:观察。

③ 二次衬砌在初期支护变形稳定前施工的,拆模时的混凝土强度应达到设计强度的100%;在初期支护变形稳定后施工的,拆模时的混凝土强度应达到8MPa,拆模后应及时保湿养护。

检验方法:强度试验。

(2)一般项目

①模板安装允许偏差和检验方法应符合表 8-1 的规定。

模板安装允许偏差和检验方法  表 8-1

| 序号 | 项目 | 允许偏差(mm) | 检查方法和数量 |
|---|---|---|---|
| 1 | 边墙脚平面位置及高程 | ±15 | 尺量:全部检查 |
| 2 | 起拱线高程 | ±10 | |
| 3 | 拱顶高程 | $^{+10}_{0}$ | 水准测量:全部检查 |
| 4 | 模板表面平整度 | 5 | 2m 靠尺和塞尺:全部检查 |
| 5 | 相邻浇筑段表面高低差 | $^{+10}_{0}$ | 尺量:全部检查 |

②拆模、移动、就位时,不得损坏、刮蹭原有混凝土面。

检验方法:观察。

③模板预埋件和预留孔洞的允许偏差应符合表 8-2 的规定。

模板预埋件和预留孔洞允许偏差  表 8-2

| 序号 | 项目 | | 允许偏差 | 检查方法和数量 |
|---|---|---|---|---|
| 1 | 预留孔洞 | 中心线位置 | 10(mm) | 尺量:全部检查 |
| | | 尺寸 | $^{+10}_{0}$ (mm) | |
| 2 | 预埋件 | 中心位置 | 3(mm) | |
| | | 外漏长度 | $^{+10}_{0}$ (mm) | |

3. 钢筋

(1)主控项目

①钢筋进场检查及强度试验品种、规格、数量应符合设计要求和国家现行标准规定。

检验方法:观察、尺量、检查产品合格证明。

②钢筋接头位置、技术和外观质量应符合设计及《标准》规定。

检验方法:观察、尺量。

③钢筋机械连接用套筒、锁母的材料、拼装、规格必须符合设计要求。

检验方法:观察、量规检查。

④钢筋加工应符合设计要求。当设计无要求时,应符合下列规定:

a. 受拉热轧光圆钢筋(HPB235)的末端应做 180°弯钩,其弯曲直径不得小于钢筋直径的 2.5 倍,钩端应留有不小于钢筋直径 3 倍的直线段。如图 8-1 所示。

b. 受拉热轧带肋钢筋的末端应采用直角形弯钩,其弯曲半径不得小于钢筋直径的 2.5 倍(HPB235)或 3.5 倍(HPB400),钩端应留有不小于钢筋直径 3 倍(HPB235)或 5 倍(HPB400)的直线段。如图 8-2 所示。

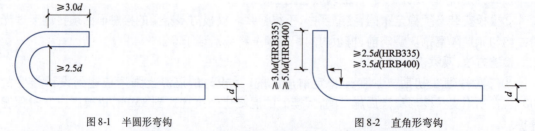

图 8-1 半圆形弯钩    图 8-2 直角形弯钩

c. 弯起钢筋应弯成平滑的曲线,其弯曲半径不得小于钢筋直径的 10 倍(HPB235)或 12

(HPB335)倍或14倍(HPB400)。如图8-3所示。

d. 用光圆钢筋制成的箍筋,其末端应做不小于90°的弯钩,弯钩的弯曲直径应大于受力钢筋直径,且不得小于箍筋直径的2.5倍,如图8-4所示;弯钩端直线段的长度,一般结构不得小于箍筋直径的5倍,有抗震等特殊要求的结构应符合相关抗震规范要求。

检验方法:尺量。

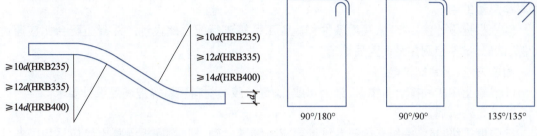

图8-3 弯起钢筋　　　　　　图8-4 箍筋末端弯钩

⑤钢筋镦粗和滚扎直螺纹机械连接丝头加工外观质量、尺寸、拧紧力矩,应符合《铁路混凝土工程钢筋机械连接技术暂行规定》(铁建设[2010]41号)的规定。

检验方法:观察、尺量。

⑥钢筋保护层垫块材质、数量、位置应符合设计要求。

检验方法:检查产品质量证明、检测报告。

⑦钢筋接头应设置在承受应力较小处,并应分散布置。

检验方法:观察、尺量。

(2)一般项目

①钢筋加工允许偏差应符合表8-3的规定。

②钢筋安装和保护层厚度允许偏差应符合表8-4的规定。

③钢筋应平直、无损伤,表面无裂纹、油污、颗粒状或片状锈蚀。

检验方法:观察。

钢筋加工允许偏差　　　　　　　　　　　表8-3

| 序号 | 项目 | 允许偏差(mm) | 检查方法和数量 |
|---|---|---|---|
| 1 | 受力钢筋顺长度方向的全长 | ±10 | 尺量:各编号钢筋10% |
| 2 | 弯起钢筋的弯折位置 | 20 | |
| 3 | 箍筋内净尺寸 | ±3 | |

钢筋安装和保护层厚度允许偏差　　　　　　　　　表8-4

| 序号 | 项目 | | 允许偏差(mm) | 检查方法和数量 |
|---|---|---|---|---|
| 1 | 双排钢筋的上、下排间距 | | ±5 | 尺量:中间两端各1处 |
| 2 | 同一排中受力钢筋的水平间距 | 拱部 | ±10 | |
| | | 边墙 | ±20 | |
| 3 | 分布钢筋间距 | | ±20 | 尺量:连续3处 |
| 4 | 箍筋间距 | | ±20 | |
| 5 | 钢筋保护层厚度 | | +10<br>-5 | 尺量:中间两端各2处 |

4. 混凝土

(1) 主控项目

①混凝土所用原材料性能及技术指标必须符合《标准》及相关规范规定。

检验方法:观察、试验、检查产品质量证明。

②材料中氯离子总含量不应超过胶凝材料总量的0.1%,三氧化硫最大含量应不超过胶凝材料总量的4%。

③应根据设计使用年限、环境条件和施工工艺等进行配合比设计。混凝土配合比应通过计算、试配、试件检测并经调整后确定。

检验方法:配合比试验。

④混凝土中矿物掺合料掺量、最大水胶比、最小胶凝材料用量等应满足设计要求。

检验方法:试验。

⑤强度等级、抗渗等级必须符合设计要求。隧道衬砌、仰拱、底板混凝土尚应采用同条件养护试件检测结构实体强度。混凝土抗压强度标准条件养护试件的试验龄期为56d,混凝土强度试件应在混凝土的浇筑地点随机抽样制作。

检验方法:抗压强度试验。

⑥衬砌厚度严禁小于设计厚度,二衬与防水板之间密贴无空洞。

检验方法:激光断面仪法、无损检测法。

⑦隧道超挖回填必须符合设计要求。采用同级混凝土回填。边墙基础无虚渣杂物及淤泥,边墙基础的扩大部分及仰拱的拱座应结合边墙同时灌注。

检验方法:观察。

⑧养护措施符合有关专业标准。进行保水潮湿养护,养护时间根据气温等条件确定,洞口10~28d,洞内7~21d,混凝土强度达到5MPa前,不应在其上安装模板及支架。环境温度低于5℃时禁止洒水,表面应采取保温保湿措施。

检验方法:测温、观察、检查养护记录。

⑨混凝土每盘原材料称量允许误差:水泥和矿物掺合料±1%,粗细集料±2%,拌和用水与外加剂±1%。

检验方法:复称。

⑩混凝土塌落度与含气量应符合设计要求。

检验方法:试验。

⑪邻接的已硬化混凝土或岩土介质间表面温差不得大于15℃,灌注混凝土表面与内部温差不得大于20℃。

检验方法:测温。

⑫施工缝的位置与连接形式应符合设计和施工方案要求。环向缝切面应平整密实,棱角不得损坏。仰拱施工缝应做防水处理。

检验方法:观察、尺量。

⑬表面非受力裂缝宽度不得大于0.20mm。所有裂缝必须处理后检测合格。

检验方法:观察、仪器检测。

(2) 一般项目

①混凝土结构外形尺寸允许偏差应符合表8-5的规定。

衬砌结构外形尺寸允许偏差　　　　　　　　　表8-5

| 序号 | 项目 | 允许偏差 | 检查方法和数量 |
|---|---|---|---|
| 1 | 边墙平面位置 | ±10(mm) | 尺量:每浇筑段检查1个断面 |
| 2 | 拱部高程 | $^{+30}_{0}$ (mm) | 水准测量:每浇筑段检查1个断面 |
| 3 | 边墙、拱部表面平整度 | 8(mm) | 2m靠尺检查或断面仪测量:每浇筑段检查1个断面 |

②衬砌预埋件和预留孔洞允许偏差应符合表8-6规定。

衬砌预埋件和预留孔洞允许偏差　　　　　　　　　表8-6

| 序号 | 项目 | | 允许偏差 | 检查方法和数量 |
|---|---|---|---|---|
| 1 | 预留孔洞 | 中心线位置 | 15(mm) | 尺量:每浇筑段检查1个断面 |
| | | 尺寸 | $^{+15}_{0}$ (mm) | |
| 2 | 预埋件 | 中心位置 | 3(mm) | |
| | | 外漏长度 | $^{+10}_{0}$ (mm) | |

③底板、仰拱混凝土应分段连续浇筑,一次成型,不留施工缝。底板沟槽底部的连接应符合设计要求。仰拱应采用防干扰作业栈桥等架空设施施工,仰拱拱座应与墙基同时浇筑。

检验方法:观察。

④仰拱填充混凝土不得与仰拱混凝土同时浇筑,仰拱填充混凝土浇筑前,应清除仰拱表面的杂物和积水。表面处理应符合设计要求。

检验方法:观察。

⑤混凝土结构表面密实平整、颜色均匀,严禁漏筋、空洞、疏松,不得有麻面、缺棱掉角等缺陷。蜂窝深度小于5mm,长度小于10mm,每浇筑段不超过5处。

检验方法:观察、尺量。

**5.明洞回填**

(1)主控项目

①明洞墙背回填应符合下列规定:

a.由墙顶起坡开挖时,墙背超挖回填应用与边墙强度等级相同的混凝土一次浇筑。

b.由墙底起坡开挖或在已成路堑增建明洞时,墙背回填应按设计要求办理。

c.偏压及单压式明洞靠山侧墙背回填应符合设计要求。

d.隔水层应与边坡、仰坡搭接,封闭紧密。

e.明洞拱架拆除后,应及时对称回填土至拱顶以上0.7m,回填土的压实系数应不低于0.8。

检验方法:观察、检查施工记录。

②明洞顶回填高度、坡度、回填材料和粒径应符合设计要求。

检验方法:观察、尺量。

③明洞顶回填土密实度应符合设计要求。

检验方法:静力触探试验、压实度试验。

(2)一般项目

①明洞墙后排水设施应符合设计要求并与墙背回填同时施作,确保渗水顺畅排出。

检验方法:观察。

②明洞拱背回填应对称分层夯实,每层厚度不宜大于0.3m,其两侧回填的土面高差不得

大于 0.5m。

检验方法:观察。

### 衬砌施工质量检测

衬砌施工尤其是内部钢筋施工属隐蔽工程,在施工中应由施工单位做好隐蔽工程的自检工作,并应做好施工记录,待混凝土浇筑完成后,可由第三方采用电磁感应法及雷达波反射法进行钢筋数量、间距、保护层厚度等的检测,采用回弹法、雷达波反射法、断面仪法等进行衬砌强度、厚度、衬砌背后空洞及其他缺陷检测,当对无损检测结果有怀疑时,也可采用钻孔取芯法、拔出法等进行检测。

## 任务二 回弹法检测混凝土强度

现场检测混凝土强度的方法很多,如钻芯法、拔出法、回弹法、超声波法、超声—回弹综合法等。回弹法、超声—回弹综合法是应用最广的无损检测方法。混凝土试块的抗压强度与无损检测的参数(超声声速值、回弹值、拔出力等)之间建立起来的关系曲线,称为测强曲线,它是无损检测推定混凝土强度的基础。测强区线根据来源不同,分为全国统一测强区线、地区测强区线及专用测强区线 3 种。

### 一、检测原理及特点

#### 1. 原理

回弹法是用弹簧驱动重锤,通过弹击杆弹击混凝土表面,并测出重锤被反弹回来的距离,以回弹值(反弹距离与弹簧初始长度之比)作为与强度相关的指标,来推定混凝土强度的一种方法。其测量是在混凝土表面进行的,故应属于表面硬度法的一种。

图8-5 为回弹法原理示意图。当重锤被拉到冲击前的起始状态时,若重锤的质量等于1,则此时重锤所具有的势能 $e$ 为:

$$e = \frac{1}{2}kl^2 \tag{8-1}$$

式中:$k$ ——拉力弹簧的刚度系数;

$l$ ——拉力弹簧起始拉伸长度(m)。

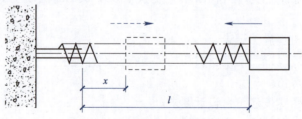

图 8-5 回弹法原理示意图

混凝土受冲击后产生瞬时弹性变形,其恢复力使重锤弹回,当重锤被弹回到 $x$ 位置时所具有的势能 $e_x$ 为:

$$e_x = \frac{1}{2}kx^2 \tag{8-2}$$

式中：$x$ ——重锤反弹位置或重锤弹回时弹簧的拉伸长度(m)。

所以重锤在弹击过程中，所消耗的能量 $\Delta e$ 为：

$$\Delta e = e - e_x = \frac{1}{2}k(l^2 - x^2) = e\left[1 - \left(\frac{x}{l}\right)^2\right] \tag{8-3}$$

令：

$$R = \frac{x}{l}$$

在回弹仪中，$l$ 为定值，所以 $R$ 与 $x$ 成正比，称 $R$ 为回弹值。将 $R$ 带入式(8-3)中，得：

$$R = \sqrt{1 - \frac{\Delta e}{e}} = \sqrt{\frac{e_x}{e}} \tag{8-4}$$

由式(8-4)可知，回弹值只等于重锤冲击混凝土表面后剩余势能与原有势能之比的平方根。简而言之，回弹值的大小，取决于与冲击能量有关的回弹能量，而回弹能量主要取决于被测混凝土的弹塑性性能。即混凝土塑性变形愈大，消耗于产生塑性变形的功也愈大，弹击锤所获得的回弹功能就愈小，回弹距离相应也愈小，从而回弹值就愈小，反之亦然。而塑性变形越大，混凝土强度则越小。据此，可由实验方法建立"混凝土抗压强度-回弹值"的相关曲线，通过回弹仪对混凝土表面弹击后的回弹值来推算混凝土的强度值。

## 2. 特点

用回弹法检测混凝土抗压强度，虽然检测精度不高，但是设备简单、操作方便、测试迅速、检测费用低廉，且不破坏混凝土的正常使用，故在现场直接测定中使用较多。

该方法影响因素较多，如操作方法、仪器性能、气候条件等都会影响测定结果，产生较大误差。在《回弹法检测混凝土抗压强度技术规程》(JGJ/T 23—2011)中规定，回弹法检测混凝土的龄期为 7~1000d，不适用于表层及内部质量有明显差异或内部存在缺陷的混凝土构件和特种成型工艺制作的混凝土的检测。这大大限制了回弹法的检测范围，例如不适用于既有建筑中混凝土龄期超过 3 年，以及遭受水灾、冻害、化学腐蚀等混凝土的强度检测。解决这些问题的方法主要是采用钻芯法和回弹法相结合，对这两种方法的检测数据进行适当处理，基本上可以满足上述混凝土的强度检测。

## 二、仪器

### 1. 回弹仪的构造

如图 8-6 所示，回弹仪的外部有一金属外壳，内部主要由弹击杆、缓冲弹簧、拉力弹簧弹击锤、导向杆等构成。工作时，随着对回弹仪施压，弹击杆 2 徐徐向机壳内推进，拉力拉簧 4 被拉伸，使连接拉力拉簧的弹击锤 5 获得恒定的冲击能量 $e$，当仪器水平状态工作时，其冲击能量 $e$ 可由式(8-1)计算，其能量大小为 2.207J(标准规定拉力拉簧的刚度为 785.0N/m，单击拉簧工作时拉伸长度为 0.075m)。

当挂钩 10 与顶杆 12 互相挤压时，使弹击锤脱钩，于是弹击锤的冲击面与弹击杆的后端平面相碰撞，此时弹击锤释放出来的能量借助弹击杆传递给混凝土构件，混凝土弹性反应的能量又通过弹击杆传递给弹击锤，使弹击锤获得回弹的能量向后弹回，计算弹击锤回弹的距离 $x$ 和弹击锤脱钩前距弹击杆后端平面的距离 $l$ 之比，即得回弹值 $R$，它由仪器外壳上的刻度尺 7 示出。

a)回弹仪外形

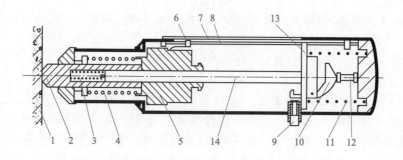

b)回弹仪构造

图 8-6 回弹仪

1-结构混凝土表面;2-弹击杆;3-缓冲弹簧;4-拉力弹簧;5-弹击锤;6-指针;7-刻度尺;8-指针导杆;9-按钮;10-挂钩;11-压力弹簧;12-顶杆;13-导向法兰;14-导向杆

### 2. 类型

国内回弹仪的构造及零部件和装配质量必须符合《回弹仪检定规程》(JJG 817—2011)的要求。回弹仪按回弹冲击能量大小分为重型、中型和轻型。普通混凝土抗压强度不大于 C50 时，通常采用中型回弹仪;混凝土抗压强度不小于 C60 时，宜采用重型回弹仪。

传统的回弹仪检测是直接读取回弹仪指针所在位置的读数——直读式。目前，已有的新产品有:自记式、带微型工控机的自动记录及处理数据等功能的回弹仪。如 Digi-Schmidt2000 混凝土数显式回弹仪，它是通过液晶显示屏显示，自动删除最大值、最小值，直接读取混凝土强度值 $f$，智能、便捷，可与计算机连接存取数据和打印。

### 3. 检测性能影响因素

影响回弹仪检测性能的主要因素有:

(1)回弹仪机芯主要零件的装配尺寸，包括弹击拉簧的工作长度、弹击锤的冲击长度以及弹击锤的起跳位置等;

(2)主要零件的位置，包括拉簧刚度、弹击杆前端的球面半径、指针长度和摩擦力、影响弹击锤起跳的有关零件;

(3)机芯装配质量，如调零螺钉、固定弹击拉簧和机芯同轴度等。

### 4. 钢砧的作用

我国传统的回弹仪率定方法是:在符合标准的钢砧上，将仪器垂直向下率定，其平均值应为 80±2，以此作为出厂合格检验及使用中是否需要调整的依据。

由上述影响回弹仪检测性能的主要因素可知，仅以钢砧率定方法作为检验合格与否往往是欠妥的。只有在仪器 3 个装配尺寸和主要零件质量合格的前提下，钢砧率定值才能够作为检验合格与否的一项标准。

我国规定,如率定试验不在 80±2 范围内,应对仪器进行保养后再率定,如仍不合格,应送检定单位检定。率定试验不在 80±2 范围内的仪器,不得用于测试。

## 三、检测强度值的影响因素

回弹法是表面硬度法的一种,其基本原理是根据混凝土结构表面约 6mm 厚度范围的弹性性能,间接推定混凝土的表面强度,并认为在一般情况下,构件竖向侧面的混凝土表面强度与内部一致,因此,混凝土构件的表面状态直接影响推定值的准确性和合理性。

### 1. 原材料

(1) 水泥。水泥品种对回弹法测强的影响还存在争议。一种观点认为,只要考虑了碳化深度的影响,可以不考虑水泥品种的影响。

(2) 细集料。已有的研究表明,普通混凝土用细集料的品种和粒径,只要符合《普通混凝土用砂、石质量及检验方法标准》(JGJ 52—2006)的规定,对回弹法测强的影响不显著。

(3) 粗集料。粗集料品种的影响,目前还没有一致的认识。一般在制订地方测强曲线时,结合具体情况予以考虑。

### 2. 外加剂

在普通混凝土中,外加剂对回弹法测强的影响不显著。掺有外加剂的混凝土测强曲线比不掺者的强度偏高 1.5~5MPa。这对于采用统一测强曲线进行的回弹法检测,所得混凝土强度的安全性是可以接受的。

### 3. 成型方法

总体上,不同强度等级、不同用途的混凝土混合物,应有各自相应的最佳成型工艺。但是只要混凝土密实,其影响一般较小。但是喷射混凝土和表面通过特殊处理、化学方法成型的混凝土,统一测强曲线的应用要慎重。

### 4. 养护方法及湿度

混凝土在潮湿的环境或水中养护时,由于水化作用较好,早期和后期强度均比在干燥条件下养护的高,但表面硬度由于被水软化而降低。不同的养护方法产生不同的湿度对混凝土强度及回弹值都有很大的影响。

### 5. 碳化及龄期

水泥已经水化游离出大约 35% 的氢氧化钙,它对混凝土的硬化起了重大作用。已经硬化的混凝土表面受到二氧化碳作用,使氢氧化钙逐渐变化,生成硬度较高的碳酸钙,即发生混凝土的碳化现象,它对回弹法测强有显著影响。

碳化使混凝土表面硬度增加、回弹值 $R$ 增大,但对混凝土强度 $f_{cu}$ 影响不大,从而影响"$f_{cu}$-$R$"相关关系。不同的碳化深度对其影响不一样,对不同强度等级的混凝土,同一碳化深度的影响也有差异。

消除碳化影响的方法国内外各有不同。国外的做法是磨去混凝土碳化层或不允许对龄期较长的混凝土进行测试。我国的研究表明,用碳化深度作为一个测强参数来反映碳化的影响。虽然回弹值随碳化深度增大,但碳化深度达到 6mm,这种影响基本不再增长。

### 6. 泵送混凝土

根据福建建筑研究院的实验研究,对于泵送混凝土用测区混凝土强度换算得出的换算强度值$f_{cu}^c$,普遍低于混凝土的实际抗压强度(试件强度)值,$f_{cu}$换算强度值$f_{cu}^c$越低,误差越大,且正偏差居多。当$f_{cu}$在50MPa以上时,影响减小。误差修正值可以按表8-7执行。

泵送混凝土误差影响修正值$K$  表 8-7

| 碳化深度(mm) | 换算强度值(MPa) | | | | |
|---|---|---|---|---|---|
| $d_m = 0$<br>$d_m = 0.5$<br>$d_m = 1.0$ | $f_{cu}^c$ | ≤40.0 | 45.0 | 50.0 | 55.0~60.0 |
|  | $K$ | +4.5 | +3.0 | +1.5 | 0.0 |
| $d_m = 1.5$<br>$d_m = 2.0$ | $f_{cu}^c$ | ≤30.0 | 35.0 | 40.0~60.0 |  |
|  | $K$ | +3.0 | +1.5 | 0.0 |  |

### 7. 混凝土表面缺陷

根据检测经验,构件混凝土局部表面偶尔出现异常状态,强度异常低,在分析排除施工或材料异常的情况下,应考虑存在混凝土表面与内部强度差异较大的可能。造成表面强度局部异常的常见原因有施工振捣过甚、表面离析、砂浆层太厚、局部混凝土表面潮湿软化、构件表面粗糙,以及检测前未按要求认真打磨等操作失误或测区划分错误。混凝土表层强度几乎不影响构件的承载力和刚度,因此,若仍按规程以测区强度最小值推定,必然过于保守,可能导致错误决策,故有必要先进行异常值的判断,当断定属于数据异常时,有条件的可采取钻芯法进一步检测。

### 8. 混凝土结构中表层钢筋对回弹值的影响

采用回弹仪所测得的回弹值只代表混凝土表面层2~3cm的质量。因此,在实际工作中,钢筋对回弹值的影响要视钢筋混凝土保护层厚度、钢筋直径及疏密程度而定。如果在工程施工中,按规定混凝土中钢筋保护层厚度普遍大于20mm,用回弹仪进行对比回弹,混凝土回弹值波动幅度不大,可视为没有影响。通常情况下,混凝土保护层厚度基本大于规范规定值,其波动幅度不大,钢筋的影响可忽略不计。

## 四 检测方法

### 1. 收集基本资料

基本资料主要包括:
(1)工程名称及设计、施工、监理(或监督)和建设单位名称。
(2)结构或构件名称、外形尺寸、数量及混凝土强度等级。
(3)水泥品种、强度等级、安定性、厂名;砂石种类、粒径;外加剂或掺合料品种、掺量;混凝土配合比等。
(4)施工时材料计量情况,模板、浇筑、养护情况及成型日期等。
(5)必要的设计图纸和施工记录。
(6)检测原因。

### 2. 选择测区

测区选择应遵循以下原则:

(1) 按单个构件检测时,应在构件上均匀布置测区,每一构件上测区数应不少于10个;同批构件按批抽样检测时,构件抽样数应不少于构件总数的30%,且应不少于10件;对某一方向上结构尺寸小于4.5m且另一方向尺寸小于0.3m的构件,其测区数可适当减少,但应不少于5个。

(2) 相邻两测区的间距应控制在2m以内,测区离构件端部或施工缝边缘的距离不宜大于0.5m,且不宜小于0.2m。

(3) 测区应选在使回弹仪处于水平方向检测混凝土浇筑侧面。当不能满足这一要求时,可使回弹仪处于非水平方向检测混凝土构件的浇筑侧面、表面或底面。

(4) 测区宜选在构件的两个对称可测面上,也可选在一个可测面上,且应均匀分布。在构件的重要部位及薄弱部位必须布置测区,并应避开预埋件。

(5) 测区尺寸宜为200mm×200mm;采用平测时宜为400mm×400mm。

(6) 检测面应为原状混凝土表面,并应清洁、平整,不应有疏松层、浮浆、油垢、涂层以及蜂窝、麻面,必要时可用砂轮清除疏松层和杂物,且不应有残留的粉末或碎屑。

(7) 对弹击时产生颤动的薄壁、小型构件应进行固定。

(8) 结构或构件的测区应标有清晰的编号,必要时,应在记录纸上描述测区布置示意图和外观质量情况。

### 3. 回弹值测量

(1) 回弹仪的操作

将弹击杆顶住混凝土的表面,轻压仪器,松开按钮,弹击杆徐徐伸出。使仪器对混凝土表面缓慢均匀施压,待弹击锤脱钩冲击弹击杆后即回弹,带动指针向后移动并停留在某一位置上,即为回弹值。继续顶住混凝土表面并在读取和记录回弹值后,逐渐对仪器减压,使弹击杆自仪器内伸出,重复进行上述操作,即可测得被测构件或结构的回弹值。操作中,注意仪器的轴线应始终垂直于混凝土构件的检测面,缓慢施压,准确读数,快速复位。

(2) 测点宜在测区范围内均匀分布,相邻两测点的净距不宜小于20mm;测点距外露钢筋、预埋件的距离不宜小于30mm。测点不应在气孔或外露石子上,同一测点只能弹击一次。每一测区应记取16个回弹值,每一测点的回弹值读数估读至1。

### 4. 碳化深度值测量

回弹值测量完毕后,应在有代表性的位置上测量碳化深度值,测点数应不少于构件测区数的30%,取其平均值为该构件每测区的碳化深度值。当碳化深度值大于2.0mm时,应在每一测区测量碳化深度值。

碳化深度值测量方法:采用适当的工具在测区表面形成直径约为15mm的孔洞,其深度应大于混凝土的碳化深度。孔洞中的粉末和碎屑应除净,并不得用水擦洗。同时,采用浓度为3%的酚酞酒精溶液滴在孔洞内壁的边缘处,当已碳化与未碳化界线清楚时,用深度测量工具测量已碳化与未碳化混凝土交界面到混凝土表面的垂直距离,测量应不少于3次,取其平均值。每次读数精确至0.5mm。

## 五 混凝土强度计算

### 1. 回弹值计算

从每一个测区所得的16个回弹值中,剔除3个最大值和最小值后,将余下的10个回弹值按下列公式计算平均值：

$$R = \frac{\sum_{i=1}^{10} R_i}{10} \tag{8-5}$$

式中：$R$——测区平均回弹值，精确至 0.1；

$R_i$——第 $i$ 个测点的回弹值。

### 2. 回弹值修正

（1）对于回弹仪非水平方向检测混凝土浇筑面，回弹值按下列公式校正：

$$R_a = R + R_{a\alpha} \tag{8-6}$$

式中：$R_a$——修正后的测区回弹代表值，精确至 0.1；

$R_{a\alpha}$——测试角度为 $\alpha$ 时的测区回弹修正值，按表 8-8 取值。

回弹仪非水平方向检测修正值 $R_{a\alpha}$    表 8-8

| $R$ | 检测角度 | | | | | | | |
|---|---|---|---|---|---|---|---|---|
| | 回弹仪向上 | | | | 回弹仪向下 | | | |
| | 90° | 60° | 45° | 30° | -30° | -45° | -60° | -90° |
| 20 | -6 | -5 | -4.0 | -3.0 | 2.5 | 3.0 | 3.5 | 4.0 |
| 30 | -5 | -4 | -3.5 | -2.5 | 2.0 | 2.5 | 3.0 | 3.5 |
| 40 | -3 | -3.5 | -3.0 | -2 | 1.5 | 2.0 | 2.5 | 2.0 |
| 50 | -3 | -3 | -2.5 | -1.5 | 1.0 | 2.5 | 2.0 | 2.5 |

注：1. $R$ 小于 20 和大于 50 时，分别按 20 或 50 查表。

2. 表中未列入的可按内插法求得，精确至 0.1。

（2）在混凝土浇筑顶面或底面测得的回弹值，应按下式修正：

$$R_a = R + (R_a^t + R_a^b) \tag{8-7}$$

式中：$R_a^t$——测量顶面时的回弹修正值，精确至 0.1；

$R_a^b$——测量底面时的回弹值修正值，按表 8-9 取值。

测量混凝土顶面或底面时的回弹修正值 $R_a^t$、$R_a^b$    表 8-9

| $R$ 或 $R_a$ | 测试面 顶面 $R_a^t$ | 底面 $R_a^b$ |
|---|---|---|
| 20 | 2.5 | -3.0 |
| 25 | 2.0 | -2.5 |
| 30 | 1.5 | -2.0 |
| 35 | 1.0 | -1.5 |
| 40 | 0.5 | -1.0 |
| 45 | 0 | -0.5 |
| 50 | 0 | 0 |

注：1. $R$ 小于 20 和大于 50 时，分别按 20 或 50 查表。

2. 当先进行角度修正时，采用修正后的回弹代表值 $R_a$ 查表。

3. 表中未列入的可按内插法求得，精确至 0.1。

当检测时回弹仪为非水平方向且测试面为非混凝土的浇筑侧面时，应先对回弹值进行角度修正，再对修正后的值进行浇筑面修正。

### 3. 碳化深度计算

对于抽检碳化深度的计算,用数理统计方法计算,以平均值作为测区碳化深度。

### 4. 测强曲线应用

结构或构件第 $i$ 个测区混凝土强度换算值,根据每一测区的回弹平均值及碳化深度值,查阅全国统一测强曲线得出,当有地区测强曲线或专用测强曲线时,混凝土强度换算值应按地区测强曲线或专用测强曲线换算得出。对于泵送混凝土还应符合下列规定:

(1)当碳化深度值不大于 2.0mm 时,每一测区混凝土强度换算值应按表 8-10 修正。

**泵送混凝土测区混凝土强度换算值的修正值**　　　　　表 8-10

| 碳化深度(mm) | 抗压强度值(MPa) | | | | |
|---|---|---|---|---|---|
| 0.0、0.5、1.0 | $f_{cu}^c$ | ≤40.0 | 45.0 | 50.0 | 55.0~60.0 |
| | K | +4.5 | +3.0 | +1.5 | 0.0 |
| 1.5、2.0 | $f_{cu}^c$ | ≤30.0 | 35.0 | 40.0~60.0 | |
| | K | +3.0 | +1.5 | 0.0 | |

(2)当碳化深度值大于 2.0mm 时,可采用同条件试件或钻取混凝土芯样进行修正。

### 5. 混凝土强度计算

对于没有可以利用的地区和专用混凝土回弹测强曲线,测区混凝土强度的求取,可以按规范附录中所提供的"测区混凝土强度换算表"换算。当测区数为 10 个及以上时,应计算强度标准差。

混凝土强度平均值和标准差按下式计算:

$$\overline{R_m} = \frac{1}{n}\sum_{i=1}^{n} R_{mj}$$

$$S = \sqrt{\frac{\sum_{i=1}^{n} R_{mj}^2 - n(\overline{R_m})^2}{n-1}}$$

(8-8)

式中:$R_{mj}$——构件强度平均值(MPa),精确至 0.1MPa;

$\overline{R_m}$——混凝土强度的平均值(MPa),精确至 0.1MPa;

$n$——被抽取构件测区之和;

$S$——构件混凝土强度标准差(MPa),精确至 0.1MPa。

### 6. 异常数据分析

混凝土强度不是定值,它服从正态分布。混凝土强度无损检测属于多次测量的实验,可能会遇到个别误差不合理的可疑数据,应予以剔除。根据统计理论,绝对值越大的误差,出现的概率越小,当划定了超越概率或保证率时,其数据合理范围也相应确定。因此,可以选择一个"判定值"去和测量数据比较,超出判定值者则认为包含过失而应剔除。

### 7. 混凝土强度值推定

(1)按批量检测,其混凝土强度推定值,由下式计算:

$$R_m = \overline{R_m} - 1.645S, R_2 = R_{m,mine}$$

(8-9)

式中:$R_{m,mine}$——该批构件中最小的测区混凝土强度换算值的平均值(MPa),精确至 0.1MPa。

该批构件混凝土强度推定值取上述公式中($R_m$ 或 $R_2$)较大值。

对于按批量检测的构件,当该构件混凝土强度标准差出现下列情况之一时,则该批构件应全部按单个构件检测:

①当该批构件混凝土强度平均值小于 25MPa 时:S＞4.5MPa;

②当该批构件混凝土强度平均值不小于 25MPa 时:S＞5.5MPa。

(2)当按单个构件计算时,以最小值作为该构件的混凝土强度推定值:$R = R_{m,mine}$。

## 任务三 超声波法检测混凝土强度

超声波法属无损检测技术,它既可以检测混凝土的强度,又可以检测混凝土裂缝、混凝土均匀性、混凝土结合面质量、混凝土中不密实区和空洞、混凝土破坏层厚度和混凝土弹性参数等,是一种极具生命力的检测方法。

###  检测原理及特点

超声波法就是利用超声波的传播特性来评定混凝土的抗压强度。

#### 1. 原理

超声检测原理:在混凝土中传播的超声波,其速度和频率与混凝土的弹性模量和密实度有关,即混凝土密实度越高,弹性模量越大,超声波传播速度越高。因此,可以通过测定混凝土声速来确定其弹性模量与强度。

混凝土是由固相、液相和气相随机地交织在一起的非均匀的各向异性材料。通过大量的研究可知,当超声波在混凝土中传播时,其纵波速度的平方与混凝土的弹性模量成正比,与混凝土的密度成反比,而混凝土强度等级的高低又与其密度相关。因此,根据超声波传播速度即可推定混凝土的强度。一般来说,混凝土声速越大其强度越高。

国内外采用统计方法建立超声波测强的经验公式。国内 $v\text{-}f_{cu}^c$ 相关曲线一般采用 $f_{cu}^c = Av^B$ 和 $f_{cu}^c = Ae^{Bv}$ 两种非线性的数学表达式,其中 $A$ 和 $B$ 为经验参数。如陕西省建筑科学院混凝土推定强度 $f_{cu}^c$ (MPa)与砂浆换算声速 $v_m$ (km/s)的回归方程为:

$$f_{cu}^c = 0.958 v_m^{2.88} \tag{8-10}$$

#### 2. 特点

超声波检测可以利用单一声速参数推定混凝土的强度,具有重复性好的优点。在混凝土中,水泥石的强度及其与集料的黏结能力对混凝土强度起决定作用。但是水泥石所占比例不占绝对优势,导致原料及配比不同时,声速与强度关系发生明显变化,制约其普遍应用。

###  仪器

#### 1. 概况

超声波检测法基本设备包括超声波仪及发射与接收两个换能器,如图 8-7 所示。

超声波仪是超声检测的基本装置。它的作用是产生重复的电脉冲去激励发射换能器,发射换能器发射的超声波经耦合进入混凝土,在混凝土中传播后被接收换能器所接收并转换成电信号,电信号被送

图 8-7 超声波仪及换能器

至超声波仪,经放大后显示在示波屏上。超声波仪除了产生电脉冲、接收、显示超声波外,还具有测量超声波有关参数(如声传播时间、接收波振幅、频率等)的功能。

超声换能器是混凝土超声检测设备的重要组成部分,因为超声波的产生与接收是通过它来实现的。超声换能器的原理是通过声能与电能的相互转换产生和接收超声波的。发射换能器是将电能转化成声能,即产生并发射超声波,超声波在混凝土中传播后,被接收换能器接收并将超声能量转换为电能,转换后的电信号送到主机进行处理。混凝土的超声换能器一般应用压电体材料的压电效应实现电能与声能的相互转换,因此常称为压电换能器。

目前,应用于混凝土的超声波检测仪有模拟式和数字式两类。前者接收信号为连续模拟量,可由时域波形信号测读声时参数;数字式接收信号转化为离散数字量,具有采集、存储数字信号、测读声学参数和对数字信号处理的智能化功能。

### 2. 技术要求

超声波检测仪技术要求如下:

(1)超声波检测仪应通过技术鉴定,并必须具有产品合格证。

(2)仪器的声时范围应为 $0.5 \sim 9999\mu s$,测读精度为 $0.1\mu s$。

(3)仪器应具有良好的稳定性,声时显示,调节在 $20 \sim 30\mu s$ 范围内时,2h 内声时显示的漂移不得大于 $\pm 0.2\mu s$。

(4)仪器的放大器频率响应宜分为 $10 \sim 200kHz$、$200 \sim 500kHz$ 两种频率。

(5)仪器宜具有示波屏显示及游标测读功能,显示应清晰稳定。若采用整形自动测读,混凝土超声测距不得超过 $1m$。

(6)仪器应能适用于温度为 $-10℃ \sim +40℃$ 的环境。

(7)换能器宜采用厚度振动形式压电材料,换能器的频率宜在 $50 \sim 100kHz$ 范围以内,换能器实测频率与标称频率相差应不大于 $\pm 10\%$。

## 三、影响因素

超声波检测混凝土的强度主要是通过测量在一定测距内超声传播的平均声速来推定的。影响声速的因素主要有以下 7 个方面:

### 1. 横向尺寸效应

通常,纵波速度是指在无限大介质中测得,随着试件横向尺寸的减小,纵波速度可能向杆、板的声速或表面波速转变,即声速降低,如图 8-8 所示,表示在不同横向尺寸的试件上测得声速的变化情况。

当横向最小尺寸 $d \geq 2\lambda$($\lambda$ 为波长)时,传播速度与大块体中纵波速度值相当(Ⅰ区);当 $\lambda < d < 2\lambda$ 时,传播速度降低 $2.5\% \sim 3\%$(Ⅱ区);当 $0.2\lambda < d < \lambda$ 时,传播速度变化较大,降低 $6\% \sim 7\%$,在这个区间(Ⅲ区)测量时,强度误差可能达到 $30\% \sim 40\%$。

### 2. 温度和湿度

(1)温度

混凝土环境温度处于 $5 \sim 30℃$ 时,温度影响不明显;环境温度处于 $40 \sim 60℃$ 时,声速值约降低 $5\%$;温度为 $0℃$ 以下,由于冰的声速为 $3.5km/s$,大于自由水的声速 $1.45km/s$,使脉冲波速增加。对于温度在 $-4 \sim +60℃$ 时,温度影响可以用有关数据修正。

(2)湿度

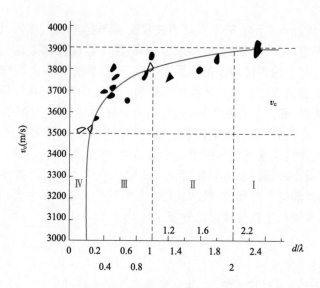

图 8-8 声速随试件横向尺寸的变化

由于超声波在水中的传播速度为 1.45km/s,而在空气中仅为 0.34km/s,因此,在水中养护的混凝土得到比空气中养护高的强度。饱水混凝土含水率比一般混凝土增高约 4%,声波在饱水混凝土中的传播速度比在一般混凝土中增高约 6%。

### 3. 混凝土结构中钢筋对超声波法测强的影响

钢筋中超声波传播速度 $v_s$ 为普通混凝土中的超声波传播速度 $v_s$ 的 1.2~1.9 倍,在检测钢筋混凝土结构时,会遇到钢筋对声波的影响,从而影响了所测混凝土结构的强度。

(1) 钢筋垂直于声波脉冲传播方向时,在一般配筋情况下,当混凝土体积较大时,这种影响很小,且往往被测量误差掩盖,可以忽略。

(2) 钢筋平行于声脉冲传播方向时,如果能使探头与钢筋的间距增大,则钢筋对混凝土声速的影响逐渐减小。当探头离开钢筋的距离大于探头距离的 1/8~1/6 时,就足以避免钢筋的影响。

### 4. 粗集料品种、粒径和含量

每立方米混凝土中集料用量的变化、颗粒组成的改变对混凝土强度的影响要比水灰比、水泥用量及强度等级的影响小得多,但是粗集料的数量、品种及颗粒组成对超声波速度的影响却十分显著。

比较水泥石、砂浆和混凝土 3 种试体的超声波波速,在强度相同的条件下,混凝土声速最高,砂浆次之,水泥石最低,这是因为声波在粗集料中的传播速度较混凝土高。

### 5. 水灰比和水泥用量

随混凝土水灰比降低,混凝土强度、密实度及弹性提高,超声脉冲在混凝土中的传播速度也相应增大,反之,超声脉冲速度随水灰比增大而降低。

水泥用量的变化,实际上改变了混凝土的骨灰比,在相同混凝土强度的情况下,当粗集料用量不变时,水泥用量越低,超声波的声速越高。

### 6. 混凝土龄期

不同龄期混凝土的 $f_{cu}$-$v$ 关系曲线是不同的,当声速相同时,长龄期混凝土的强度较高。

### 7. 混凝土缺陷及损伤

采用超声检测和推测混凝土的强度时,只有混凝土强度波动符合正太分布的条件下,才能进行混凝土强度推定。

## 四 检测方法

### 1. 测区选择

在构件上划出 10 个 200mm×200mm 方格,即 10 个测区。测区应在构件混凝土浇注方向的侧面,测区表面应清洁平整。

### 2. 换能器布置

为使混凝土测试条件、方法尽可能与率定曲线时一致,在每个测区内布置 3 对测点。同时选择合适的换能器布置方式。常用的换能器布置方式有 3 种,如图 8-9 所示。

(1) 对测法:最敏感,换能器直接在 2 个平行的测试面上相对布置。

(2) 角测法:2 个换能器布置在相互垂直的测试面上,用直角三角形斜边为测距,需要通过变化测距获取稳定的声速。

(3) 平测法:最不敏感,2 个换能器布置在同一测试面上,一般采用变动测距求出基本的声速。

应尽可能将换能器布置在脱模混凝土表面,并采用对测式。

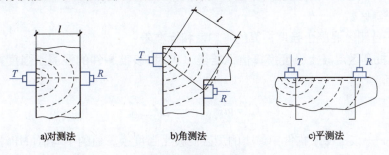

a) 对测法　　　　b) 角测法　　　　c) 平测法

图 8-9　换能器布设方式

### 3. 数据采集

量测每对测点之间的直线距离,即声程,采集记录对应声时。目前,仪器一般可以自动计算出砂浆换算声速 $v_m$ (km/s)。当同一测区中布置多个测点时,测区声速由下式计算:

$$v = \frac{l}{t_m} \tag{8-11}$$

式中:$v$ ——测区声速(km/s),精确至 0.01;

$l$ ——测距(mm);

$t_m$ ——测区内 3 对测点的声时平均值(μs),$t_m = (t_1 + t_2 + t_3)/3$。

为对声波仪检测结果进行校验,可在现场取样,到实验室内进行试验,并可对各种力学参数进行全面测定。

### 4. 声速修正

(1) 对测修正

在顶面和底面测试时,声速按 $v_a = \beta v$,一般地 $\beta$ 取 1.034。

(2) 平测修正

顶面平测时，$\beta$ 取 1.05；当底面平测时，$\beta$ 取 0.95。

(3) 角测修正

没有统一的修正系数，一般通过现场测试得出对测与角测的校正系数：$v_{对}/v_{角}$。

## 五 强度推定

根据各测区超声波声速检测值，采用专用或地区测强曲线推定测区混凝土强度值。混凝土强度推定如下：

(1) 当按单个构件检测时，单个构件的混凝土强度推定值，取该构件各测区中最小的混凝土强度换算值。

(2) 当按批抽样检测时，该批构件的混凝土强度推定值应按下列公式计算：

$$f_{cu} = m_{f_{cu}} - 1.645 S_{f_{cu}} \tag{8-12}$$

$$m_{f_{cu}} = \frac{1}{n}\sum_{i=1}^{n} f_{cu}^{c}$$

$$S_{f_{cu}} = \sqrt{\frac{1}{n-1}\left[\sum_{i=1}^{n}(f_{cu}^{c})^2 - n(m_{f_{cu}})^2\right]}$$

式中：$f_{cu}$——该批构件混凝土强度推定值(MPa)；
　　　$f_{cu}^{c}$——各测区混凝土强度换算值(MPa)；
　　　$n$——测区数；
$m_{f_{cu}}$、$S_{f_{cu}}$——各测区混凝土强度换算的平均值和标准差；

(3) 当同批测区混凝土强度换算值标准差过大时，该批构件的混凝土强度推定值也可按下列公式计算：

$$f_{cu} = m_{f_{cu,min}} = \frac{1}{m}\sum_{i=1}^{n} f_{cu,min}^{c}$$

式中：$m_{f_{cu,min}}$——该批每个构件中最小的测区混凝土强度换算值的平均值(MPa)；
　　　$f_{cu,min}^{c}$——第 $i$ 个构件中的最小测区混凝土强度换算值(MPa)；
　　　$m$——批中抽取的构件数。

(4) 当同批构件按批抽样检测时，若全部测区强度的标准差出现下列情况时，则该批构件应全部按单个构件检测：

当混凝土强度等级低于或等于 C20 时，$S_{f_{cu}} > 2.45$MPa；当混凝土强度等级高于 C20 时，$S_{f_{cu}} > 5.5$MPa。

## 任务四　超声-回弹综合法检测混凝土强度

概述

所谓综合法，就是采用两种或两种以上的测试方法得到两组测值，分别同混凝土强度建立关系。超声-回弹综合法是其中的一种，是根据实测声速值和回弹值综合推定混凝土抗压强度的方法，由罗马尼亚建筑及建筑经济科学院于 1966 年首先提出。我国于 1988 年实施《超声回弹综合法检测混凝土强度技术规程》(CECS:0288)。

超声法和回弹法,是根据混凝土的两个不同性质来检测混凝土强度的,前者是依据混凝土的密度,而后者是依据混凝土的表面硬度。回弹值只反映混凝土表层的情况,而超声测强也有一定的局限性,其声速只反映材料的弹性性质,不能全面反映混凝土强度涉及到的多种材料的指标。有资料表明,若以95%可信度水平来衡量现场混凝土预测的最大精度,超声法误差约为20%。

"超声-回弹"综合法建立在回弹值和超声波传播速度与混凝土的抗压强度之间相互联系的基础之上,即用回弹值和声波的传播速度综合反应混凝土的抗压强度。综合法可以减弱或消除单一方法使用时的某些影响。例如,龄期和湿度,随混凝土龄期的增长其表面会硬化,加上混凝土表面碳化结硬,使回弹值偏高;对于湿混凝土,则表面硬度降低,回弹值偏低。而对于超声法来讲,情况则相反,随着龄期的增长,混凝土内部趋于干燥,传播速度偏低;对于湿混凝土,声波的传播速度要比在干燥混凝土中快得多。采用综合法后,混凝土龄期和湿度的影响可以减弱,因此,对于已失去混凝土组成原始资料的长龄期混凝土构件,采用综合法评定其混凝土抗压强度有较好效果。

## 影响因素分析

"超声-回弹"综合法的影响因素比声速或回弹单一参数法要少。各因素的影响见表8-11。

超声-回弹综合法的影响因素　　　　　　　　　　表8-11

| 因　素 | 试验验证范围 | 影响程度 | 修正方法 |
|---|---|---|---|
| 水泥品种及用量 | 普通水泥、矿渣水泥、粉煤灰水泥;200~450kg/m³ | 不显著 | 不修正 |
| 细集料(砂子)品种及用量 | 山砂、特细砂、中砂;28%~40% | 不显著 | 不修正 |
| 粗集料(砂子)品种及用量 | 卵石、碎石、骨灰比;1:4.5~1:5.5 | 显著 | 必须修正或指定不同的测强曲线 |
| 粗集料粒径 | 0.5~2cm;0.5~4cm;0.5~3.2cm | 不显著 | >4cm 应修正 |
| 外加剂 | 木钙减水剂、硫酸钠、三乙醇胺 | 不显著 | 不修正 |
| 碳化深度 | — | 不显著 | 不修正 |
| 含水率 | — | 有影响 | 尽可能在干燥状态 |
| 测试面 | 浇筑侧面与浇筑上表面及底面比较 | 有影响 | 对声速值和回弹值分别进行修正 |

## 检测

### 1. 仪器选择

采用低频超声波检测仪,配置50~100kHz的换能器,测量混凝土中的超声波声速值;采用弹击锤冲击能量为 2.207J 的混凝土回弹仪,测量混凝土回弹值。

### 2. 测点布置

回弹值测试测区与测点布置同回弹检测法。

超声测点应布置在回弹检测同一测区内,每一测区布置 3 个测点。超声测试宜优先选用对测或角测,当不具备对测与角测条件时,可选用单面平测。

### 3. 测试

超声测试时,换能器辐射面应通过耦合剂与混凝土测试面良好耦合。声时测试应精确至 $0.1\mu s$,测距应精确至 $1.0mm$。

具体方法同前。

## 四、混凝土强度推定

### 1. 声速值的修正

当在混凝土浇注方向的侧面对测时,测区混凝土声速代表值应根据该测区中 3 个测点的混凝土声速值,按下式修正:

$$v = \frac{1}{3}\sum_{i=1}^{3}\frac{l_i}{t_i - t_0} \tag{8-13}$$

式中:$v$——测区混凝土中声速代表值(km/s);

$l_i$——第 $i$ 个测点的超声测距(mm);

$t_i$——第 $i$ 个测点的声时($\mu s$);

$t_0$——声时初读数($\mu s$)。

当在混凝土浇筑的顶面或底面测试时,测区声速代表值应按下式修正:

$$v_a = \beta \cdot v \tag{8-14}$$

式中:$v_a$——修正后的测区混凝土中声速代表值(km/s);

$\beta$——声速测试系数。对测或角测时,$\beta = 1.034$;平测时,应按《超声回弹综合法检测混凝土强度技术规程》(CECS 02—2005)中有关规定计算。

### 2. 测区强度计算

(1)测强曲线

优先采用专用或地区测强曲线推定。当无该类测强曲线时,经验证后也可按《超声回弹综合法检测混凝土强度技术规程》(CECS 02—2005)的规定确定,或按下列公式计算:

①粗集料为卵石时:

$$f_{cu,i}^c = 0.0056 (v_{ai})^{1.439} (R_{ai})^{1.768} \tag{8-15}$$

②粗集料为碎石时:

$$f_{cu,i}^c = 0.0162 (v_{ai})^{1.656} (R_{ai})^{1.410} \tag{8-16}$$

式中:$f_{cu,i}^c$——第 $i$ 个测区混凝土强度换算值(MPa),精确至 0.1MPa;

$v_{ai}$——第 $i$ 个测区修正后超声波声速值(km/s),精确至 0.01km/s;

$R_{ai}$——第 $i$ 个测区修正后的回弹值,精确至 0.1。

(2)当结构所用材料与测强曲线所用材料有较大差异时,必须用同条件试块或从结构构件测区钻取的混凝土芯样进行修正,试件数量应不少于 3 个。此时,得到的测区混凝土强度换算值应乘以修正系数。

①有同条件立方试块时：

$$\eta = \frac{1}{n}\sum \frac{f_{cu,i}^{o}}{f_{cu,i}^{c}} \tag{8-17}$$

②有混凝土芯样试件时：

$$\eta = \frac{1}{n}\sum \frac{f_{cor,i}^{o}}{f_{cu,i}^{c}} \tag{8-18}$$

式中：$\eta$——修正系数，精确至小数点后两位；

$f_{cu,i}^{o}$——第 $i$ 个混凝土立方体试块抗压强度值（以边长为150mm计）（MPa），精确至0.1MPa；

$f_{cu,i}^{c}$——对应第 $i$ 个立方体试块或芯样试件的混凝土强度换算值（MPa），精确至0.1MPa；

$f_{cor,i}^{o}$——第 $i$ 个混凝土芯样试件抗压强度值（MPa），以 100mm × 100mm 计，精确至0.1MPa。

### 3. 混凝土强度推定

混凝土强度推定同超声波法。

## 任务五　钻芯法检测混凝土强度

钻芯法是利用钻机和人造金刚石空心薄壁钻头，从结构混凝土中钻取芯样以检测混凝土强度和检测混凝土内部缺陷的方法，是一种直观、可靠和准确的方法，但会对结构造成一定损伤。

### 一　取芯机

#### 1. 类型

混凝土取芯机分轻便、轻型、重型和超重型4类，主要技术参数见表8-12。

表8-12　不同类型混凝土取芯机主要技术参数

| 取芯机类型 | 钻孔直径(mm) | 转速(r/min) | 功率(kW) | 机重(kg) | 取芯机高度(mm) |
|---|---|---|---|---|---|
| 轻便型 | 12~75 | 600~2000 | 1.1 | 25 | 1040 |
| 轻型 | 25~200 | 300~900 | 2.2 | 89 | 1190 |
| 重型 | 200~450 | 250~500 | 4.0 | 120 | 1800 |
| 超重型 | 330~700 | 200 | 7.5 | 300 | 2400 |

#### 2. 取芯机组成

取芯机如图8-10所示。混凝土钻孔取芯机应满足《钻芯法检测混凝土强度技术规程》（CECS 03—2007）的要求。钻机主要由底座、立柱、减速箱、输出轴、进给手柄、电动机（汽油机）和冷却系统组成。配套设备一般有冲击钻、钢筋定位仪和芯样端部处理设备等。

工作时，将人造金刚石空心薄壁钻头安装在钻机输出轴上。

#### 3. 取芯机的固定方式

钻芯取样时固定取芯机的方法有：配重法、真空吸附法、顶杆支撑法和膨胀锚栓法。但是从经济适用的角度,隧道混凝土取芯一般采用膨胀锚栓法。

检测

检测按《钻芯法检测混凝土强度技术规程》(CECS 03—2007)执行。

### 1. 钻机选取

钻芯法检测混凝土强度,因其直观准确而成为其他检测方法的校验依据。但钻芯法对构件的损伤较大,检测成本高,因而难以大量使用。为了克服这些缺点,采用小直径芯样进行检测成为发展方向。目前,最小的芯样直径可以达到 25mm。但小直径芯样的强度试验数据离散较大,需要通过增加检测数量才能达到标准芯样的检验效果。目前,常用的小直径芯样一般为 50~75mm。要求芯样直径为粗集料直径的 3 倍。

### 2. 钻芯数量

取芯属半破损检测法,对结构的完整性有一定的影响,尤其对已经有一定破损的结构来说,取芯数量更应加以控制。《钻芯法检测混凝土强度技术规程》(CECS 03—2007)规定,取芯数量同一批构件不得少于 3 个。根据以往的研究,最小样数 $n$ 与推定的最大误差有密切关系,一般以 $n \geq 5$ 为宜,取芯位置应在整个结构上均匀布置。

图 8-10 取芯机

### 3. 芯样加工及测量

钻孔取出的芯样试件尺寸一般不满足尺寸要求,必须进行切割加工和端面修补后,才能够进行抗压强度试验。

芯样试件尺寸要求为:用直径和高度均为 100mm 的圆柱体标准试件。水泥砂浆补平层厚度不宜大于 5mm。其他控制指标有端面平整度、垂直度、直径偏差等。

### 4. 影响因素

由于钻芯法的测定值就是圆柱状芯样的抗压强度,即参考强度或现场强度。所以,钻芯法的关键问题是如何用适当的机具钻取合格的芯样。

混凝土芯样的抗压强度除了受到钻机、锯切机等设备的质量和操作工艺的影响外,还受到芯样本身各种条件的影响,如芯样直径的大小、高径比、端面平整度、端面与轴线间的垂直度、芯样的湿度等。

另外,还有一个不可忽略的因素,即芯样中钢筋对抗压强度的影响。芯样在进行抗压试验时,其轴线方向承受压力,因此,不允许存在与轴线相互平行的钢筋,这一点在《钻芯法检测混凝土强度技术规程》(CECS 03—2007)中做了明确规定。但对于轴线垂直的钢筋,各国有各自的标准规定。有关试验表明,当难于避开钢筋时,芯样最多只允许有 2 根直径小于 10mm 的钢筋存在,否则,将会影响到抗压强度。

由于钢筋直径小且数量少,影响程度被强度本身的变异性所掩盖。含有钢筋的芯样强度比不含钢筋的芯样强度稍高一点,影响并不显著。但当芯样中部存在钢筋,影响就会大些。另外,当芯样周边存在一小段钢筋时,由于钢筋与砂浆间的黏结力不如砂浆和粗集料间的黏结力强,会降低芯样强度。

### 5. 抗压强度试验

芯样试件抗压强度试验分潮湿状态和干燥状态两种。压力机精度不低于 ±2%。试件的破坏荷载为压力机全程的 20%～80%。加载速率一般控制在 0.3～0.8MPa/s。

## 强度计算及推定

### 1. 试件抗压强度计算

芯样试件抗压强度为试件破坏时的最大压力除以截面积。芯样试件的混凝土换算强度 $f_{cor,i}^v$(MPa) 按下式计算：

$$f_{cor,i}^v = \alpha \frac{4F}{\pi d^2} \tag{8-19}$$

式中：$\alpha$、$F$、$d$——不同高($h$)径芯样试件混凝土换算强度的修正系数、芯样试件抗压试验最大压力(N)、芯样试件的平均直径(mm)。

修正系数为 $\alpha = \dfrac{x}{ax+b}$，其中 $x = \dfrac{h}{d}$，$a = 0.61749$，$b = 0.37967$。

### 2. 混凝土抗压强度推定

(1) 单个构件

单个构件取标准芯样试验抗压强度换算值的最小值为芯样抗压强度推定值。

(2) 检验批混凝土抗压强度的推定

强度推定应给出抗压强度推定区间，一般应以抗压强度推定区间的上限作为推定值。推定区间的上、下限 $f_{cu,e1}$、$f_{cu,e2}$ 分别按下式计算：

$$f_{cu,e1} = f_{cor,m} - K_1 S \tag{8-20}$$

$$f_{cu,e2} = f_{cor,m} - K_2 S \tag{8-21}$$

式中：$f_{cor,m}$——芯样试件强度换算算术平均值(MPa)；

$K_1$、$K_2$——检验混凝土强度上、下限推定系数(按规程附录取值)；

$S$——芯样试件强度换算值的标准差(MPa)。

当推定区间的置信度为 0.9 时，上、下限之差不宜大于 5.0MPa 和 $0.1f_{cor,m}$ 中的较大值。

## 任务六　拔出法检测混凝土强度

拔出法是一种介于钻芯法和无损检测法之间的检测方法，操作简单易行，又具有足够的检测精度，因此在工程中得到了广泛应用。拔出法可以分为两类：一类是预埋拔出法；另一类是后装拔出法。前者在我国应用较少，目前主要是后者。后装拔出法在已硬化的新旧混凝土的各种构件上都可以使用，特别是当现场结构缺少混凝土强度的有关试验资料时，是非常有价值的一种检验手段。它适应性很强，检测结果的可靠性较高，已成为许多国家注意和研究的现场混凝土强度检测方法之一。

## 基本原理及适用情况

### 1. 基本原理

后装拔出法检测混凝土强度，是指在硬化混凝土表面进行钻孔、磨槽、嵌入锚固件，使用拔出仪进行拔出试验，测定极限拔出力，并根据预先建立的拔出力与混凝土强度之间的相关关系检测混凝土强度。拔出仪及其试验装置基本组成如图 8-11 所示。

大量试验研究表明,混凝土拔出强度与混凝土抗压强度之间存在着高度相关性。我国以 TYL 型拔出仪进行后装拔出试验,建立的相关关系为:

$$f_{cu}^c = 1.59F_p - 5.8 \tag{8-22}$$

式中:$F_p$——极限拔出力(kN);

$f_{cu}^c$——相当于边长 150mm 立方体试块强度换算值(MPa)。

WYL 型拔出仪的可靠性相当好,其测强曲线的相关系数为 0.98。

图 8-11 拔出仪

### 2. 适用情况

在一般情况下,混凝土强度的检测与评定应按现行国家标准《混凝土结构工程施工质量验收规范》(GB 50204—2015)及《混凝土强度检验评定标准》(GBT 50107—2010)执行。当对结构或构件的混凝土强度有怀疑,或旧结构混凝土强度需要检测时,可用后装拔出试验进行检测,检测结果可作为评价混凝土质量的一个主要依据。

 检测

### 1. 检测准备

(1)资料准备

检测前,应准备以下资料:

①工程名称及设计、施工、建设单位名称;

②结构或构件名称、设计图纸及图纸要求的混凝土强度等级;

③粗集料品种及最大粒径;

④混凝土浇筑和养护情况以及混凝土的龄期;

⑤结构或构件存在的质量问题等。

(2)设备准备

拔出试验前,应检测钻孔机、磨槽机、拔出仪的工作状态是否正常,钻头、磨头、锚固件的规格、尺寸是否满足成孔尺寸要求。

(3)测点布置

测点应按以下要求进行布置:

①按单个构件检测时,应在构件上均匀布置 3 个测点。当 3 个拔出力中的最大拔出力和最小拔出力与中间值之差均小于中间值的 15% 时,仅布置 3 个测点即可;当最大拔出力或最小拔出力与中间值之差大于中间值的 15% 时,应在最小拔出力测点附近再加测 2 个测点。

②当同批构件按批抽样检测时,抽检数量应不少于同批构件总数的 30%,且不少于 10 件,每个构件不应少于 3 个测点。

③测点宜布置在构件混凝土成型的侧面,如不能满足这一要求时,可布置在混凝土成型的表面或底面。

④测点应避开接缝、蜂窝、麻面部位和混凝土表层的钢筋、预埋件。

⑤测试面应平整、清洁、干燥,对饰面层、浮浆等应予清除,必要时进行磨平处理。

⑥结构或构件的测点应标有编号,并应描绘测点布置示意图。

## 2. 检测步骤

(1) 钻孔

钻孔的基本要求:孔径准确,孔轴线与混凝土表面垂直,垂直度偏差不大于3°。当混凝土表面不平时,可以用手磨机磨平。在混凝土孔壁磨环形槽时,磨槽机的定位圆盘应始终紧靠混凝土表面回转,磨出的环形槽形状应规整[图8-12a)]。

(2) 磨槽

在环形孔中距孔口25mm处磨切一槽,槽深3.6~4.5mm,采用由电动机、专用磨头及水冷却装置组成的专用磨槽机,并且有控制深度和垂直度的装置,磨槽时,磨槽机沿孔壁运动磨头,以便对孔壁进行磨切[图8-12b)]。

(3) 安装锚固件

将胀簧插入成型孔内,通过胀杆使胀簧锚固台阶完全嵌入环形槽内,保证锚固可靠。拔出仪与锚固件用拉杆连接对中,并与混凝土表面垂直[图8-12c)]。

(4) 拔出试验

摇动拔出仪的摇把,对锚固件施加拔出力[图8-12d)]。施加的拔出力应均匀和连续,拔出力的加荷速度控制在0.5~1kN/s,将荷载加至混凝土开裂破坏、测力显示器读数不再增加为止,精确至0.1kN。

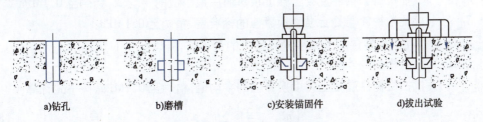

图8-12 后装拔出法的试验操作步骤

(5) 注意问题

①对结构或构件进行检测时,应采取有效措施防止拔出仪及机具脱落摔坏或伤人。

②当拔出试验出现异常时,应做详细记录,并将该值舍去,在其附近补测一个点。

③拔出试验后,应对拔出试验造成的混凝土破损部位进行修补。

## 三、混凝土强度换算及推定

(1) 混凝土强度换算值应按式(8-22)计算。

(2) 当被测结构所用混凝土的材料与制订测强曲线所用材料有较大差异时,可在被测结构上钻取混凝土芯样,根据芯样强度对混凝土强度换算值进行修正。芯样数量应不少于3个,在每个钻孔取芯样附近做3个测点的拔出试验,取3个拔出力的平均值代入式(8-22)计算每个芯样位置处对应的混凝土强度换算值。修正系数可按下式计算:

$$\eta = \frac{1}{n}\sum_{i=1}^{n}\left(\frac{f_{\text{cor},i}}{f_{\text{cu},i}^{\text{c}}}\right) \tag{8-23}$$

式中:$\eta$——修正系数,精确至0.01;

$f_{\text{cor},i}$——第$i$个混凝土芯样试件抗压强度值,精确至0.1MPa;

$f_{\text{cu},i}^{\text{c}}$——对应于第$i$个混凝土芯样试件的3个拔出力平均值的混凝土强度换算值,精确至0.1MPa;

$n$——芯样试件数。

(3) 单个构件混凝土强度推定。

单个构件的拔出力计算值,应按下列规定取值:

①构件 3 个拔出力中的最大或最小拔出力与中间值之差均小于中间值的 15% 时,取小值作为该构件拔出力计算值;当加测时,加测的 2 个拔出力值和最小拔出力值一起取平均值,再与前一次的拔出力中间值比较,取小值作为该构件拔出力。

②将单个构件拔出力计算强度换算值(修正系数 $\eta$ 乘以强度换算值)作为单个构件混凝土强度推定值 $f_{cu,e}$:

$$f_{cu,e} = f_{cu}^c \tag{8-24}$$

(4) 抽检构件的混凝土强度推定。

①将同批构件抽样检测的每个拔出力按式(8-22)计算强度换算值或用式(8-23)得到的修正系数 $\eta$ 乘以强度换算值。

②混凝土强度的推定值 $f_{cu,e1}$ 按下列公式计算:

$$f_{cu,e1} = m_{f_{cu}} - 1.645 S_{f_{cu}} \tag{8-25}$$

$$f_{cu,e2} = m_{f_{cu,min}} = \frac{1}{m}\sum_{j=1}^{m} f_{cu,min,j}^c \tag{8-26}$$

式中:$m_{f_{cu}}$——批抽检每个构件混凝土强度换算值中最小值的平均值,精确至 0.1MPa;

$S_{f_{cu}}$——批抽检构件混凝土强度换算值的标准差,精确至 0.1MPa;

$f_{cu,min,j}^c$——第 $j$ 个构件混凝土强度换算值中的最小值,精确至 0.1MPa;

$m$——批抽检的构件数;

$m_{f_{cu,min}}$——批抽检构件混凝土强度换算值的平均值,精确至 0.1MPa,按下式计算:

$$m_{f_{cu,min}} = \frac{1}{n}\sum_{i=1}^{n} f_{cu,i}^c \tag{8-27}$$

式中:$f_{cu,i}^c$——第 $i$ 个测点混凝土强度换算值;

$n$——批抽检构件的测点总数。

取式(8-25)、式(8-26)中较大值作为该批构件的混凝土强度推定位。

③对于按批抽样检测的部件,当全部测点的强度标准差出现下列情况时,则该批构件应全部按单个构件检测:

a. 当混凝土强度换算值的平均值小于或等于 25MPa 时,$S_{f_{cu}} > 4.5$MPa;

b. 当混凝土强度换算值的平均值大于 25MPa 时,$S_{f_{cu}} > 5.5$MPa。

## 任务七 衬砌厚度检测

混凝土的厚度如达不到设计要求,将会影响结构的整体强度及其耐久性,造成工程隐患,甚至引起严重工程事故,所以用无损检测方法测试结构混凝土的厚度是有重要意义和实用价值的。常用的衬砌厚度检测方法有冲击-回波法、超声波法、激光断面仪法、地质雷达法和直接测量法等。

### 一、冲击-回波法

为了检测只存在单一测试面的结构混凝土的厚度及其内部缺陷(如已建隧道的衬砌结

构),我国从20世纪80年代中期开始研究了一种新的无损检测方法,即冲击-回波法。冲击-回波法应用于混凝土构筑物无损检测,可以探测结构混凝土厚度,具有简便、快速、设备轻便、干扰小、可重复测试等优点。

冲击-回波仪在隧道衬砌混凝土检测中主要用于:

(1) 检查混凝土浇筑质量;

(2) 测试表面开放裂缝深度;

(3) 测试密集的裂缝、空隙和蜂窝缺陷等。

### 1. 原理

冲击-回波法是基于瞬态应力波应用于无损检测的一种技术。利用一个短时的机械冲击(用一个小钢球或一个小锤轻敲混凝土表面)产生低频的应力波,应力波传播到结构内部,被缺陷和构件底部反射回来,这些反射波被安装在冲击点附近的传感器接收(图8-13),并被送到一个内置高速数据采集及信号处理功能的便携式仪器,该仪器将所记录的信号进行幅值谱分析,谱图中的明显峰正是由于冲击表面、缺陷及其他外表面中心的多次反射产生瞬态共振所制,它可以被识别出来并被用来确定结构混凝土的厚度和缺陷位置,其计算公式如下:

$$h = \frac{v_p}{2f} \tag{8-28}$$

式中:$v_p$——声波在混凝土中的传播速度(m/s);

$f$——频谱分析得出的峰值频率(Hz)。

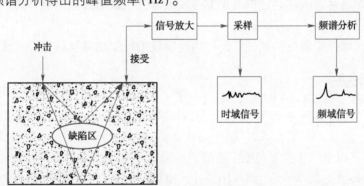

图8-13 冲击-回波法原理示意图

### 2. 仪器

冲击-回波测试系统,一般由冲击器(为可更换系列)、接收器、采样分析系统(主机,可与计算机连接)等组成。

### 3. 检测中应注意的问题

(1) 表面处理

在检测之前,应对表面进行处理,用砂轮将待测点周围磨平,至少将"拉毛"层磨掉,保证传感器与待测表面耦合良好。

(2) 传感器的设计

用于测厚的传感器必须具有较宽的频带范围,以适应不同混凝土的检测,另外,传感器还必须有适宜的灵敏度,使有用信号突出,同时将干扰信号降低到最低限度,从而提高信号质量,使测试结果更加精确。

(3) 冲击器的选择

对于不同厚度的混凝土结构,其瞬态共振频率是不一样的。对于较厚的混凝土结构,此频率值较低,对于较薄的混凝土结构,此频率值较高。因此,应选择一种能产生相应频率的应力波,但又有足够能量的冲击器,使得混凝土板能产生瞬态共振,接收信号较强,且质量较高。

(4) 声速的测量

在冲击-回波法测厚时,声速的测量也是至关重要的,声速越精确测厚结果就越精确。在实际应用中,可用超声平测法测量混凝土的声速。

#### 4. 隧道二次衬砌厚度检测事例

某隧道结构为一次喷护15cm厚混凝土和二次模筑30cm厚混凝土复合式衬砌,两次混凝土之间有一柔性防水层。用超声平测法测得超声波速为4200m/s,用冲击-回波法测定其平均峰频率为6.8kHz,利用前述公式 $h = v_p/2f$ 计算得其平均厚度为30.8cm,满足设计厚度要求。

## 二、激光断面仪法

隧道激光断面仪能快速检测各类隧道界限(内轮廓线),并根据衬砌浇注前的初期支护内轮廓线或围岩开挖轮廓线的检测结果实现自动数据比较,快速指导施工决策或验收。

显然,利用该方法必须满足以下条件:

(1) 具有衬砌浇注前的初期支护内轮廓线或围岩开挖轮廓线的检测结果。

(2) 衬砌背后不存在孔洞或离缝。

(3) 必须将衬砌外轮廓线的测试结果与内轮廓线的检测结果换算至同一坐标系中。

## 三、地质雷达法

地质雷达可检测混凝土衬砌背后的空洞、衬砌厚度的变化、衬砌内部钢拱架和钢筋的分布等。

地质雷达检测属电磁波检测范围。在隧道内通过电磁波发射器向隧道衬砌发射高频宽频带短脉冲。其电磁波的频率一般为 $8 \times 10^7 \sim 1 \times 10^9 Hz$,电磁波经衬砌界面或空洞的反射,再返回到接收天线。当衬砌介质的传播速度和介电常数已知时,按电磁波传播时间,即可求得反射界面的深度。电磁波穿透隧道结构的深度受频率、反射和导电率3个因素的影响。

隧道衬砌厚度检测,可设不同的测线,从而分别测出拱顶、拱腰、拱脚及边墙位置的衬砌厚度,必要时也可测出仰拱的厚度。

当天线在隧道内运动时,由于电磁波反射角和传播时间的改变,传播时间曲线就可绘制出来,从而检测出不同深度的缺陷和异常及厚度。

但是当检测钢筋混凝土衬砌时,检测缺陷将更困难,需要较高频率的雷达发射器($9 \times 10^8 \sim 10 \times 10^8 Hz$)。然而,频率越高,波长越短,穿透深度就越浅。

具体方法参照项目二、项目五相关内容。

## 四、直接量测法

直接量测法就是在混凝土衬砌中打孔或凿槽,从而直接量测衬砌的厚度。该方法是量测衬砌混凝土厚度最直接、最准确的方法。不足之处在于该方法具有破坏性,会损伤衬砌及复合式衬砌结构中的防排水设施。

目前,常用的方法有两种:冲击钻孔取芯量测法和钻孔量测法。

### 1. 钻孔取芯量测法

钻孔取芯量测法也是衬砌混凝土缺陷检测的主要方法之一,二者往往是同时进行的。通过量测混凝土芯样的长度,便可以准确地获得该处衬砌混凝土的厚度。

钻孔取芯的设备与前述钻芯法检测混凝土厚度是一致的,但多选用小直径钻头。

### 2. 冲击钻打孔量测法

对于普查性检测,采用钻孔取芯量测法成本高且费时、费力,一般选用冲击钻打孔量测法。具体做法是先在待检测部位用普通冲击钻打孔,然后量测衬砌混凝土中的孔深。为提高量测精度,可以采用已知长度为 $L_0$ 的用带直角钩的高强度铁丝深入钻孔孔底,平移铁丝并缓慢向孔壁移动,使直角钩挂在衬砌混凝土外表面。量测铁丝外漏部分长度 $L_i$,则衬砌厚度为:$L = L_0 - L_i$。

## 任务八 超声波法检测混凝土不密实区和空洞

### 一 检测原理与仪器

超声波检测法的原理及仪器同本项目任务三。

本法适用于当结构混凝土因振捣不够、泥浆或石子架空等原因造成混凝土局部区域呈蜂窝状、空洞等缺陷时。

### 二 检测要求

(1)被测部位应具有一对(或两对)相互平行的测试面。

(2)测试范围除应大于有怀疑的区域外,还应有同条件的正常混凝土进行对比,且对比数不应少于 20。

(3)在测区布置测点时,应避免 T、R 换能器的连线与附近的主钢筋轴线平行。

### 三 检测方法

#### 1. 换能器布置

根据被测结构实际情况,可按下列方法之一布置换能器:

(1)对测法

当结构具有两对互相平行的测试面时可采用对测法,其测试方法如图 8-14 所示。在测区的两对相互平行的测试面上,分别画间距为 100~300mm 的网格,然后编号并确定对应的测点位置。

(2)对测与角测结合法

当结构中只有一对相互平行的测试面时,可采用对测和角测相结合的方法。即在测区的两个相互平行的测试面上,分别画出交叉测试的两组测点位置,如图 8-15 所示。

(3)钻孔或预埋管测法

当测距较大时,可采用钻孔或预埋管测法。如图 8-16 所示,在测位预埋声测管或钻出竖向测试孔,预埋管内径或钻孔直径宜比换能器直径大 5~10mm,预埋管或钻孔间距宜为 2~3m,深度可根据测试需要确定。检测时,可用两个径向振动式换能器分别置于两测孔中进行测试,或用一个径向振动式与一个厚度振动式换能器,分别置于测孔中和平行于测孔的侧面进行测试。

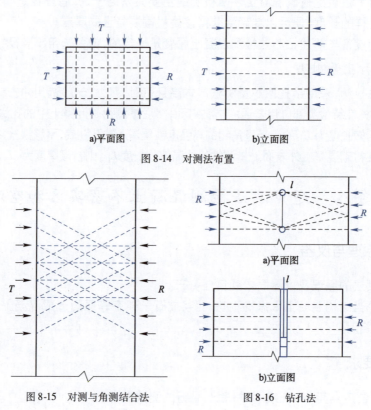

图 8-14 对测法布置

图 8-15 对测与角测结合法

图 8-16 钻孔法

2. 测量

按规定测量每一对测点的声时、波幅、频率和测距。

## 四 数据处理及判定

### 1. 平均值($m_x$)和标准差($s_x$)的计算

测区混凝土声时(或声速)、波幅、频率测量值的平均值($m_x$)和标准差($s_x$)按下式计算:

$$m_x = \frac{1}{2}\sum_{i=1}^{n} X_i \tag{8-29}$$

$$s_x = \sqrt{\frac{\sum_{i=1}^{n} X_i^2 - n m_x^2}{n-1}} \tag{8-30}$$

式中:$X_i$——第 $i$ 点的声时(或声速)、波幅、频率的测量值;

$n$——测区参与统计的测点数。

### 2. 测区中异常数据的判别

测区中异常数据可按以下方法判别:

(1)将测区各测点的波幅、频率或(由声时计算的)声速值,由大至小按顺序排列,即 $X_1 \geq$

$X_2 \geq \cdots \geq X_n \geq X_{n+1} \geq \cdots$，将排在后面明显小的数据视为可疑值，再将这些可疑值中最大的一个（假定为 $X_n$）连同其前面的数据按式（8-29）和式（8-30）计算出 $m_x$ 及 $s_x$ 值，并代入式（8-31），计算出异常情况的判断值（$X_0$）。

$$X_0 = m_x - \lambda_1 s_x \tag{8-31}$$

式中：$\lambda_1$——异常值判定系数，应按表 8-13 取值。

统计数的个数 $n$ 与对应的 $\lambda_1$、$\lambda_2$ 和 $\lambda_3$ 的值    表 8-13

| $n$ | 20 | 22 | 24 | 26 | 28 | 30 | 32 | 34 | 36 | 38 |
|---|---|---|---|---|---|---|---|---|---|---|
| $\lambda_1$ | 1.65 | 1.69 | 1.73 | 1.77 | 1.80 | 1.83 | 1.86 | 1.89 | 1.92 | 1.94 |
| $\lambda_2$ | 1.25 | 1.27 | 1.29 | 1.31 | 1.33 | 1.34 | 1.36 | 1.37 | 1.38 | 1.39 |
| $\lambda_3$ | 1.05 | 1.07 | 1.09 | 1.11 | 1.12 | 1.14 | 1.16 | 1.17 | 1.18 | 1.19 |
| $n$ | 40 | 42 | 44 | 46 | 48 | 50 | 52 | 54 | 56 | 58 |
| $\lambda_1$ | 1.96 | 1.98 | 2.00 | 2.02 | 2.04 | 2.05 | 2.07 | 2.09 | 2.10 | 2.12 |
| $\lambda_2$ | 1.41 | 1.42 | 1.43 | 1.44 | 1.45 | 1.46 | 1.47 | 1.48 | 1.49 | 1.49 |
| $\lambda_3$ | 1.20 | 1.22 | 1.23 | 1.25 | 1.26 | 1.27 | 1.28 | 1.29 | 1.30 | 1.31 |
| $n$ | 60 | 62 | 64 | 66 | 68 | 70 | 72 | 74 | 76 | 78 |
| $\lambda_1$ | 2.13 | 2.14 | 2.15 | 2.17 | 2.18 | 2.19 | 2.20 | 2.21 | 2.22 | 2.23 |
| $\lambda_2$ | 1.50 | 1.51 | 1.52 | 1.53 | 1.53 | 1.54 | 1.55 | 1.56 | 1.56 | 1.57 |
| $\lambda_3$ | 1.31 | 1.32 | 1.33 | 1.34 | 1.35 | 1.36 | 1.36 | 1.37 | 1.38 | 1.39 |
| $n$ | 80 | 82 | 84 | 86 | 88 | 90 | 92 | 94 | 96 | 98 |
| $\lambda_1$ | 2.24 | 2.25 | 2.26 | 2.27 | 2.28 | 2.29 | 2.30 | 2.30 | 2.31 | 2.31 |
| $\lambda_2$ | 1.58 | 1.58 | 1.59 | 1.60 | 1.61 | 1.61 | 1.62 | 1.62 | 1.63 | 1.63 |
| $\lambda_3$ | 1.39 | 1.40 | 1.41 | 1.42 | 1.42 | 1.43 | 1.44 | 1.45 | 1.45 | 1.45 |
| $n$ | 100 | 105 | 110 | 115 | 120 | 125 | 130 | 140 | 150 | 160 |
| $\lambda_1$ | 2.32 | 2.35 | 2.36 | 2.38 | 2.40 | 2.41 | 2.43 | 2.45 | 2.48 | 2.50 |
| $\lambda_2$ | 1.64 | 1.65 | 1.66 | 1.67 | 1.68 | 1.69 | 1.71 | 1.73 | 1.75 | 1.77 |
| $\lambda_3$ | 1.46 | 1.47 | 1.48 | 1.49 | 1.51 | 1.53 | 1.54 | 1.56 | 1.58 | 1.59 |

将判断值（$X_0$）与可疑数据的最大值（$X_n$）相比较，如 $X_n$ 小于或等于 $X_0$，则 $X_n$ 及排列其后的各数据均为异常值；若 $X_n$ 大于 $X_0$，应再将 $X_{n+1}$ 放进去重新进行统计计算和判别。

（2）当测区中判出异常测点时，可根据异常测点的分布情况，按下式进一步判别其相邻测点是否异常：

$$X_0 = m_x - \lambda_2 s_x \text{ 或 } X_0 = m_x - \lambda_3 s_x \tag{8-32}$$

式中 $\lambda_2$、$\lambda_3$ 按表 8-13 取值。当测点布置为网格状时，取 $\lambda_2$；当单排布置测点时（如在声测孔中检测），取 $\lambda_3$。

（3）当测区中某些测点的声时值（或声速值）、波幅值（或频率值）被判为异常值时，可结合异常测点的分布及波形状况确定混凝土内部存在不密实区和空洞的范围。

## 五、空洞尺寸估算

当判定缺陷是空洞时,可采用以下方法估算其空洞尺寸的大小。

如图 8-17 所示,设检测距离为 $l$,空洞中心(在另一对测试面上,声时最长的测点位置)距一个测试面的垂直距离为 $l_h$,声波在空洞附近无缺陷混凝土中传播的时间平均值为 $m_{ta}$,绕空洞传播的时间(空洞处的最大声时)为 $t_h$,空洞半径为 $r$。

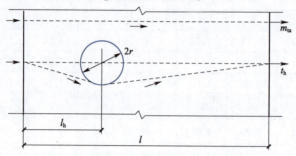

图 8-17 空洞尺寸估算原理

根据 $l_h/l$ 值和 $(t_h - m_{ta})/m_{ta} \times 100\%$ 值,可由表 8-14 查得空洞半径 $r$ 与测距 $l$ 的比值,再计算空洞的大致尺寸 $r$。

空洞半径 $r$ 与测距 $l$ 的比值    表 8-14

| y \ x \ z | 0.05 | 0.08 | 0.10 | 0.12 | 0.14 | 0.16 | 0.18 | 0.20 | 0.22 | 0.24 | 0.26 | 0.28 | 0.30 |
|---|---|---|---|---|---|---|---|---|---|---|---|---|---|
| 0.10/0.9 | 1.42 | 3.77 | 6.26 | — | — | — | — | — | — | — | — | — | — |
| 0.15/0.85 | 1.00 | 2.56 | 4.06 | 5.97 | 8.39 | — | — | — | — | — | — | — | — |
| 0.2/0.8 | 0.78 | 2.03 | 3.18 | 4.62 | 6.36 | 8.44 | 10.9 | 13.9 | — | — | — | — | — |
| 0.25/0.75 | 0.67 | 1.72 | 2.69 | 3.90 | 5.34 | 7.03 | 8.98 | 11.2 | 13.8 | 16.8 | — | — | — |
| 0.3/0.7 | 0.60 | 1.53 | 2.40 | 3.46 | 4.73 | 6.21 | 7.91 | 9.38 | 12.0 | 14.4 | 17.1 | 20.1 | 23.6 |
| 0.35/0.65 | 0.55 | 1.41 | 2.21 | 3.19 | 4.35 | 4.70 | 7.25 | 9.00 | 10.9 | 13.1 | 15.5 | 18.1 | 21.0 |
| 0.4/0.6 | 0.52 | 1.34 | 2.09 | 3.02 | 4.12 | 5.39 | 6.84 | 8.48 | 10.3 | 12.3 | 14.5 | 16.9 | 19.8 |
| 0.45/0.55 | 0.50 | 1.30 | 2.03 | 2.92 | 3.99 | 5.22 | 6.62 | 8.20 | 9.95 | 11.9 | 14.0 | 16.3 | 18.8 |
| 0.5 | 0.50 | 1.28 | 2.02 | 2.89 | 3.94 | 5.16 | 6.55 | 8.11 | 9.84 | 11.8 | 13.3 | 16.1 | 18.6 |

注:表中 $x = (t_h - m_{ta})/m_{ta} \times 100\%$;$y = l_h/l$;$z = r/l$。

如被测部位只有一对可供测试的表面,空洞尺寸可用下式计算:

$$r = \frac{l}{2}\sqrt{\left(\frac{t_h}{m_{ta}}\right)^2 - 1} \tag{8-33}$$

式中:$r$——空洞半径(mm);

$l$——T、R 换能器之间的距离(mm);

$t_h$——缺陷处的最大声时值(μs);

$m_{ta}$——无缺陷区的平均声时值(μs)。

## 六、注意问题

（1）一般情况下，用波幅、频率和声时的差异来判别不密实和空洞等缺陷较为有效。

（2）若耦合条件保证不了测幅稳定，则波幅值不能作为统计法的判据。

（3）有时由于一个构件的整体质量差，各测点的声速、波幅测量值的标准差较大，如按上述判别易产生漏判，此时，可利用一个同条件（混凝土的材料、龄期、配合比及配筋相同，测距一致）混凝土的声速、波幅的平均值和标准差来判别。

## 【能力训练】

借助校内外实训基地，在熟悉衬砌结构图、钢筋图的基础上，开展隧道衬砌质量检测能力训练。训练项目如下：

1. 观察模板、钢筋、止水带及已成型衬砌的外观，判断其质量是否符合设计要求及《标准》规定。
2. 尺量钢筋接头、弯钩、位置及保护层垫块尺寸，判断是否符合设计要求及《标准》规定。
3. 经纬仪测量模板位置，检查是否符合放样要求。
4. 检查施工记录，评判混凝土制备、运输、浇筑、养护、拆模等环节是否符合设计要求及《标准》规定。
5. 使用回弹仪、超声波仪、取芯机、拔出仪检测混凝土强度，计算并评定。
6. 使用超声波仪、激光断面仪、地质雷达等检测衬砌厚度。
7. 使用超声波仪检测衬砌不密实区与空洞，分析衬砌空洞位置与大小。
8. 衬砌施工质量评定。
9. 衬砌施工检验批质量验收记录表填报。

# 项目九

# 隧道施工环境检测与验收

【能力目标】

通过学习,具备隧道施工粉尘、瓦斯与 CO 浓度检测及风压风速检测的能力,具备隧道施工环境质量检测与验收记录填报的能力,从而具备隧道施工环境质量评定及验收的能力。

【知识目标】

了解隧道施工环境检测与监测要点,熟知隧道施工环境质量验收标准及方法,掌握隧道滤膜测尘法、隧道瓦斯监测与检测、CO 浓度检测及隧道风压风速检测的基本方法。

【工作任务】

1. 认识隧道施工环境监测与检测要点;
2. 熟悉隧道施工环境质量验收标准;
3. 运用滤膜测尘法、隧道瓦斯浓度检测仪、CO 浓度检测仪等检测隧道施工环境质量;
4. 隧道施工环境质量评定;
5. 隧道施工环境质量验收记录填报。

隧道施工环境是隧道施工质量检测与验收的一个重要组成部分，它直接关系到隧道内作业人员的身体健康。通过隧道施工环境检测和分析，采取"合理布局、优化匹配、防漏防阻、消烟防尘、严格管理"等措施，能较好地解决隧道的施工通风，改善洞内及工作面的空气问题，降低瓦斯爆炸和有毒气体及粉尘等危害，有力保证隧道施工的顺利进行。

# 任务一　粉尘浓度检测

## 一、基本概念及标准

职业性有害因素的接触限制量值（occupational exposure limits，OELs）：指劳动者在职业活动过程中长期反复接触，对绝大多数接触者的健康不引起有害作用的容许接触水平。化学有害因素的职业接触限值包括时间加权平均容许浓度、短时间接触容许浓度和最高容许浓度3类。

总粉尘（totaldust）：可进入整个呼吸道（鼻、咽和喉、胸腔支气管、细支气管和肺泡）的粉尘，简称总尘。技术上，是用总粉尘采样器按标准方法在呼吸带测得的所有粉尘。

呼吸性粉尘（respirable dust）：按呼吸性粉尘标准测定方法所采集的可进入肺泡的粉尘粒子，其空气动力学直径均在 $7.07\mu m$ 以下，空气动力学直径 $5\mu m$ 粉尘粒子的采样效率为 50%，简称呼尘。

根据中华人民共和国国家职业卫生标准《工作场所有害因素职业接触限值》（GBZ 2.1—2007）中关于工作场所空气中粉尘容许浓度的规定，见表9-1。

表9-1　工作场所空气中粉尘容许浓度（部分节选）

| 序号 | 中文名 | 英文名 | PC-TWA（$mg/m^3$） | | 备注 |
|---|---|---|---|---|---|
| | | | 总尘 | 呼尘 | |
| 1 | 白云石粉尘 | Dolomite dust | 8 | 4 | — |
| 2 | 大理石粉尘 | Marble dust | 8 | 4 | — |
| 3 | 电焊烟尘 | Welding fume | 4 | — | G2B |
| 4 | 沸石粉尘 | Zeolite dust | 5 | — | |
| 5 | 硅灰石粉尘 | Wollastonite dust | 5 | — | |
| 6 | 滑石粉尘（游离$SiO_2$含量<10%） | Talc dust (free $SiO_2$<10%) | 3 | 1 | |
| 7 | 煤尘（游离$SiO_2$含量<10%） | Coal dust(free $SiO_2$<10%) | 4 | 2.5 | |
| 8 | 凝聚$SiO_2$粉尘 | Condensed silica dust | 1.5 | 0.5 | |
| 9 | 膨润土粉尘 | Bentonite dust | 6 | — | |
| 10 | 砂轮磨尘 | Grinding wheel dust | 8 | — | |
| 11 | 石膏粉尘 | Gypsum dust | 8 | 4 | |
| 12 | 石灰石粉尘 | Limestone dust | 8 | 4 | |
| 13 | 水泥粉尘（游离$SiO_2$含量<10%） | Cement dust (free $SiO_2$<10%) | 4 | 1.5 | |
| 14 | 炭黑粉尘 | Carbon black dust | 4 | — | G2B |
| 15 | 碳化硅粉尘 | Silicon carbide dust | 8 | 4 | — |

## 二、检测原理

总粉尘浓度测定原理:空气中的总粉尘用已知质量的滤膜采集,由滤膜的增量和采气量,计算出空气中总粉尘的浓度。

呼吸性粉尘浓度的测定原理:空气中粉尘通过采样器上的预分离器,分离出的呼吸性粉尘颗粒采集在已知质量的滤膜上,由采样后的滤膜增量和采气量,计算出空气中呼吸性粉尘的浓度。

## 三、检测方法

常用滤膜测尘法。通过抽气泵抽取一定体积的含尘空气,经过已称量的滤膜,将粉尘阻留在滤膜上,根据采样后滤膜的粉尘增量,计算出作业场所空气中的粉尘浓度。

## 四、主要仪器

主要测尘仪器包括:抽气装置、分析天平、感量 0.1mg 或 0.01mg(呼尘 0.01mg)、秒表或其他计时器、干燥器、内装变色硅胶、镊子、除静电器等。

### 1. 滤膜

滤膜。过氯乙烯滤膜或其他测尘滤膜。空气中粉尘浓度不大于 50mg/m³ 时,用直径为 37mm 或 40mm 的滤膜;粉尘浓度大于 50mg/m³ 时,用直径为 75mm 的滤膜。

### 2. 采样器

粉尘采样器(图 9-1),包括采样夹和采样器两部分。

(1)采样夹,应满足总粉尘采样效率的要求。粉尘采样夹可安装直径 40mm 和 75mm 的滤膜,用于定点采样;小型塑料采样夹可安装直径不大于 37mm 的滤膜,用于个体采样。

(2)采样器,需要防爆的工作场所应使用防爆型粉尘采样器。用于个体采样时,流量范围为 1~5L/min;用于定点采样时,流量范围为 5~80L/min。用于长时间采样时,连续运转时间应不小于 8h。呼吸性粉尘采样器主要包括预分离器和采样器。

①预分离器,对粉尘粒子的分离性能应符合呼吸性粉尘采样器的要求,即采集的粉尘的空气动力学直径应在 7.07μm 以下,且直径为 5μm 的粉尘粒子的采集率应为 50%。

图 9-1 粉尘采集器

②采样器,流量计的量程和精度应满足采样器性能的要求。

## 五、样品采集

### 1. 测尘点的选择

(1)测尘点应设在有代表性的工人接尘地点。

(2)测尘位置,应选择在接尘人员经常活动的范围内,且粉尘分布较均匀处的呼吸带。在风流影响时,一般应选择在作业地点的下风侧或回风侧。

(3)移动式产尘点的采样位置,应位于生产活动中有代表性的地点,或将采样器架设于移动设备上。

(4)凿岩作业的采样位置,设在距工作面 3~6m 处。

(5)机械装岩作业、打眼与装岩同时,作业和掘进机与装岩机同时作业的采样位置,设在距装岩机 4~6m 的回风侧;人工装岩时,设在距装岩工约 1.5m 的下风流中。

(6)喷浆、打锚杆作业的采样位置,设在距工人操作地点下风侧 5~10m 处。

2. 滤膜的准备

(1)干燥。称量前,将滤膜置于干燥器内 2h 以上。

(2)称量。用镊子取下滤膜的衬纸,将滤膜通过除静电器,除去滤膜的静电,在分析天平上准确称量。在衬纸和记录表上记录滤膜的质量和编号。将滤膜和衬纸放入相应容器中备用,或将滤膜直接安装在采样头上。

(3)安装。滤膜毛面应朝进气方向,滤膜放置应平整,不能有裂隙或褶皱。用直径 75mm 的滤膜时,应做成漏斗状装入采样夹。

3. 采样

(1)定点采样,根据粉尘检测的目的和要求,可以采用短时间采样或长时间采样。

①短时间采样,在采样点将装好滤膜的粉尘采样夹,在呼吸带高度以 15~40L/min 流量采集 15min 空气样品。

②长时间采样。在采样点将装好滤膜的粉尘采样夹,在呼吸带高度以 1~5L/min 流量采集 1~8h 空气样品(由采样现场的粉尘浓度和采样器的性能等确定)。

(2)个体采样。将装好滤膜的小型塑料采样夹,佩戴在采样对象的前胸上部,进气口尽量接近呼吸带,以 1~5L/min 流量采集 1~8h 空气样品(由采样现场的粉尘浓度和采样器的性能等确定)。

(3)滤膜上总粉尘的增量($\Delta m$)要求。无论定点采样或个体采样,要根据现场空气中粉尘的浓度、使用采样夹的大小和采样流量及采样时间,估算滤膜上总粉尘的增量($\Delta m$)。使用直径不大于 37mm 的滤膜时,$\Delta m$ 不得大于 5mg;直径为 40mm 的滤膜时,$\Delta m$ 不得大于 10mg;直径为 75mm 的滤膜时,$\Delta m$ 不限。(呼尘 $\Delta m$ 不得小于 0.1mg,不得大于 5mg)。采样前,要通过调节使用的采样流量和采样时间,防止滤膜上粉尘增量超过上述要求(即过载)。采样过程中,若有过载可能,应及时更换采样夹。

采样后,取出滤膜,将滤膜的接尘面朝里对折两次,置于清洁容器内,或将滤膜或滤膜夹取下,放入原来的滤膜盒中。室温下运输和保存。携带运输过程中,应防止粉尘脱落或二次污染。

## 六 样品的称量

(1)称量前,将采样后的滤膜置于干燥器内 2h 以上,除静电后,在分析天平上准确称量。称量装置如图 9-2 所示。

(2)滤膜增量 $\Delta m \geq 1$mg 时,可用感量为 0.1mg 分析天平称量;滤膜增量 $\Delta m < 1$mg 时,应用感量为 0.01mg 分析天平称量。

## 七、样品浓度计算

按以下公式计算空气中总粉尘的浓度：

$$C = \frac{m_2 - m_1}{Q \times t} \times 1000 \quad (9-1)$$

式中：$C$——空气中总粉尘的浓度($mg/m^3$)；
$m_2$——采样后的滤膜质量(mg)；
$m_1$——采样前的滤膜质量(mg)；
$Q$——采样流量(L/min)；
$t$——采样时间(min)。

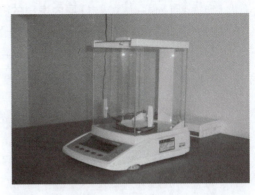

图9-2 称量装置

## 八、注意事项

(1) 上述方法为基本方法，如果用其他仪器或方法测定粉尘质量浓度时，必须以该方法为基准。

(2) 该方法的最低检出浓度为 $0.2mg/m^3$（以 0.01mg 天平，采集 500L 空气样品计）。

(3) 当过氯乙烯滤膜不适用时（如在高温情况下采样），可用超细玻璃纤维滤纸。

(4) 长时间采样和个体采样主要用于 PC-TWA 评价时采样，短时间采样主要用于超限倍数评价时采样。也可在以下情况下，用于 PC-TWA 评价时采样：

①工作日内，空气中粉尘浓度比较稳定，没有大的浓度波动，可用短时间采样方法采集 1 个或数个样品；

②工作日内，空气中粉尘浓度变化有一定规律，即有几个浓度不同但稳定的时段时，可在不同浓度时段内，用短时间采样，并记录劳动者在此浓度下接触的时间。

(5) 采样前后，滤膜称量应使用同一台分析天平。

(6) 测尘滤膜通常带有静电，影响称量的准确性，因此，应在每次称量前除去静电。

[例题] 为评价某普采工作面防尘措施效果，在工作面的下风侧架设工班粉尘采样器，进行呼吸性粉尘时间加权平均浓度测定。采样流量 2L/min，采样时间为 7.5h，采样前滤膜质量为 31.50mg，采样后滤膜质量为 36.15mg，试计算 8h 的时间加权平均浓度。

解：代入公式

$$C = \frac{m_2 - m_1}{Qt} \times 1000$$

$$= \frac{36.15 - 31.50}{2 \times 450} \times 1000 = 5.2(mg/m^3)$$

$$C_{TWA} = \frac{CT}{8} = \frac{5.2 \times 7.5}{8} = 4.9(mg/m^3)$$

## 任务二 隧道瓦斯监测与检测

### 一、基本概念

根据《铁路瓦斯隧道技术规范》(TB 10120—2002)中有关瓦斯隧道基本概念汇总如下：

(1)瓦斯(gas):从煤(岩)层内逸出的各种有害气体的总称,其主要成分为甲烷($CH_4$)。

(2)煤系地层(coal formation):在成因上有共生关系并含有煤层(或煤线)的沉积岩层。

(3)瓦斯工区(work area with gas):地层含有瓦斯的隧道施工工区。

(4)瓦斯检测断面(cross-section for gas detection):坑道中设置瓦斯检查点的断面。

(5)瓦斯浓度(gas concentration):空气中瓦斯占有量与空气体积之比,以百分数表示。

(6)瓦斯逸出(gas escaped):从隧道围岩中或衬砌背后释放出的瓦斯。

(7)突出(ejection):在地应力和瓦斯压力共同作用下,破碎的煤(岩)与大量瓦斯从煤体内突然喷向开挖空间的现象。

(8)瓦斯隧道分为低瓦斯隧道和高瓦斯隧道及瓦斯突出隧道3种。瓦斯隧道的类型按隧道内瓦斯工区的最高级别确定。

(9)瓦斯隧道工区分为非瓦斯隧道工区、低瓦斯工区、高瓦斯工区、瓦斯突出工区共4类。其中,低瓦斯工区和高瓦斯工区可按绝对瓦斯涌出量来进行判定。当全工区的瓦斯涌出量小于 $0.5m^3/min$ 时,为低瓦斯工区;大于或者等于 $0.5m^3/min$ 时,为高瓦斯工区。瓦斯隧道只要有一处有突出危险,该处所在的工区即为瓦斯突出工区。

## 瓦斯监测的内容及目的

瓦斯爆炸是施工中最大的安全隐患。瓦斯爆炸的3个必要条件:一是要有一定浓度的瓦斯(主要为 $CH_4$);二是要有火源;三是要有足够的氧气。要达到安全生产的目的,就必须从瓦斯监测、通风、设备防爆等综合预防措施下手,杜绝洞内同时具备瓦斯爆炸的3个必要条件。通过对瓦斯的实时监测,控制和防止瓦斯浓度超限,是防止瓦斯爆炸发生的关键。在施工中,对安全生产影响最大的是瓦斯(主要成分是 $CH_4$)、二氧化碳($CO_2$)的浓度。故在隧道施工中,应以 $CH_4$、$CO_2$ 为主要监测对象,监控隧道内有害气体的浓度。

瓦斯监测的目的:

(1)防止在施工过程中,有害气体浓度超限造成灾害,以确保施工安全和施工的正常进行。

(2)根据监测到的洞内有害气体的浓度大小,及时采取相应的技术措施。

(3)检验防排瓦斯技术措施效果,正确指导隧道施工,为科学组织施工提供依据。

## 监测依据及执行标准

### 1.监测依据

隧道瓦斯监测,主要以《煤矿安全规程》(2015年)、《铁路瓦斯隧道技术规范》(TB 10120—2002)、《防治煤与瓦斯突出细则》《煤矿安全监控系统及检测仪器使用管理规范》(AQ 1029—2007)为主要依据,根据上述规程进行有害气体的监测、控制。

### 2.瓦斯限值与处理

隧道岩层中瓦斯涌出浓度的大小是危险程度的标志。施工中,必须将瓦斯浓度控制在安全的限值以内。隧道内瓦斯浓度限值及处理措施见表9-2。

隧道内瓦斯浓度限值及超限处理措施  表9-2

| 序号 | 地 点 | 限值 | 超限处理措施 |
| --- | --- | --- | --- |
| 1 | 低瓦斯工区任意处 | 0.5% | 超限处20m范围内立即停工,查明原因,加强通风监测 |
| 2 | 局部瓦斯积聚(体积大于0.5m³) | 2.0% | 超限处附近20m停工,断电,撤人,进行处理,加强通风 |
| 3 | 开挖工作面风流中 | 1.0% | 停止电钻钻孔 |
|   |   | 1.5% | 超限处停工,断电,撤人,查明原因,加强通风 |
| 4 | 回风巷或工作面回风流中 | 1.0% | 停工、撤人、处理 |
| 5 | 放炮地点附近20m风流中 | 1.0% | 严禁装药放炮 |
| 6 | 煤层放炮后工作面风流中 | 1.5% | 继续通风,不得进人 |
| 7 | 局扇及电器开关10m范围内 | 0.5% | 停机、通风、处理 |
| 8 | 电动机及开关附近20m范围内 | 1.5% | 停止运转,撤出人员,切断电源,进行整治 |
| 9 | 竣工后洞内任何处 | 0.5% | 查明漏点,进行整治 |

## 四 瓦斯检测体系

为了安全起见,隧道施工瓦斯监测采取人工与自动相结合的监测方式,两者监测的数值相印证,避免误报现象。

### 1. 人工检测

人工检测由瓦斯检查员执行,瓦斯检查员必须经专门培训,考试合格,持证上岗。根据《煤矿安全规程》及有关规定,专职瓦斯检查员必须使用光干涉式甲烷测定器检查瓦斯,同时检测 $CH_4$ 和 $CO_2$ 两种气体的浓度。

(1) 光干涉式瓦斯测定器

光学瓦斯检测器是根据光的干涉原理制成的,除了能检查 $CH_4$ 浓度外,还可以检查 $CO_2$ 浓度,瓦斯浓度在 0~10%,使用低浓光干涉甲烷测定器;瓦斯浓度在 10% 以上,使用检测范围是 0~100% 的高浓度光干涉式甲烷测定器。光干涉式瓦斯测定器如图9-3所示。

光干涉式甲烷测定器属机械式瓦斯检测仪器,具有仪器使用寿命长,经久耐用的特点,但受环境和人员操作等多种因素的影响,为了能保证检测结果准确有效指导施工,并防止安全事故的发生,必须注意如下事项:

①使用前,须检查水分吸收管中的硅胶和外接 $CO_2$ 吸收管中的钠石灰是否变质失效,气路是否通畅,光路是否正常;将测微组刻度盘上的零位线与观察窗的中线对齐,使干涉条纹的基准线与分划板上的零位线相对齐,取与待测点温度相近的新鲜空气置换瓦斯室内气体。

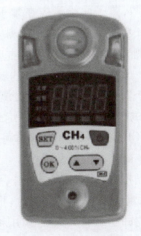

图9-3 光干涉式瓦斯测定器

②检测时,吸取气体一般捏放皮球以 5~10 次为宜。

③测定 $CH_4$ 浓度时,要接上 $CO_2$ 吸收管,以消除 $CO_2$ 对 $CH_4$ 测定结果的影响。

④测 $CO_2$ 浓度时,应取下 $CO_2$ 吸收管,先测出两者的混合浓度,减去已测得的 $CH_4$ 浓度即

可粗略算出 $CO_2$ 浓度。

⑤干涉条纹不清,是由于隧道中空气湿度过大,水分不能完全被吸收,在光学玻璃管上结雾或灰尘附着所致,只要更换水分吸收剂或拆开擦拭即可。

⑥$CO_2$ 吸收管中的钠石灰失效或颗粒过大,$CO_2$ 会在测定 $CH_4$ 浓度时混入瓦斯室中,使测定的 $CH_4$ 值偏高,所以要及时更换钠石灰,确保仪器测量准确。

⑦空气不新鲜或通过瓦斯的气路不畅通,对零地点的温度、气压与待测点相差过大,均会引起零点的漂移,所以必须保证在温度、气压相近的新鲜气流中换气对零。

(2)测点的布置和检测要求

①测点布置(即检测地点):

a. 掌子面(即掘进工作地点);

b. 回风;

c. 进风即所有压入式扇风机入口处风流;

d. 所有洞室;

e. 总回风(即抽出式主扇风机入口风流);

f. 放炮点;

g. 超前地质预报作业的钻孔(或探孔)点;

h. 其他瓦斯可能积聚和发生瓦斯事故的地点如:放炮地点等处。

②检测要求

a. 隧道中的各测点人员使用光干涉式甲烷测定器检测时,采用五点法检测,即对巷道的顶部、腰部两侧、底部两侧距巷道周边 200mm 处检测,取五点中最大浓度为该处瓦斯(含二氧化碳)浓度,进行日常管理;

b. 躲避式物资存放洞室人工瓦斯检测应在洞室最里处检测,衬砌断面变化处在断面变化最高处检测,仍采用五点法检测;

c. 掌子面检测应在掌子面前 $0.5 \sim 1m$ 处断面中检测,回风检测应在距回风口往掌子面 $15m$ 断面中检测,进风检测应在压入式扇风机入口处检测,高冒区检测应采用五点法在高冒区检测,总回风应在抽出式主扇风机入口前平直巷道中检测;

d. 检测频率(次数)的规定:洞室、总回风、高冒区、进风、回风、掌子面原则上每两小时检测一次;电焊时,每小时检测一次;掌子面出渣时,每小时检测一次,检测按五点法进行,放炮地点每放一次炮均应按"一炮三检"制要求检测(对爆破地点和起爆地点风流中瓦斯浓度进行检查,$CH_4$ 浓度低于 $0.5\%$ 方可放炮)。

e. 浓度控制及措施:

根据《煤矿安全规程》《铁路瓦斯隧道技术规范》等相关规定,瓦斯检测浓度控制标准为:当瓦斯浓度达到 $0.3\%$ 时,报警(瓦检人员向现场负责人报警,由现场负责人向各级领导汇报并立即组织有关人员查明原因进行处理);当瓦斯浓度达到 $0.5\%$ 时,瓦检人员应立即向现场施工负责人报告,由现场施工负责人立即组织停止工作,撤出人员,切断隧道中电源,并报告项目部经理,由项目经理向各级领导汇报,由有关专业人员制订措施,进行处理;瓦斯浓度低于 $0.4\%$,方可复电。

f. 记录。瓦斯检查员检查瓦斯后,应将检查结果记录在当班瓦斯手册和现场瓦斯检查牌板上。

g. 隧道高处瓦斯检查,应使用瓦斯检查杖和折叠人字梯,以保证巷道高处瓦斯检查到位。

h. 光干涉甲烷测定器每半年必须进行一次检定,合格方可使用。日常使用中发现仪器故障,必须及时送有关专业人员维修,以确保仪器完好。

**2. 自动监测**

自动监测采用便携式甲烷(自动)检测报警仪和瓦斯安全监测系统进行监测,如图9-4所示。便携式甲烷(自动)检测报警仪监测要求如下:

(1)携带人员:进入掌子面和隧道内的以下人员必须携带便携式甲烷(自动)检测报警仪连续监测工作地点瓦斯浓度:

①放炮员;

②班组长;

③现场值班负责人;

④到隧道检查的各级管理人员(每一行人至少携带一台);

⑤流动作业的检修人员;

⑥各类机车驾驶员;

⑦其他相关人员。

(2)便携式甲烷(自动)检测报警仪报警点的设置:

报警点一律设置为$CH_4$浓度的0.3%。

(3)便携式甲烷(自动)检测报警仪必须由监测组专人统一管理,连续使用8h必须缴回仪器室充电。每7d必须进行一次调校,每半年必须送专业机构检定一次,合格方可使用,以保证仪器灵敏、可靠。

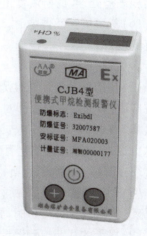

图9-4 便携式甲烷检测报警仪

## 五、检测数据的收集与分析

瓦斯隧道施工中,必须严格要求,经常进行阶段性检查,使瓦斯检查员能够严格按照岗位职责,做好检测数据的记录、收集工作,积累的原始数据,通过对数据的分析,为施工管理人员指导安全生产提供可靠的依据。

注意事项:

(1)任一时刻瓦斯浓度,掌子面顶部最高,该部位在任何时间都将是最危险的地方,全体施工人员必须严格执行瓦斯隧道施工规范,严禁违章作业,时刻提高警惕,防止事故的发生。

(2)出渣时,由于运输车辆的尾气排放等原因,洞内瓦斯浓度会有一定程度的升高,必须引起足够的重视,各种型号的汽车必须配备防爆装置,出渣施工人员必须使用便携式瓦斯(自动)检测报警仪,连续监测瓦斯浓度。

(3)节理裂隙发育地段瓦斯浓度升高,施工中根据情况应及时汇报,经项目经理批准可采取超前探测。

## 六、隧道瓦斯检测安全技术措施

(1)对瓦斯隧道施工必须制订并实施相应的瓦斯检测等制度(如一炮三检制、三人连锁爆破制等)。

(2)隧道内所有地点瓦斯浓度不得超过0.5%,瓦斯浓度达到0.3%时,应停止放炮;当浓度超过0.5%时,应停止工作,撤出人员,切断电源,待采取措施处理后进行再次检查,确认安全后方可施工。

(3)每班进出口各工作面(掌子面)均应安排一名专职瓦检员跟班检测瓦斯,瓦检员应实行现场手上交接班制。

(4)所有传感器、报警仪、光干涉式甲烷测定仪均应每天调校一次,每半年送专业机构检定一次,合格后方可使用,确保仪器准确、灵敏、可靠。

(5)加强对洞内死角,尤其是隧道上部、坍塌洞穴、避人(车)洞等各个凹陷处通风不良、瓦斯易积聚的地点,严格进行浓度检测,如瓦斯浓度超过0.5%以上时,应立即采取局部加强通风措施进行处理,瓦斯浓度超过0.3%应安设瓦斯传感器。

(6)隧道因突然停电时,现场负责人必须立即组织人员撤出隧道,瓦斯检测人员必须立即对隧道进行人工检测,检测每30min一次,从洞口逐渐向内进行。检测方法按平时布置的测点进行。

(7)超前探孔内瓦斯检测。超前探孔作业时,掌子面探头必须按本方案要求设置到位;钻孔完成后,瓦斯检测员立即对孔内浓度进行检测,同时做好记录;当瓦斯检测员发现孔内浓度超过0.3%时,必须立即报告工地负责人,工地负责人必须立即复核,并上报项目部负责人和技术负责人,分析前段岩层瓦斯溢出量,以采取相应防范措施。孔内浓度超过0.5%时,项目部必须立即报告指挥部瓦斯检测督导小组。

(8)瓦斯检查人员要做好检查瓦斯的详细记录,每班要进行交接签字,瓦斯检测员、技术员、施工员(工班长)接班时,要查阅上班的检测记录,并向项目经理部安全专管部门汇报。

(9)每天的瓦斯检测记录交项目经理部安全专项部门,由安全专管部门专职工程师进行数理统计和分析,提前掌握洞内瓦斯溢出的发展动态,发现有异常现象,及时向项目总工程师、项目经理提出采取措施处理的建议。

(10)项目经理或总工程师每天应审阅通风瓦斯日报表,进洞时必须携带瓦斯检查仪进行瓦斯检查。

(11)当两台或两种以上瓦斯检测仪对瓦斯浓度检测结果不一致时,以浓度显示值高的为准。

(12)瓦检员瓦斯浓度检测信息反馈:瓦检员应做好人工瓦斯检测记录,并每天按时交技术室存档。

(13)瓦斯监测专业技术人员每天要例行检查各类传感器、监测系统设备(含传输电缆)、监测探头等,检查安设位置是否正确、仪器有无损坏、是否失效,如发现异常,立即处理,不留隐患。

## 七 防爆措施

### 1. 防止瓦斯浓度超限和瓦斯积聚

(1)加强通风是防止瓦斯积聚的主要措施。巷道断面设计必须考虑通风需要;主要通风机根据计算选型,能够可靠地保证隧道需风量;各用风地点风量容易控制,风流稳定性好,能够保证各用风点风量,防止瓦斯积聚。

(2)要按设计位置及通风质量标准化要求施工隧道内平导与主洞之间的通风建(构)筑物。施工过程中要加强通风设施检查与维护,保证通风设施完好;正确使用通风设施,以保证隧道风流稳定,保证各用风地点按计划配风,风流中瓦斯浓度符合《煤矿安全规程》和《铁路瓦斯隧道技术规范》(TB 10120—2002)。

(3)隧道设置甲烷风电闭锁装置,并采用对旋局部通风机,双电源自动切换供风,最大限度减少无计划停电、停风。一旦瓦斯浓度超限自动声光报警,自动切断工作面及回风流非本安电源。

(4)加强隧道顶板管理,避免形成顶板高冒空洞,一旦形成要及时接顶充填。合理安排隧道掘进。对容易积聚瓦斯的低风速巷道顶板附近、高冒区等地点,要严格瓦斯检查。当瓦斯超限时,必须严格执行瓦斯排放制度。

(5)加强通风设备及供电设备的检修维护,减少无计划停电停风造成的瓦斯积聚。

(6)一旦出现瓦斯积聚,必须制定周密的瓦斯排放措施,严格执行瓦斯排放程序,进行安全排放。

## 2. 防止引爆瓦斯措施

(1)瓦斯工区施工应遵守下列防火安全规定:

①瓦斯工区必须在洞外设置消防水池和消防用砂,水池中应经常保持不小于 $200m^3$ 储水量,保持一定的水压;

②瓦斯工区内必须设置消防管路系统,并每隔 100m 设置一个阀门(消火栓);

③瓦斯作业区内应设置灭火器及消防设施,并经常保持良好状态。

④使用防爆型施工机械设备。

(2)火源管理

①严禁火源进洞,洞口、洞口房、通风机房附近 20m 范围内不得有火源。

②瓦斯工区作业人员进洞前,必须经洞口检查人员检查确认无火源带入洞内。

(3)易燃品管理

①瓦斯工区内不得存放各种油类,废油应及时运出洞外,不得洒在洞内。

②瓦斯工区内待用和使用过的棉纱、布头和纸张等,必须存放在密闭的铁桶内,并由专人送到洞外处理。

(4)瓦斯工区进洞人员应遵守下列规定:

①进入瓦斯隧道的人员必须进行登记和接受洞口值班人员的检查。不准将火柴、打火机、手机及其他易燃物品带入洞内。隧道口周围 20m 范围内严禁明火。

②严禁穿着易于产生静电的服装进入瓦斯工区。

③上班人员必须由班组点名后进洞;执行进洞挂牌出洞摘牌制度;携带工具应防止敲打、撞击,以免引起火花;不得在洞内大声喧哗。洞内出现险情或警报信号发出后,绝对服从有关人员指挥,有序撤出险区;进洞参观人员,应进行有关防治安全常识的学习,并遵守有关安全规定。

(5)瓦斯隧道设计洞内电气设备均按《煤矿安全规程》防爆要求选型。隧道电气设备选用防爆型,电缆选用煤矿用阻燃性电缆,通信、信号电缆采用本质安全电路。一旦电气事故产生电火花,这些设备具有耐爆性和隔爆性,或产生的电火花能量不足以点燃瓦斯。

隧道内变压器中性点为不接地方式,电气设备做保护接地。变电系统应设有绝缘监视和漏电保护,洞内电气设备因某相绝缘损坏,不会发生接地短路故障。一旦发生单相接地时,该系统内的保护装置会立即切断故障电源,防止杂散电流的产生,从而杜绝雷管超前爆炸及点燃瓦斯事故的发生。高、低压馈电开关都设有过载、短路保护;探水钻、注浆泵、局部通风机等设备的控制开关都设有过载、短路、断相保护和漏电闭锁装置;照明及信号都设综合保护装置,如过载、短路、漏电保护和漏电闭锁装置,可以有效地防止过热和电火花的产生。

隧道掘进工作面的电气设备设有风、电瓦斯电闭锁。洞内管路每500m做一次可靠接地,以防止静电火花的产生。

通过设备的合理选型和有关保护的设置以及局部通风机的专供电,提高局部通风机供电的可靠性,能有效地防止瓦斯爆炸事故的发生。

隧道内的开关都带有闭锁装置,从结构上保证操作顺序,防止误操作;不停电不能打开盖子,打开盖子后不能送电,以防止带电检修。检修或搬迁隧道电气设备(包括电缆和电线)前,必须切断电源,并用与电源电压相适应的验电笔检验。检验无电后,必须检查瓦斯,在其巷道风流中瓦斯浓度在1.0%以下时,方可进行导体对地放电。控制设备内部安有放电装置的,不受此限。所有开关手把在切断电源时都必须闭锁,并悬挂"有人工作,不准送电"的警示标识牌,只有执行这项工作的人员才有权取下此标识牌送电。

普通型携带式电气测量仪表必须在瓦斯浓度小于1.0%的地点使用,并实时监测使用环境的瓦斯浓度。

施工用电须按总体施工组织设计设置备用电源,备用电源必须性能可靠,功率满足用电设备要求。

操作洞内电气设备必须严格遵守下列规定:

①非专职或值班电气人员,不得擅自操作电气设备;

②手持式电气设备的操作手柄和工作中必须接触的部分,一定要有良好的绝缘;

③操作高压电气设备主回路时,操作人员必须戴绝缘手套,并须穿电工绝缘靴或站在绝缘台上。

隧道爆破必须使用煤矿安全许用炸药,不准使用不合格或变质的炸药。必须使用煤矿许用电雷管,采用毫秒延期雷管时,一次爆破延期时间不得超过130ms;打眼、装药、放炮等各爆破工序必须严格遵守《煤矿安全规程》有关规定。

(6)两条掘进的隧道相互贯通时,应编制专门的贯通技术安全措施,并严格执行。两巷相距20m时,必须执行该贯通措施,贯通前按要求要做好通风系统调整的准备工作。贯通时,只准从一个掘进工作面向前贯通,而被贯通的另一个工作面则必须停止掘进工作并保持正常通风,保证工作面和回风流中的瓦斯浓度均在规定的允许浓度以下。贯通后,按规定进行通风系统调整工作。

## 任务三 一氧化碳浓度检测

检测标准

一氧化碳(CO)是无色、无臭、无味的气体,对空气的相对密度为0.97,故能均匀地散布于空气中,不用专门的仪器不易察觉。CO微溶于水,一般化学性质不活泼,但浓度在13%~75%时能引起爆炸。CO毒性极强,当空气中CO浓度超过0.4%时,在很短时间内人就会失去知觉,抢救不及时就会中毒死亡。隧道在修建中可能会遇到CO,运营后汽车废气中有CO,为此必须重视对CO的检测,并采用机械通风稀释隧道中CO,保证施工安全和司乘人员的健康。鉴于CO的危害性,我国隧道施工相关规范规定CO允许浓度为:

(1) 对于施工隧道:一般情况下,CO 浓度不大于 $30\text{mg/m}^3$;特殊情况下,施工人员必须进入工作面时,CO 浓度可为 $100\text{mg/m}^3$,但工作时间不得超过 30min。

(2) 对于运营隧道,采用全横向通风方式与半横向通风方式时,CO 浓度按表 9-3 取值;采用纵向通风方式时,CO 浓度按表 9-3 所列各值提高 50ppm 取值;交通阻滞时,阻滞段的 CO 平均浓度可取 300ppm,经历时间不超过 20min;人车混合通行的隧道,CO 浓度按表 9-4 取值。

汽车专用隧道 CO 浓度 $\delta$ 表 9-3

| 隧道长度(m) | ≤1000 | ≥3000 |
| --- | --- | --- |
| $\delta$(ppm) | 250 | 200 |

人车混用隧道 CO 浓度 $\delta$ 表 9-4

| 隧道长度(m) | ≤1000 | ≥3000 |
| --- | --- | --- |
| $\delta$(ppm) | 250 | 200 |

## 二、检测方法

CO 浓度检测方法有气体检测管法和 CO 检测仪法。

### 1. 气体检测管法

(1) 气体检测管工作原理

各种气体检测管是在一个固定有限长度内径的玻璃管内,装填一定量的检测剂(即指示粉),用塞料加以固定,再将玻璃管的两端密封加工而成。

检测剂是将某些能与待测物质发生化学反应并可以改变颜色的化学试剂,吸附在固体载体颗粒表面上的一种物质,化学试剂的选择和它在载体上的化学浓度比决定了检测管的物质成分和量程范围。

检测管的心脏是装在玻璃管中的指示粉。检测空气中的有害气体,就是根据通过该管的被测样品与管内指示粉进行反应时,释出有色反应物,形成"着色层"而进行的。指示粉一般由载体和化学试剂组成。把化学试剂涂覆在载体的表面上,让尽可能少的试剂形成最大可能接触的面积,以便得到具有很大通过表面能力的指示粉。应当选择那些在迅速与待测气体发生化学作用时,能生成有明显颜色的反应产物薄膜,并使原来的指示粉改变颜色的试剂。

值得注意的是,温度是主要影响因素之一,它可能影响载体吸附能力、变色反应速度和气密度 3 个方面,标准规定各种检测管在 15~35℃ 常温中工作,超出范围需要进行修正误差,需要自定温度校正表或校正曲线。

湿度影响可以忽略不计。进样速度要求非常严格,速度的快与慢对检测管的变色程度和变色长短影响特别大,一般标准规定进样速度误差不允许超过额定速度的 ±10%。

(2) 气体检测管分类

CO 检测管也称检知管,一般为直径 4~6mm、长 150mm 左右的密封玻璃管,有比长式、比色式和比容式 3 种。

①比长式检测管。

比长式检测管有一块标准浓度板,它是一支按长度标度 CO 浓度的尺子。当检知管吸入被测气体后,白色药品由进气端开始变成深黄色,变色的长度与 CO 浓度成比例,与标准浓度尺对比,即可确定被测气体中 CO 的浓度。

比长式检测管使用方法:

a. 用砂片稍用力将检测管两端各划一圈割印。

b. 用硅胶管套套住检测管上的箭头所指一端，沿切割印掰断，用同样方法掰断另一端。

c. 用硅胶管套套住检测管上的箭头所指一端(防止漏气)，插入所要检测标注的气体通道口上(稍用力插紧)。注意方向性，箭头方向代表气体流过方向。

d. 将所需检测的若干项的检测管，按以上方法均插好之后，接通电源，打开总电源开关，总电源指示灯亮，查看电压表是否正常。

e. 调节所需检测气体对应的时间控制器，使其符合技术指标。打开所要检测项的开关，对应指示灯亮，所对应的检测项即开始检测。

f. 检测结束，切断电源，一手轻按气体通道口上的蓝色套圈，另一手拔出检测管。

g. 手持检测管箭头朝下，并垂直于地面放在与目光基本持平的位置，观察管上颜色变化所指刻度，即为被检测气体的浓度。

常见比长式检测管如图9-5所示。

② 比色式检测管。

比色检测管是根据管内药品与CO作用后颜色的变化，来判断CO浓度的。仪器备有一块标准比色板，上面标有与各种颜色相对应的CO浓度。检知管吸入气体后，对比检知管与标准比色板的颜色，找出与检知管颜色最接近的标准色条，它对应的CO浓度就是被测气样的CO浓度。

常见比色式检测管如图9-6所示。

图9-5 CO比长式检测管

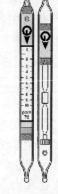

图9-6 CO比色式检测管

③ 比容式检测管。

比容式检测管(又称柱状检测管)，通过一定体积的样品，根据指示粉产生的一定颜色或变色长度所需采样体积，来确定被测气体单位体积含量。比容式检测管目前国内生产及使用较少。

(3) 气体检测管法的特点

测量气体的检测管实际是将化学分析方法仪器化，是一种定量、定性、定值的检测方式，具有化学分析和仪器分析双重优点。

① 操作简便。使用时，仅有专用采样和测试结果显示两步，而这两步又近乎是同时进行的，为专业检验人员提供了极大方便，只要操作人员按照使用说明书操作方法进行测试就可以应用。

② 分析速度快。由于操作方便，使得每一次分析所需时间大为缩短，一般仅需几十秒至几分钟即可得知结果，其分析速度是任何化学分析和仪器方法不能比拟的。

③ 测量精度高。在检测管含量标度的确定上，模拟了现场分析条件，采用不同标准气标

定,克服了化学分析中易带入的方法误差,同时减少了人为误差。

④适应性好。检测管现有Ⅰ、Ⅱ、Ⅲ 3种,从零点到几个PPM(6~10)到百分之几十,适用范围很大,为分析工作提供了很大方便。

⑤使用安全。使用时手动操作,无需要电源、热源,在有易燃易爆气体存在的场所能安全使用。

⑥价格低廉、携带方便。与其他化学和仪器方法测量的总价格比起来,经济而且又不需要维护修理,则更显得低廉。检测管体积小,质量轻,便于操作人员在各种环境下使用。

⑦识别性强。可以测定各种有害气体,并可实现在一定程度上的选择性识别。

### 2. CO 检测仪法

CO检测仪采用控制电位电化学原理,被测量的CO通过传感器时,在传感器两电极之间,产生微电流,其大小与CO浓度成比例,该电流经放大后由电表指示出CO的浓度值,实现对空气中CO浓度的测定。

(1) 主要特点及用途

CO检测仪如CTH1000型,采用长寿命进口电化学传感器和微功耗单片机控制,四位LCD显示,仪器不仅具有声光报警、零点跟踪、自动背光、欠压报警等功能,还具有准确可靠、使用寿命长、体积小、质量轻、操作简单、维护方便等特点。该仪器广泛适用于存在易燃易爆可燃性气体混合物的工作环境中,连续检测CO气体的浓度。

(2) 工作原理

电化学传感器以扩散方式直接与环境中的CO气体反应产生与被测气体浓度成正比的电信号,经信号调理电路滤波放大后,送入单片机进行数据处理,并在LCD屏上显示CO气体的浓度值,当CO浓度高于设定的报警点后,仪器发出声光报警信号。

(3) 主要技术指标(以CTH1000型为例)

测量范围:0~100ppm;

分辨率:1ppm;

传感器寿命:大于24月(进口电化学);

响应时间:小于20s;

显示方式:4位LED;

报警方式:断续声光报警、报警点连续可调;

电池组:Ni-Mh1800mAh×3;

连续工作时间:大于7d;

外形尺寸:116mm×56mm×25mm;

质量:0.2kg。

CTH1000型CO检测仪如图9-7所示。

图9-7 CO浓度检测仪

## 任务四 隧道通风系统检测

### 一、隧道风压、风速检测

#### 1. 静压、动压和全压的检测

装在容器内的气体作用在容器壁的压力叫静压,用 $P_{st}$ 表示,静压是单位体积气体所具有的内能。在隧道内以速度 $v(m/s)$ 流动的气体,除有内能外,还有对外做功的能力,即动能。单位体积气体所具有的动能就是气体的动压,用 $P_d$ 表示。流动气体的静压与动压的代数和,称为气体的全压,用 $P$ 表示。隧道通风中气体压力的测量分静压、动压和全压,它们可以用仪器直接测量。

绝对静压的测定:通常采用水银气压计和空盒气压计;相对静压的测定:U 形压差计、单管倾斜压差计或补偿式微压计。

### 2. 风速检测

规范规定,双向交通隧道风速不应大于 $8m/s$;单向交通隧道风速不宜大于 $10m/s$,特殊情况可取 $12m/s$。

(1) 直接法。用风表测,风表分杯式(测大风速)、翼式(测小风速)。根据测试人员站位不同分为:

迎面法
$$V = 1.14 V_S$$

侧面法
$$V = \frac{V_S(S - 0.4)}{S}$$

式中:$V$——实际风速(m/s);

$V_S$——实测风速(m/s)。

(2) 间接法。先测出动压:

$$H_v = \frac{1}{2}\rho V^2$$

$$V = \sqrt{\frac{2H_v}{\rho}}$$

##  隧道通风控制检测系统(以德国 SICK 公司的 VICOTEC414 系统为例)

COVI 检测仪为隧道专用型 CO 和能见度(简称为 VI)检测装置,安装在隧道边墙上,为隧道中控提供隧道内 CO 和能见度检测值,作为通风和营运的基本依据。通风控制系统是在适时检测隧道内 CO、VI 参数的基础上,将这些数据传送到中控室的通风控制计算机,计算机以检测到的环境参数(CO、VI)为依据,配合交通控制状态,选择风机的控制方式,在保障行车安全的环境条件下,尽量减少风机的运转,从而达到保证隧道正常运营而且节约能源的目的。

隧道通风控制系统由隧道管理室监控主计算机系统、计算机及 PLC 系统、CO 能见度检测仪、风速仪、风机驱动配电柜及隧道内风机等系统组成。

### 1. COVI 检测器

COVI 检测器由 CO/能见度检测探头、评价控制单元、安装支架、连接电缆等部分组成,如图 9-8 所示。CO 测量采用负气体吸收相关吸收原理,在特定的 CO 红外吸收光谱的 CO 吸收峰来测量 CO 浓度,即发射单元发射特定自红外线,通过 10m 测量路径发射到接收单元,通过测量特定红外波的衰减,测量 CO 浓度;能见度测量是通过另一分离通道,由发射/接收单元发射光波,通过 10m 测量通道到达反射单元,反射光再经原来的 10m 测量路径反射到发射/接受单元,光束经过衰减,得到的信号经过评价控制单元处理为测量值,就是能见度检测值。

根据隧道的通风方式,在 CO 浓度比较高和烟雾透过率较低的通风竖井进风口附近及隧道山门附近,设置 COVI 检测器。隧道内 COVI 检测器一般按 3 个断面布设,即进口 100~200m、隧中及距出口 100~200m 左右布设。德国有关公路隧道设备的 RABT 法规中提供了

COVI检测器的安装建议:第一安装点设在隧道入口处约150m处;设备安装高度大约在3.5~4.5m;内部CO浓度和烟尘含量沿车行方向呈逐步上升的趋势,在隧道的中后部会达到峰值,故在设备安装的过程中,可适当考虑在隧道中后部相邻设备近距离安装,安装示意如图9-9所示。

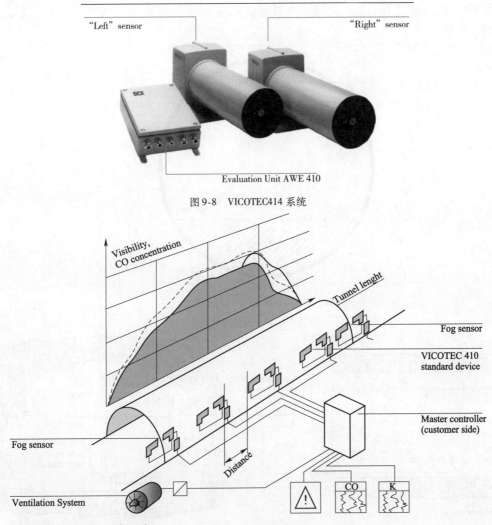

图9-8 VICOTEC414系统

图9-9 系统安装纵向示意图

COVI检测器布设在行车方向右侧壁人行道上方3.5~4.5m左右位置,上方应无衬砌接缝漏水现象。COVI检测器用以快速、准确、连续地自动测定隧道内的CO浓度和隧道内全程烟雾透过率数据,由区域控制器采集数据,监控系统将检测数据与标准值进行比较,对风机的启停控制提供参数依据,供操作人员掌握隧道内气体环境污染情况,同时可协助操作人员人工控制风机,安装示意如图9-10所示。

### 2.风速风向检测器

风速风向检测器采用超声波的原理测量隧道的环境温度和风速风向,其是由二个超声波发射、接受单元、数据处理评价单元、安装支架、连接电缆等部分组成,具有现场显示功能,

图 9-11 为风速风向检测器。

该检测器采用德国 SICK 公司 FLOWSIC200，系自动检测隧道内风向和风速的现场设置式 TW 检测器。隧道内根据通风方式，在隧道内通风竖井进风门和排风口附近共设置风速风向检测器，自动测定隧道内平行于隧道壁面的风向、风速数据，以检测风机的运行情况。安装在隧道两侧内壁上，高度为 4.2m，两探头与隧道纵向中心线夹角为 30°~60°，以 45°为宜，安装示意如图 9-12 所示。

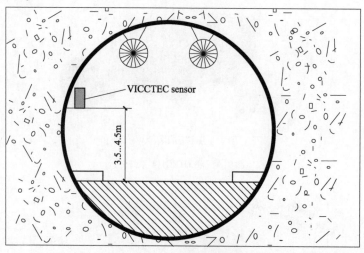

图 9-10　系统安装断面示意

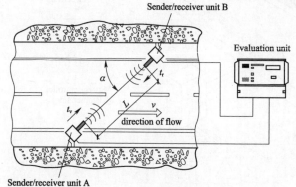

图 9-11　系统风速风向检测器

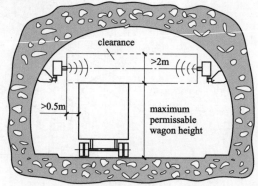

图 9-12　风速风向检测器安装示意图

## 【能力训练】

借助校内外实训基地，开展隧道施工环境质量检测能力训练，训练项目如下：

1. 滤膜测尘法测定空气中粉尘含量，并进行评价。
2. 用瓦斯浓度检测仪检测掌子面瓦斯浓度。
3. 使用 CO 浓度测定仪检测隧道 CO 浓度，并进行评价。
4. 隧道施工环境质量评定。
5. 隧道施工环境质量验收记录表填报。

# 项目十

# 盾构法隧道施工质量检测与验收

**【能力目标】**

通过学习,具备熟练运用观察、尺量、仪器测量、检查施工记录、试验等方法进行盾构掘进、管片拼装、壁后注浆、管片防水施工质量检测的能力,具备盾构隧道施工检验批质量验收记录填报的能力,从而具备盾构法隧道施工质量评定及验收的能力。

**【知识目标】**

了解盾构法隧道施工过程与要点,熟知盾构法隧道施工质量验收要点及标准,掌握盾构法隧道施工质量检测与验收方法。

**【工作任务】**

1. 熟悉盾构施工方法;
2. 熟悉盾构施工各环节质量验收要点及标准;
3. 盾构掘进施工质量检测与验收;
4. 管片拼装质量检测与验收;
5. 壁后注浆质量检测与验收;
6. 管片防水质量检测与验收;
7. 盾构法隧道施工质量评定;
8. 盾构法隧道检验批质量验收记录表填报。

## 任务一　盾构法隧道施工基本知识

### 盾构法的基本概念

盾构法(Shield Method)是暗挖法施工中的一种全机械化施工方法,它是将盾构机械在地层中推进,通过盾构外壳和管片支承四周围岩防止发生往隧道内的坍塌,同时在开挖面前方用切削装置进行土体开挖,通过出土机械运出洞外,靠千斤顶在后部加压顶进,并拼装预制混凝土管片,形成隧道结构的一种机械化施工方法。盾构机械外形如图10-1所示。

图10-1　盾构机械示意图

1818年法国工程师布鲁诺尔(M. I. Brunel)最早提出了用盾构法建设隧道的设想,并在英国取得了专利。1825年,他采用一台断面高6.8m、宽11.4m的矩形盾构在泰晤士河下,修建了人类历史上第一个盾构法隧道。经过一百多年的发展,盾构法施工在地铁、公路、电讯、上下水道等城市基础建设中得到了广泛应用。

盾构法主要应用于软土、流沙、淤泥等软弱地层。盾构法修建隧道的基本原理是用一件圆形的钢质组件沿隧道设计轴线开挖土体并向前推进。钢质组件在开挖初期或隧道衬砌建成之前,具有承担地层压力、保证作业人员和机械设备安全的作用,这个钢质组件被简称为盾构。盾构的另一个作用是防止地下水或流沙的入侵。工程实例表明,盾构法施工不仅不受地面交通、河道、潮汐、气候条件的影响,而且其推进、出土及衬砌拼装还可实行自动化、智能化和远程信息化控制,施工安全,速度快,劳动强度低,并具有显著的环保功能。但同时也具有对地层变化的适应性差、设备购置费昂贵、开挖断面形状与尺寸不可变化等缺点。

### 盾构机的基本构造

盾构是可以同时实现地层开挖及衬砌拼装等功能的软土隧道暗挖法施工全自动化机械。由于开挖方法及开挖面支撑形式的不同,种类很多。其基本构造有:盾构壳体及开挖系统、推进系统、衬砌拼装系统等。如图10-2所示。

**1. 盾构壳体及开挖系统**

(1) 盾构壳体

一般为钢制圆筒体。盾壳是一个全封闭的壳体,其主要功能是承受来自地层的水土压力,防止水土侵入,保证盾体内作业人员与设备的安全。盾构壳体由切口环、支承环和盾尾3部分组成。

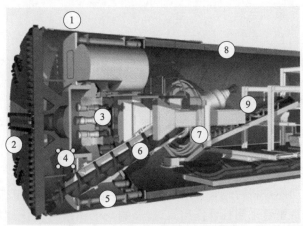

图10-2　盾构基本构造(土压平衡式盾构)
1-盾壳;2-刀盘;3-刀盘驱动马达;4-土仓;5-推进油缸;6-螺旋输送机;7-管片拼装机;8-管片;9-输送带

切口环位于盾构的最前端,施工时切入地层并掩护开挖作业。切口环前端制成刃口,以减少切土阻力和对地层的扰动,切口环的长度取决于工作面的支承形式、开挖方法及人员活动和挖土机具所需空间等因素。切口环与刀盘共同形成渣土仓,或气压室,或泥水室,以平衡开挖面的土压和水压,或封闭开挖面,为盾构的安全、快速施工提供保障。

支承环是盾壳的主体,是具有较强刚性的圆环结构,位于盾构中部。所有地层的土压力、千斤顶的支承力及切口、盾尾、衬砌拼装的施工荷载均传至支承环并由其承担。支承环的外沿布置推进千斤顶。大型盾构的所有液压、动力设备、操纵控制系统、衬砌拼装机具等均设在支承环位置。中、小型盾构则可把部分设备移到盾构后部的车架上。

盾尾一般由盾构外壳钢板延伸构成,主要用于掩护隧道衬砌的安装工作。其内部设置衬砌拼装机,尾部有盾尾密封刷、同步压浆管和盾尾密封刷油膏注入管等。盾尾密封一般采取三级密封结构。

(2)盾构开挖系统

设于切口环中。采用人工开挖方式的盾构,切口环的顶部比底部长,以增加掩护长度。泥水盾构中的切削刀盘、搅拌器、吸头和土压平衡式盾构的刀盘、搅土器、螺旋输送机的进口等部件均设在切口环中。在局部气压或泥水加压及土压平衡式盾构中,因切口部位的压力要高于常压,故在切口与支承环间必须设密封隔板。盾构开挖系统主要包括刀盘与螺旋输送机或泥浆循环系统。

刀盘用来开挖土体,同时搅拌泥土,以改善切削土体的流动性。因此,在刀盘的正面装有切削刀具,其中齿形刀适用于软弱地层,盘形刀适用于坚硬地层。刀背面装有搅拌翼片。为了在曲线上施工,刀盘周边还装有齿形的超挖刀。根据围岩条件,切削刀盘可以采用面板型或辐条型。

螺旋输送机用来将密封舱内的塑流状土体排至盾构外,即把渣土从前部的渣土仓输送到后部的渣土运输设备中。对土压平衡式盾构,螺旋输送机另一个重要功能是通过调节其转速控制出渣的速度和出渣量,使排土量与刀盘切削下来的土量保持平衡,进而达到控制盾构土仓室内压力的目的,并且螺旋输送机和土仓内的渣土共同作用获得止水效果。

对于泥水平衡式盾构，其出渣依靠泥浆循环系统。泥浆循环系统主要有送泥管、排泥管、泥浆泵及地面的泥浆处理系统等。其主要作用是向开挖面输送新鲜的泥浆以稳定开挖面，同时将开挖下的土渣随泥浆排至洞外。

### 2. 推进系统

盾构的推进系统由液压设备和千斤顶组成。推进系统决定了盾构的推进速度、刀盘每转的切深等重要技术参数，以及转向、纠偏等功能的实现。

其工作原理是：启动输油泵，将油供给高压泵，使油压升高至要求值；启动控制油泵，待控制油压升至额定压力后，由电磁控制阀门将总管内高压油输入千斤顶，使其按要求伸出或缩回，驱动盾构。

### 3. 衬砌拼装系统

衬砌拼装系统的功能是将衬砌管片拼装成环。衬砌拼装系统常用杠杆式拼装器，由举重臂和驱动部分组成。举重臂采用杠杆作用原理，一端为卡钳装置，另一端为可调节的平衡锤。举重臂的功能是夹住管片，并将其送到需要安装的位置。驱动部分由液压系统及千斤顶组成，其功能是驱动举重臂做平面旋转与径向移动。

## 三 盾构法施工基本流程

采用盾构法施工时，首先要在隧道的始端和终端开挖基坑或建造竖井，用作盾构及其设备的拼装与拆卸，特别长的隧道，还应设置中间检修工作井。拼装和拆卸用的竖井，其建筑尺寸应根据盾构装拆的施工要求来确定。拼装井的井壁上设有盾构出洞口，井内设有盾构基座和盾构推进的后座。井的宽度一般应比盾构直径大 1.6~2.0m，以满足铆、焊等操作的要求。当采用整体吊装的小盾构时，则井宽可酌量减小。井的长度，除了满足盾构内安装设备的要求外，还要考虑盾构出洞时，拆除洞门封墙和在盾构后面设置后座，以及垂直运输所需的空间。中、小型盾构的拼装井长度，还要照顾设备车架转换的方便。盾构在拼装井内拼装就绪，经运转调试后，就可拆除洞门封墙，盾构由洞门入洞开始掘进。盾构拆卸井设有盾构进口，井的大小要便于盾构的起吊和拆卸。

盾构法施工主要工序有土层开挖、盾构推进与纠偏、衬砌拼装、壁后注浆等。这些工序均应及时而迅速地进行，绝不能长时间停顿，以免增加地层的扰动和对地面、地下构筑物的影响。

### 1. 土层开挖

当前，盾构法施工隧道主要有土压平衡式和泥水平衡式掘进两种模式。

（1）土压平衡式。土压平衡式（earth pressure balance）盾构，简称 EPB 盾构。它是通过渣土仓内的泥土压力平衡开挖面处的地下水压和土压，以保持开挖面的稳定。土压平衡式盾构的主要部件有刀盘、渣土仓、螺旋输送机、皮带运输机等，盾构刀盘切削面与后面的承压隔板所形成的空间称为渣土仓。刀盘切削下来的渣土通过刀盘上的开口进入渣土仓，在渣土仓内搅拌混合或与添加材料（泡沫剂或塑性泥浆）混合，形成具有良好塑性、流动性、内摩擦角小及渗透率小的泥土，螺旋输送机从压力隔板的底部开口进行排土。通过调整盾构推进速度和螺旋输送机排土速度控制渣土舱内泥土压力，从而保持开挖面的稳定。土压平衡盾构适用于含水率和粒度组成比较适中的地层。

（2）泥水平衡式。泥水平衡式盾构也称泥水加压平衡盾构（slurry pressure balance shield），简称 SPB 盾构。泥水平衡式盾构是在机械式盾构的前部设置隔板形成泥水舱，并配置刀盘、输送泥浆的送排泥管及推进油缸等部件组成,在地面上还配有泥水处理系统。泥水平衡式盾构是通过泥水仓内的泥水压力平衡开挖面的土压力和水压力,以保持开挖面的稳定,同时借助泥浆的泥膜作用支撑开挖面。其工作模式是盾构推进时,刀盘切削下来的渣土经搅拌后形成高浓度泥水,经排泥管输送至地面的泥水分离系统进行分离,分离后的泥浆经过调整后被重新送回泥水仓,如此循环往复完成推进与排土。因此,泥水平衡式盾构施工的关键是控制泥水压力与泥浆质量。

### 2. 盾构推进与纠偏

推进过程中,主要采取编组调整千斤顶的推力、调整开挖面压力以及控制盾构推进的纵坡等方法,来操纵盾构位置和顶进方向。一般按照测量结果提供的偏离设计轴线的高程和平面位置值,确定下一次推进时千斤顶开动的分区及推力,用以纠正方向。

### 3. 衬砌拼装

常用液压传动的拼装机进行衬砌(管片或砌块)拼装。拼装方法根据结构受力要求,可分为通缝拼装和错缝拼装。通缝拼装是使管片的纵缝环环对齐,拼装较为方便,容易定位,衬砌圆环的施工应力较小,但其缺点是环面不平整的误差容易积累。错缝拼装是使相邻衬砌圆环的纵缝错开管片长度的 1/3~1/2。错缝拼装的衬砌整体性好,但当环面不平整时,容易引起较大的施工应力。按拼装顺序的不同,衬砌拼装方法又可分为先环后纵和先纵后环两种。先环后纵法是先将管片(或砌块)拼成圆环,然后用盾构千斤顶将衬砌圆环纵向顶进。先纵后环法是将管片逐块先与上一环管片拼接好,最后封顶成环。这种拼装顺序,可轮流缩回和伸出千斤顶活塞杆以防止盾构后退,减少开挖面土体的移动。而先环后纵的拼装顺序,在拼装时须使千斤顶活塞杆全部缩回,极易产生盾构后退,故不宜采用。

### 4. 壁后注浆

为了防止地表沉降,必须将盾尾和衬砌之间的空隙及时注浆充填。注浆还可改善衬砌受力状态,并增进衬砌的防水效果。壁后注浆分为同步注浆、二次注浆和堵水注浆。同步注浆与盾构掘进同时进行,是通过同步注浆系统及盾尾的注浆管向衬砌背后注入浆液,浆液在盾尾空隙形成的瞬间及时起到充填作用,使周围岩体获得及时的支撑。二次注浆是在同步注浆结束后,通过管片的吊装孔对管片背后进行补强注浆,以提高管片背后土体的密实度。堵水注浆主要是在富水地区,在二次注浆结束后进行,其作用是提高背衬注浆层的防水性及密实度。

## 四 盾构法施工的隧道结构

盾构法施工的隧道结构主要采用拼装式衬砌,其断面形式取决于盾构刀盘的形状,多为圆形。地铁盾构法隧道衬砌直径约 5.8m,衬砌环宽一般为 0.8~1.2m,厚度 0.3~0.5m,每环由 6~8 块管片组成。衬砌管片在洞外预制场内生产,在洞内由盾构机衬砌拼装系统拼装成环,各管片之间以螺栓连接,接缝处设置防水。管片拼装完成后向管片背后注浆,以提高管片的稳定性和承载能力。盾构法隧道结构及管片如图 10-3 所示。

## 五 盾构法隧道施工的要点

(1)盾构现场组装完成后,必须对各系统进行调试并验收。
(2)盾构掘进施工划分为始发、掘进和接收 3 个阶段,施工中应根据每个阶段施工特点采取针对性技术措施,保证施工安全,并应满足质量及环保要求。

(3) 应在盾构起始端 50~100m 进行试掘进,并根据试掘进调整、确定掘进参数。

(4) 盾构掘进施工必须严格控制排土量、盾构姿态和地层变形。

a) 盾构法隧道

b) 衬砌管片

图 10-3　盾构法隧道结构

(5) 盾构掘进至下一管片环宽度时,应停止掘进,进行管片拼装。管片拼装时,应采取措施保持土仓内压力,防止盾构后退。

(6) 盾构掘进过程中,必须对成环管片与地层的间隙充填注浆。

(7) 盾构掘进过程中,应保持盾构与配套设备、抽排水与通风设备、水平运输与垂直提升设备、泥浆管道输送设备、供电系统等正常运转,并保持盾尾密封。

(8) 盾构掘进过程中遇到下列情况时,应及时处理:

①前方地层发生坍塌或遇到障碍;

②盾构本体滚动角大于 3°;

③盾构轴线偏离隧道轴线大于 50mm;

④盾构推力与预计值相差较大;

⑤管片严重开裂或严重错台;

⑥壁后注浆系统发生故障无法注浆;

⑦盾构掘进扭矩发生异常波动;

⑧动力系统、密封系统、控制系统等发生故障。

(9) 在曲线段施工时,应考虑已成环管片竖向、横向位移对隧道轴线的影响。

(10) 应按设定的掘进参数沿设计轴线进行盾构掘进,并应做好详细记录。

(11) 根据横向偏差和转动偏差,采取措施调整盾构姿态,并应防止过量纠偏。

(12) 盾构暂停掘进时,应采取措施稳定开挖面,防止坍塌。

(13) 必须对盾构姿态与管片状态进行人工复核测量。

## 任务二　盾构掘进施工质量检测与验收

### 一、盾构组装与调试

(1) 组装前,完成下列准备工作:

①根据盾构部件情况、场地条件,制订详细的盾构组装方案;

②根据部件尺寸和质量选择组装设备。
(2) 大件吊装作业必须由具有资质的专业队伍负责。
(3) 盾构组装应按相关作业安全操作规程和组装方案进行。
(4) 现场应配备消防设备,明火、电焊作业时,必须由专人负责。
(5) 组装后,必须进行各系统的空载调试,然后进行整机空载调试。

## 二、盾构现场验收

(1) 应按盾构主要功能及使用要求制订现场验收大纲,验收的主要项目应包括下列内容:
① 盾构壳体;
② 切削刀盘;
③ 拼装机;
④ 螺旋输送机与皮带运输机(土压平衡盾构);
⑤ 泥水输送系统(泥水平衡盾构);
⑥ 同步注浆系统;
⑦ 集中润滑系统;
⑧ 液压系统;
⑨ 铰接装置;
⑩ 电气系统;
⑪ 渣土改良系统;
⑫ 盾尾密封系统。

(2) 盾构各系统验收合格并确认正常运转后,方可开始掘进施工。
(3) 现场验收时,应详细记录运转状况、掘进情况,并进行评估,满足技术要求后,签认验收文件。

## 三、盾构始发

(1) 始发掘进前,应对洞门经改良后的土体进行质量检查,合格后方可始发掘进;应制订洞门围护结构破除方案,采取适当的密封措施,保证始发安全。
(2) 始发掘进时,应对盾构姿态进行复核。
(3) 负环管片定位时,管片环面应与隧道轴线垂直。
(4) 始发掘进过程中,应保护盾构的各种管线,及时跟进后配套台车,并对管片拼装、壁后注浆、出土及材料运输等工序进行妥善管理。
(5) 始发掘进过程中,应严格控制盾构的姿态和推力,并加强监测,根据监测结果调整掘进参数。

## 四、土压平衡盾构掘进

(1) 应根据隧道工程地质和水文地质条件、隧道埋深、线路平面与坡度、地表环境、施工监测结果、盾构姿态以及盾构初始掘进阶段的经验,设定盾构滚转角、仰俯角、偏角、刀盘转速、推力、扭矩、螺旋输送机转速、土仓压力、排土量等掘进参数。
(2) 掘进中,应监测和记录盾构运转情况、掘进参数变化、排出渣土状况,并及时分析反馈,调整掘进参数,控制盾构姿态。

(3)必须使开挖土充满土仓,并使排土量与开挖土量相平衡。

(4)必须严格按注浆工艺进行壁后注浆,并根据注浆效果调整注浆参数。

(5)应根据工程地质和水文地质条件,注入适当的添加剂,保持土质流塑状态。

## 五、泥水平衡盾构掘进

(1)应根据隧道工程地质和水文地质条件、隧道埋深、线路平面与坡度、地表环境、施工监测结果、盾构姿态以及盾构始发掘进阶段的经验,设定盾构滚转角、仰俯角、偏角、刀盘转速、推力、扭矩、送排泥水压力和流量、排土量等掘进参数。

(2)应合理确定泥浆参数,对泥浆性能进行检测,并进行动态管理。

(3)应设定和保持泥浆压力与开挖面的水土压力以及排出渣土量与开挖渣土量相平衡,并根据掘进状况进行调整和控制。

(4)当掘进过程遇有大粒径石块时,应采用破碎机破碎,并宜采用格栅沉淀箱等砾石分离装置分离大粒径砾石,防止堵塞管道。

(5)应在泥水管路完全卸压后进行泥水管路延伸、更换。

(6)泥水分离设备应满足渣土砂粒径要求,处理能力应满足最大排送渣土量的要求,渣土的存放与搬运应符合环境保护的有关要求。

(7)必须严格按注浆工艺进行壁后注浆,并根据注浆效果调整注浆参数。

## 六、复合盾构掘进

(1)应根据地层软硬情况、地下水状况、地表沉降控制要求等选择合适的掘进模式。

(2)当采用土压平衡模式掘进时,宜根据地层软硬不均匀分布情况,确定刀具组合和更换刀具计划,并应在掘进中加强刀具磨损的检测。

(3)掘进模式的转换宜采用局部气压模式(半敞开模式)作为过渡模式,并在地质条件较好的地层中完成。

(4)应根据地层状况采取相应措施对地层和渣土进行改良,降低对刀盘刀具和螺旋输送机的磨损。

## 七、盾构姿态控制

(1)盾构掘进过程中,应随时监测和控制盾构姿态,使隧道轴线控制在设计允许偏差范围内。

(2)在竖曲线与平曲线段施工时,应考虑已成环衬砌竖向、横向位移对隧道轴线控制的影响。

(3)应对盾构姿态及管片状态进行测量和人工复核,并详细记录。当出现偏差时,应及时采取措施纠偏。

(4)实施盾构纠偏必须逐环、小量纠偏,必须防止过量纠偏而损坏已拼装管片和盾尾密封。

(5)根据盾构的横向和竖向偏差及转动偏差,采取千斤顶分组控制或使用仿形刀适量超挖或反转刀盘等措施调整姿态。

## 八 刀具更换

(1)应预先确定刀具更换的地点与方法,并做好相关准备工作。
(2)刀具更换宜选择在工作井或地质条件较好、地层较稳定的地段进行。
(3)在不稳定地层更换刀具时,必须采取地层加固或气压法等措施,确保开挖面稳定。
(4)带压进仓更换刀具前,必须完成下列准备工作:
①对带压进仓作业设备进行全面检查和试运行;
②采用两种不同动力装置,保证不间断供气;
③气压作业区严禁采用明火。当确需使用电焊气割时,应对所用设备加强安全检查,还必须加强通风增加消防设备。
(5)带压更换刀具必须符合下列规定:
①通过计算和试验确定合理气压,稳定工作面和防止地下水渗漏;刀盘前方地层和土仓满足气密性要求;
②由专业技术人员对开挖面稳定状态和刀盘、刀具磨损状况进行检查,确定刀具更换专项方案和安全操作规定;作业人员应按照刀具更换专项方案和安全操作规定更换刀具;
③应保持开挖面和土仓空气新鲜,作业人员进仓工作时间应符合表10-1规定。

进仓工作时间　　　　　　　　　　　　　　表10-1

| 仓内压力(MPa) | 工作时间 | | |
|---|---|---|---|
| | 仓内工作时间(h) | 加压时间(min) | 减压时间(min) |
| 0.01~0.13 | 5 | 6 | 14 |
| 0.13~0.17 | 4.5 | 7 | 24 |
| 0.17~0.255 | 3 | 9 | 51 |

(6)应做好刀具更换记录。

## 九 盾构接收

(1)接收前,应制订接收施工方案,主要内容包括接收掘进、管片拼装、壁后注浆、洞门外土体加固、洞门围护破除、洞门钢圈密封等。应按预定的破除方法破除洞门。
(2)盾构到达接收工作井100m前,必须对盾构轴线进行测量并做调整,保证盾构准确进入接收洞门。
(3)盾构到达接收工作井100m前,应控制盾构掘进速度、开挖面压力等。
(4)盾构主机进入接收井后,应及时密封管片环与洞门间隙。
(5)盾构到达接收工作井前,应采取适当措施,使拼装管片环缝挤压密实,确保密封防水效果。

## 十 盾构调头和过站

(1)调头和过站前,应做好施工现场调查、技术方案以及现场准备工作,调头和过站设备必须满足盾构安全调头和过站要求。
(2)盾构调头和过站时,必须有专人指挥,专人观察盾构转向或移动状态,避免方向偏离或碰撞。

## 十 盾构解体

(1)盾构解体前,应制订详细的解体方案,并准备解体使用的吊装设备、工具、材料等。
(2)盾构解体前,应对各部件进行检查,并对液压系统和电气系统进行标识。
(3)对已拆卸的零部件,应做好清理和维护保养工作。

# 任务三 管片拼装质量检测与验收

## 一 模具质量检测与验收

### 1. 主控项目

(1)管片钢模具设计制造时的规格尺寸、强度、刚度和稳定性,必须以隧道符合设计断面管片分块为准,应考虑加工精度。其允许制造偏差应符合表10-2的规定值。钢结构及模板必须具有足够的强度、刚度和稳定性,并便于拆卸。

模具允许制造偏差  表10-2

| 序号 | 项目 | 允许偏差(mm) | 检验方法 | 检查数量 |
| --- | --- | --- | --- | --- |
| 1 | 宽度 | ±0.4 | 内径千分尺 | 6点/片 |
| 2 | 弧弦长 | ±0.4 | 样板 | 2点/片,每点2次 |
| 3 | 边模夹角 | ≤0.2 | 靠尺、塞尺 | 3点/片 |
| 4 | 对角线 | ±0.4 | 钢卷尺、纵度放大镜 | 2点/片,每点2次 |
| 5 | 内腔高度 | -1~+2 | 高度尺 | 4点/片 |

检验方法:查设计资料、产品验收合格证明。试生产管片,随机抽取3环进行水平拼装检验,合格后方可正式验收。

(2)模具安装必须稳固牢靠,接缝严密,不得漏浆。模具与混凝土的接触面必须清理干净并均匀涂刷模剂,浇筑混凝土前,清理干净模具内杂物,钢筋骨架、预埋配件严禁接触脱模剂。

检验方法:观察。

(3)管片出模时,管片混凝土强度应达到20MPa。

检验方法:施工单位拆模前进行一组同条件养护试件强度试验;监理单位见证试验。

### 2. 一般项目

模具每周转100次,必须进行系统检验,其允许偏差须符合表10-2的规定值。

检验方法:观察、尺量。

## 二 管片质量检测与验收

### 1. 主控项目

(1)水泥、细集料、粗集料、外加剂、矿物掺合料的质量、配合比、强度等级、抗渗等级等的质量标准、检验数量、检验方法,应符合《标准》的要求。

(2)管片养护应符合下列规定:

①管片混凝土浇筑成型后至脱模前,应覆盖保湿,采用蒸汽养护或自然方式进行养护。
②自然养护时间在掺加减水剂时,养护为8~12h。
③蒸汽养护的混凝土管片静停2h后,开始输入蒸汽,升温速度不宜超过15℃/h,降温速度不宜超过10℃/h,恒温最高温度不宜超过60℃。
④蒸汽养护时间不宜超过6h,停止蒸汽养护时管片温度与环境温度差不得超过60℃。
⑤管片脱模后,非冬施期间生产的管片宜置于水中养护7d以上,冬施期间生产的管片宜涂刷养护剂。

检验方法:观察、测量。

(3)管片在储存阶段宜采取适当的方式进行养护,且养护周期不得少于14d。管片/仰拱块出厂时的混凝土强度,不应低于设计强度。

检验方法:检查出厂时混凝土强度报告。

2. 一般项目

(1)混凝土管片钢筋加工要满足设计要求,允许偏差值应符合表10-3的规定。

钢筋加工允许偏差和检验方法　　　　表10-3

| 序号 | 项目 | 允许偏差(mm) | 施工单位检查数量 |
|---|---|---|---|
| 1 | 主筋和构造筋剪切 | ±10 | 抽检≥5件/班、同类型、同设备且≤15环 |
| 2 | 主筋折弯点位置 | ±10 | 抽检≥5件/班、同类型、同设备且≤15环 |
| 3 | 箍筋内净尺寸 | ±5 | 抽检≥5件/班、同类型、同设备且≤15环 |

检验方法:尺量。

(2)混凝土管片浇注时,要保证钢筋骨架的稳定位置,钢筋骨架安装的偏差应符合表10-4的规定。

钢筋骨架安装位置的允许偏差和检验方法　　　　表10-4

| 序号 | 项目 | | 允许偏差(mm) | 施工单位检查数量 |
|---|---|---|---|---|
| 1 | 钢筋骨架 | 长 | +5<br>-10 | 每环检1片、每片骨架检查4点 |
| | | 宽 | +5<br>-10 | |
| | | 高 | +5<br>-10 | |
| 2 | 受力主筋 | 间距 | ±5 | |
| | | 层距 | ±5 | |
| | | 保护层厚度 | +5<br>-10 | |
| 3 | 箍筋间距 | | ±10 | |
| 4 | 分部筋间距 | | ±5 | |
| 5 | 环、纵向螺栓孔和中心吊装孔 | | 畅通、内圆面平整 | |

检验方法:尺量。

(3)预制钢筋混凝土管片的尺寸偏差应符合表10-5的规定。

**预制成型管片允许偏差**　　　　　　　　　　　　　表 10-5

| 序号 | 项目 | 允许偏差(mm) |
|---|---|---|
| 1 | 宽度 | ±1 |
| 2 | 弧弦长 | ±1 |
| 3 | 厚度 | +3<br>−1 |

检验方法：观察、尺量。

（4）每套钢模每生产 100 环后，应进行管片水平拼装检验一次，检查结果应符合表 10-6 的规定。

**管片水平拼装检验允许偏差**　　　　　　　　　　表 10-6

| 序号 | 项目 | 允许偏差(mm) | 检验频率 | 检验方法 |
|---|---|---|---|---|
| 1 | 环向缝间隙 | 2 | 每环测 6 点 | 塞尺 |
| 2 | 纵向缝间隙 | 2 | 每条缝测 2 点 | 塞尺 |
| 3 | 成环后内径 | ±2 | 测 4 条（不放衬垫） | 用钢卷尺量 |
| 4 | 成环后外径 | +6<br>-2 | 测 4 条（不放衬垫） | 用钢卷尺量 |

检验方法：观察、尺量。

（5）预埋件和预留孔洞的设置应符合设计要求。允许偏差和检验方法应符合表 10-7 的规定。

**预埋件和预埋孔洞的允许偏差**　　　　　　　　　　表 10-7

| 序号 | 项目 | | 允许偏差(mm) |
|---|---|---|---|
| 1 | 预留孔洞 | 中心线位置 | 10 |
| 2 | | 尺寸 | +10<br>0 |
| 3 | 预埋中心线位置 | | 3 |

检验方法：观察、尺量。

（6）管片/仰拱块混凝土外观质量不应有严重缺陷，有严重缺陷的管片不得用于工程中。混凝土管片外观质量缺陷分级见表 10-8。

**混凝土管片外观质量缺陷等级**　　　　　　　　　　表 10-8

| 名称 | 缺陷描述 | 等级 |
|---|---|---|
| 露筋 | 管片内钢筋未被混凝土包裹而外露 | 严重缺陷 |
| 蜂窝 | 混凝土表面缺少水泥砂浆而形成石子外露 | 严重缺陷 |
| 孔洞 | 混凝土内孔穴深度和长度均超过保护层厚度 | 严重缺陷 |
| 夹渣 | 混凝土内夹有杂物且深度超过保护层厚度 | 严重缺陷 |
| 疏松 | 混凝土中局部不密实 | 严重缺陷 |
| 裂缝 | ①可见的贯穿裂缝 | ①严重缺陷 |
| | ②长度超过密封槽且宽度大于 0.1mm 的裂缝 | ②严重缺陷 |
| | ③非贯穿性干缩裂缝 | ③一般缺陷 |
| 外形缺陷 | 棱角磕碰、飞边等 | 一般缺陷 |
| 外表缺陷 | ①密封槽部位在长度 500mm 的范围内存在直径 5mm 以上 | ①严重缺陷 |
| | ②管片表面麻面、掉皮、起砂、存在少量气泡等 | ②一般缺陷 |

检验方法：观察。

## 三、管片安装质量检测与验收

### 1. 主控项目

（1）管片拼装应严格按拼装设计要求进行，管片无内外贯穿裂缝，无大于0.2mm的推顶裂缝及混凝土剥落现象。

检验方法：用刻度放大镜检查。

（2）管片防水密封条质量应符合设计要求，无缺损，黏结牢靠，平整，防水垫圈无遗漏。

检验方法：检查施工日志；检查材料合格证和试验报告。

（3）螺栓质量及拧紧度必须符合设计要求。

检验方法：扭矩扳手紧固检查；检查材料合格证和试验报告。

### 2. 一般项目

（1）施工中管片拼装允许偏差和检验方法应符合表10-9的规定。

**管片拼装允许偏差** 表10-9

| 序号 | 项目 | 允许偏差(mm) | 检验方法 | 检查频率数量 |
|---|---|---|---|---|
| 1 | 衬砌环直径椭圆度 | ±6‰D | 尺量后计算 | 4点/环 |
| 2 | 隧道圆环平面位置 | ±70 | 用经纬仪测中线 | 1点/环 |
| 3 | 隧道圆环高程 | ±70 | 用水准仪测高程 | 1点/环 |
| 4 | 相邻同环管片间的径向错台 | 6 | 用尺量 | 4点/环 |
| 5 | 相邻环片、同环管片间环面环向错台 | 7 | 用尺量 | 1点/环 |

注：D指隧道的外直径，单位：mm。

检验方法：尺量。

（2）成型隧道其允许偏差值应符合表10-10的规定。

**成型隧道其允许偏差** 表10-10

| 序号 | 项目 | 允许偏差(mm) | 检验方法 | 检查频率数量 |
|---|---|---|---|---|
| 1 | 衬砌环直径椭圆度 | ±6‰D | 尺量后计算 | 4点/环 |
| 2 | 隧道圆环平面位置 | ±120 | 用经纬仪测中线 | 1点/环 |
| 3 | 隧道圆环高程 | ±120 | 用水准仪测高程 | 1点/环 |
| 4 | 相邻管片的径向错台 | 12 | 用尺量 | 4点/环 |
| 5 | 相邻管片环向错台 | 17 | 用尺量 | 1点/环 |

注：D指隧道的外直径，单位：mm。

（3）结构表面无裂缝、缺棱、掉角，管片接缝符合设计要求。

检验方法：观察；检查施工日志。

（4）衬砌结构不得侵入建筑限界。

检验方法：经纬仪、水准仪测量。

## 四、管片的试拼装

按照《标准》规定，每套管模每生产100环应抽查3环做水平拼装检验，检验在多点可调平台上进行，如图10-4所示。将管片在平台上水平拼装，用螺栓进行纵向与环向连接，螺栓的预应力按拧紧力矩控制,环向拧紧力矩 200~240kN·m,纵向拧紧力矩 150~200kN·m。拼装完成后,用钢卷尺测量同一水平断面上间隔约 45°的 4 个方向上管片内径与外径尺寸,精确至 1mm,如图 10-5 所示,用塞尺塞进成环管片的缝隙,测量环与环、块与块缝隙的最大值,精确至 0.1mm,要求测量结果符合《标准》相关规定。

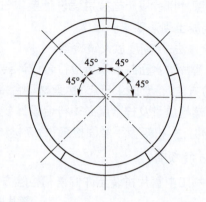

图 10-4　管片 3 环拼装示意图　　　　图 10-5　管片直径测量位置示意图

## 任务四　壁后注浆质量检测与验收

### 一、同步注浆

**1. 主控项目**

(1)管片同步注浆施工应符合设计要求。

检验方法:检查压力表和流量计。

(2)同步注浆应进行配合比设计。

检验方法:检查配合比。

(3)注浆浆液胶凝时间宜为 3~10h。固结体 1d 强度应不小于 0.2MPa(相当于软质岩层无侧限抗压强度),28d 强度不小于 2.5MPa(略大于强风化岩天然抗压强度)。浆液结石率应大于 95%,即固结收缩率应小于 5%。浆液稠度宜为 8~12cm。浆液析水率(静置沉淀后上浮水体积与总体积之比)应小于 5%。

检验方法:浆液试验。

(4)充填材料的物理力学性能和其他要求应符合设计规定。

检验方法:符合《标准》有关规定。

**2. 一般项目**

注浆时,应根据地层条件和掘进速度,通过现场试验调整配比来控制胶凝时间。对于透水地层和需要注浆提供较高的早期强度的地段,应缩短胶凝时间。

检验方法:试验。

### 二、二次注浆

**1. 主控项目**

(1)二次补强注浆施工应符合检测结果和设计要求。

检验方法:检验压力表和流量计。

(2) 二次补强注浆宜采用 1∶1 水泥单液浆。但在地下水丰富,需要进行注浆堵水的情况下,也可在局部地段采用水泥-水玻璃双液浆。

检验方法:观察、检查配合比。

(3) 浆液所用材料的强度、耐久性等物理力学指标应符合设计要求。

检验方法:符合《标准》相关材料检验规定。

2. 一般项目

二次补强注浆应控制压力,宜为 0.5～0.6MPa。注浆量应根据管片外间隙和量测结果确定。

检验方法:检查压力表和流量计。

## 任务五　管片防水质量检测与验收

### 一、主控项目

(1) 同一配合比的管片混凝土,每 30 环留置抗渗试件一组,结果必须符合设计要求。混凝土抗渗试件应在浇筑地点随机取样。

检验方法:检查试件抗渗检验报告。

(2) 防水密封条品种、规格、性能必须满足设计要求。

检验方法:检查防水密封条出厂试验报告和进厂(场)检验报告。

(3) 胶黏剂质量应符合设计要求。

检验方法:检查胶黏剂出厂材质证明。

(4) 管片成品应按要求进行检漏测试。检漏标准按设计抗渗压力恒压 2h,渗水深度不超过管片厚度的 1/5 为合格。

检测方法:观察、尺量。

(5) 防水密封条安装应符合下列要求:

①粘贴管片防水密封条前,应将管片密封条槽清理干净。

②粘贴后的防水密封条应牢固、平整、严密、位置正确,不得有起鼓、超长和缺口现象。

③管片防水密封条粘贴完毕并达到粘贴时间要求后,方可拼装,拼装时不得损坏密封条。

检查方法:观察检查。

(6) 隧道防水施工、防水效果符合设计要求。

检验方法:观察、检查施工日志。

(7) 螺栓孔密封圈品种、规格、性能必须满足设计要求。

检验方法:检查出厂试验报告和进厂(场)检验报告。

(8) 嵌缝材料品种、性能必须满足设计要求。

检验方法:检查出厂试验报告和进厂(场)检验报告。

### 二、一般项目

(1) 螺栓密封胶圈须按设计要求安装,不得遗漏,且不宜外漏。

检查方法:观察。

(2) 管片嵌缝防水应符合设计要求。

检查方法:检查施工日志,观察。

## 任务六　管片试验

抗弯试验

如图 10-6 所示,采用千斤顶分配梁系统加荷,加荷点标距 900mm,支撑管片两端的小车可沿地面轨道滑动。取一块管片进行试验,$D_1$、$D_2$、$D_3$、$D_5$ 和 $D_7$ 测试管片竖向位移,$D_4$ 和 $D_6$ 测管片水平位移。

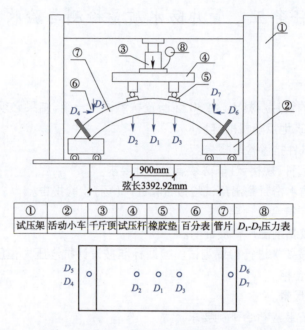

图 10-6　管片抗弯试验示意图

将管片平稳放置在试验架上,在加载点垫厚度不小于 20mm 的橡胶垫。采取分级加荷法,每级加荷值见表 10-11,每级恒载时间不低于 3min,记录每级荷载值及各测点位移。当出现第一次裂缝后,持续荷载 10min,观察裂缝的开展,并取本级荷载为开裂荷载实测值。当加荷达到设计荷载时,持续荷载 30min,观察管片裂缝开展,若在此荷载作用下管片裂缝宽度不大于 0.2mm,则判定管片抗弯性能符合设计要求,记录荷载和位移,终止试验。

试验记录及位移变量计算应符合以下要求:

$$中心点位移 = D_1 - \frac{D_5 + D_7}{2}$$

$$荷载点位移 = \frac{D_2 + D_3}{2} - \frac{D_5 + D_7}{2}$$

$$水平点位移 = \frac{D_4 + D_6}{2}$$

分级加荷值  表10-11

| 一级 | 二级 | 三级 | 四级 | 五级 | 六级 | 七级 |
|---|---|---|---|---|---|---|
| 20%N | 20%N | 20%N | 20%N | 10%N | 5%N | 5%N |

注：$N$ 为试验荷载设计值。

## 二、管片吊装孔抗拔试验

管片正式生产前做抗拔能力试验，以验证管片吊装孔的抗拔能力，从而确保施工中管片安装的安全。

图10-7为管片吊装孔抗拔试验示意图。先将螺栓旋入管片灌浆孔螺栓管内，检查连接后螺栓的旋入深度及垂直度；再把橡胶垫片及支承钢板套进螺杆，并安装千斤顶，使管片、螺栓、千斤顶连接成一整体。千斤顶与螺栓用螺帽连接好并旋紧后，开始按顺序加荷，每级以10~20kN拉力增力，每级加荷完成后持荷5min，并观察位移值直至加荷至压力表压力不再增加，百分表读数还不断增大时，便停止加荷。此时，螺栓管承受的拉力已超过极限且被破坏。

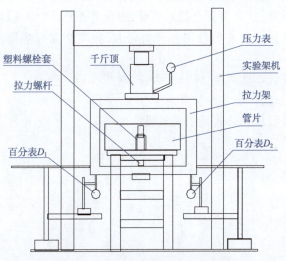

图10-7  管片吊装孔抗拔试验示意图

## 三、抗渗试验

管片抗渗检漏试验装置如图10-8所示。抗渗试验台应采用刚性支座，紧固螺杆及试验架钢板应有足够刚度，密封面与管片应紧密接触。

将管片平稳安放在试验台上，打开放气阀门，接通进水阀，注入自来水，当排气孔中排出水后，关闭排气阀，启动加压泵，按0.05MPa/min的加压速度，加压到0.2MPa，恒压10min，检查管片是否有渗漏水现象，观察侧面渗透高度，做好记录；继续加压到0.4MPa、0.6MPa……每级恒压时间10min，直至加压到设计抗渗压力，恒压2h，检查管片是否有渗漏水现象，观察侧面渗透高度，做好记录。

若在设计抗渗压力条件下，恒压2h，管片未出现渗漏水现象，渗水深度不超过管片厚度的1/5，则判定管片抗渗性能为合格。

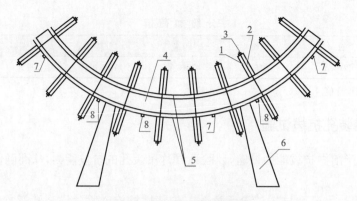

图 10-8 管片抗渗检漏试验装置图
1-钢构件;2-紧固螺杆;3-螺帽;4-管片;5-钢板;6-钢支架;7-进水口;8-出水口

## 【能力训练】

借助校内外实训基地,开展盾构施工质量检测能力训练,训练项目如下:
1. 观察盾构掘进施工各环节,评价是否符合《标准》规定。
2. 观察管片外观质量、拼装质量及防水质量,评价是否符合《标准》规定。
3. 尺量相邻管片与同环管片的径向与环向错台、衬砌环直径椭圆度,评价是否符合标准规定。
4. 进行管片强度及抗渗性试验,评价是否符合《标准》规定。
5. 现场检查注浆记录,评价注浆质量。
6. 盾构法隧道检验批质量验收记录表填报。

# 参 考 文 献

[1] 中华人民共和国铁道部. TB 10753—2010 高速铁路隧道工程施工质量验收标准[S]. 北京:中国铁道出版社,2010.
[2] 中华人民共和国铁道部. 铁建设[2010]241号 高速铁路隧道工程施工技术指南[M]. 北京:中国铁道出版社,2010.
[3] 中华人民共和国铁道部. TB 10003—2005 铁路隧道设计规范[S]. 北京:中国铁道出版社,2005.
[4] 中华人民共和国住房和城乡建设部. GB 50108—2008 地下工程防水技术规范[S]. 北京:中国计划出版社,2011.
[5] 中华人民共和国住房和城乡建设部. GB 50204—2015 混凝土结构工程施工质量验收规范[S]. 北京:中国计划出版社,2015.
[6] 中国工程建设标准化协会. CECS 03—2007 钻芯法检测混凝土强度技术规程[S]. 北京:中国计划出版社,2007.
[7] 中华人民共和国住房和城乡建设部. JGJ/T 23—2011 回弹法检测混凝土抗压强度技术规程[S]. 北京:中国计划出版社,2011.
[8] 中华人民共和国铁道部. TB 10223—2004 铁路隧道衬砌质量无损检测规程[S],北京:中国铁道出版社,2005.
[9] 中华人民共和国铁道部. TB 10426—2004 铁路工程结构混凝土强度检测规程[S]. 北京:中国铁道出版社,2005.
[10] 中华人民共和国铁道部. TB 10121—2007 铁路隧道监控量测技术规程[S]. 北京:中国铁道出版社,2008.
[11] 中华人民共和国铁道部. JTG F60—2009 公路隧道施工技术规范[S]. 北京:人民交通出版社,2009.
[12] 中华人民共和国铁道部. 铁建设[2008]105号 铁路隧道超前地质预报技术指南[M]. 北京:中国铁道出版社,2008.
[13] 中华人民共和国卫生部. GBZ/T 1921—2007 工作场所空气中粉尘测定 第1部分:总粉尘浓度[S]. 北京:人民卫生出版社,2007.
[14] 中华人民共和国铁道部. TB 10120—2002 铁路隧道瓦斯技术规范[S]. 北京:中国铁道出版社,2002.
[15] 中国工程建设标准化协会. CECS 02—2005 超声回弹综合法检测混凝土强度技术规程[S]. 北京:中国建筑工业出版社,2005.
[16] 中华人民共和国住房和城乡建设部. GB 50446—2008 盾构法隧道施工与验收规范[S]. 北京:中国建筑工业出版社,2008.
[17] 中华人民共和国住房和城乡建设部. CJJ/T 164—2011 盾构隧道管片质量检测技术标准[S]. 北京:中国建筑工业出版社,2011.
[18] 陈建勋,马建秦. 隧道工程试验检测技术[M]. 北京:人民交通出版社,2005.

[19] 王梦恕,等.中国隧道及地下工程修建技术[M].北京:人民交通出版社,2010.
[20] 关宝树.隧道与地下工程[M].北京:中国铁道出版社,2000.
[21] 张庆贺,朱合华,黄宏伟.地下工程[M].上海:同济大学出版社,2005.
[22] 陈馈,洪开荣,等.盾构施工技术[M].北京:人民交通出版社,2009.
[23] 毛红梅.地下铁道[M].北京:人民交通出版社,2008.
[24] 施仲衡,等.地下铁道设计与施工[M].西安:陕西科学技术出版社,2006.
[25] 王建华,孙胜江.桥涵工程试验检测技术[M].北京:人民交通出版社,2004.
[26] 吴从师,阳军生.隧道施工监控量测与超前地质预报[M].北京:人民交通出版社,2012.
[27] 李德武.隧道[M].北京:中国铁道出版社,2004.
[28] 中铁二局股份有限公司.隧道及地铁工程[M].北京:中国铁道出版社,2009.
[29] 宋秀清,刘杰.隧道施工[M].北京:人民交通出版社.2009.
[30] 夏明耀.地下工程设计施工手册[M].北京:中国建筑工业出版社,1999.
[31] 关宝树.隧道工程施工要点集[M].北京:人民交通出版社,2003.
[32] 何发亮.隧道施工期地质预报技术的发展[J].北京:现代隧道技术,2001,38(3):12-15.
[33] 李晓红.隧道新奥法及其量测技术[M].北京:科学出版社,2002.
[34] 黄成光.公路隧道施工[M].北京:人民交通出版社,2005.
[35] 吴从师,阳军生.隧道施工监控量测与超前地质预报[M].北京:人民交通出版社,2012.
[36] 北京华安恒业科技有限公司.HW-305红外探测仪使用说明书.2012.
[37] 中华人民共和国国家质量监督检验检疫总局 中国国家标准化管理委员会.GB/T 328.1—2007 建筑防水卷材试验方法[S].北京:中国标准出版社,2007.